生态式协同

智能时代的企业组织管理

邓戚华　赵　彬　著
祁家骅

经济管理出版社
ECONOMY & MANAGEMENT PUBLISHING HOUSE

图书在版编目（CIP）数据

生态式协同：智能时代的企业组织管理/邓成华，赵彬，祁家骅著 . —北京：经济管理出版社，2020.10

ISBN 978-7-5096-7592-2

Ⅰ.①生… Ⅱ.①邓…②赵…③祁… Ⅲ.①企业管理—组织管理—研究 Ⅳ.①F272.9

中国版本图书馆 CIP 数据核字（2020）第 175533 号

组稿编辑：林 晶
责任编辑：宋 娜 张鹤溶 王东霞
责任印制：黄章平
责任校对：董杉珊

出版发行：经济管理出版社
　　　　　（北京市海淀区北蜂窝 8 号中雅大厦 A 座 11 层 100038）
网　　址：www. E-mp. com. cn
电　　话：（010）51915602
印　　刷：唐山昊达印刷有限公司
经　　销：新华书店
开　　本：720mm×1000mm/16
印　　张：14. 25
字　　数：241 千字
版　　次：2020 年 11 月第 1 版 2020 年 11 月第 1 次印刷
书　　号：ISBN 978-7-5096-7592-2
定　　价：88. 00 元

序

出于个人爱好以及对新事物的好奇，笔者几人都偏爱科幻电影，特别是那类展现未来科技和社会发展形态的科幻电影，比如美国的《机器人瓦力》《变形金刚》和日本的《哆啦 A 梦》等。对于这类电影，我们关注的不是炫目的科技特效，也不是匪夷所思的奇妙幻想，而是在科技、文明不断发展的情况下，人类社会各种组织的构成模式与运营方法，特别是企业的组织和运营管理将如何演变。

在当前以及可预见的未来，我们可以看到，随着微信、钉钉、抖音等社交软件的发展与应用，企业中原来很多被奉为圭臬的管理原则，如不许跨级管理、不许越级汇报等已经变得没那么重要了。由于信息的即时共享和交流的随时随地，企业很多的评审、会议、审批、请示等管理工作都已经从现实确认转变成网上确认，原来包含于其中的信息核对、目标审查、论据核查、意见交流等流程都已经可以通过社交平台随时随地完成，现实确认这种形式已经可有可无了。

随着 VR（虚拟现实）、超级计算机、5G 技术、物联网、区块链技术、AI（人工智能）等现代科技的不断发展和完善，人类社会的组织模式和运营方法也发生了翻天覆地的变化。比如精益生产管理，曾经是企业在生产制造方面的有效管理模式。能够完全贯彻执行精益化生产的企业往往会被同行业企业视为学习的标杆和追赶的目标。但是随着信息化、物联化、智能化、3D打印生产装备的发展成熟以及工业 4.0 体系的构建，原来需要由人工完成的精益生产任务都由生产装备承担了。确定规模化定制需求、协调统筹、协同下料、生态式制造、分众调拨、区块物流输送等一系列的生产服务过程完全都由自动化和智能化的装备来完成，而且实现了集中标准模块生产、分区定制化组装；减少在制品库存、减少因质量问题导致的返工、生产人员腰里挂着油葫芦给设备点检上油等原本人工管理的事项都通过智能化系统实现了自动管理。在这样的情况下，企业生产制造系统的组织、运转形式将和传统的组织、运转形式完全不同，原来那种厂长、车间主任、工段长、班组长、工人的组织管理形式将不复存在，而设备、装备管理和定制化组装管理的人员将成为生产作业与管理的主体人员。企业销售管理系统也一样，更大胆的猜测是，未来企业不需要销售人员从事销售工作。

上述文字说明了智能化、万物互联的社会模式下企业组织运营管理模式的特点以及其与以往的不同。虽然这些事情听起来仍然如同科幻电影中的情节一样遥远与虚幻，但事实是现在很多企业已经开始进行这方面的尝试，除了在信息沟通和销售管理方面的网络化转型外，在组织运营管理智能化和万物互联的全面转型方面比较突出的例子有科勒（中国）、金螳螂家装、海尔集团、酷特智能、欧尚汽车、双星轮胎等企业。

出于对未来企业组织运转模式的强烈探索欲望，我们决定对智能化和万物互联化社会环境下中国企业业务组织运转的模式进行"可操作化、可落地化"的分析和研究。到目前为止，已经有很多眼光独到、思想超前的企业家和学者对这方面进行了分析和阐述，我们也从中获益良多。国内绝大部分企业仍然以传统的科层制组织模式为主，未来他们需要把现有的传统科层制企业组织模式转型升级为智能化、万物互联的社会环境下的组织模式。这并不是一蹴而就的，而是一个不断演进和调整的过程。以德国工业4.0为例，由于大环境的约束和限制，德国国内企业的演进过程往往是先搭建无边界组织关系，构建供应链协同模式，逐步建设单边定制生产模式，建设客户全渠道的无缝体验互动系统模式，改造成为自动化生产体系，搭建物联网自动物流系统，最后串通形成分布式工业4.0体系模式，通过这样一步步系统地调整和进化，最终使组织模式的进化、过渡能够顺利地实现。

鉴于此，我们在前期研究出版《企业运营管理系统升级策略——插件式升级法》《螺旋式升级——企业成长落地系统》的基础上，打算继续按照对企业运营管理转型升级的认知和理解，以专业升级、模式转型、体制变革、生态进化的组织发展层次逻辑和结构模式去探索国内企业在智能化、万物互联大趋势下组织运营的体系模式和运作方法，也就创作了本书《生态式协同——智能时代的企业组织管理》。我们希望通过这样的探索和尝试，使企业组织运转模式在智能化和万物互联环境下进化升级的过程变得更容易理解、更容易操作，为国内企业的智能化和万物互联趋势下的转型提供一些有益的借鉴和参考，也以此践行"管理必须推动成长"的价值理念。

前　言

　　智能化时代已经开启序幕，很多已知和未知的变化让人们既兴奋又迷茫，大家都在揣测人类社会未来的走势和组织存在的形式，以保证自己能够未雨绸缪，在新的发展趋势中占据一席之地。

　　企业作为当前以及未来一定时期内人类社会生态系统中重要的组成部分，将会一如既往地不断上演着生死存亡的精彩故事。作为一名企业管理咨询顾问，无论是使命感的驱使还是逐利心的作祟，都应该对未来智能互联社会下企业的发展、演变和走向进行一些相应的研究。特别是在未来的 10~20 年，正是企业从传统科层制组织模式向未来智能生态式协同组织模式转变的关键时期。在这个时期内，企业在经营理念、组织运转、硬件投资、营销方法、生产结构、效能模式等方面都会发生变化，当前很多的企业经营管理模式和方法都将失去意义或不再高效、适用。比如最近比较流行的生态圈、工业4.0、规模化定制、去中间层、去中心化、3D 打印、5G 技术、全息技术、工业互联网等概念，都和传统的经营管理理念有所不同。

　　当然，这个演变过程也不是一蹴而就的，其必然是一个先渐进后突进、蝴蝶效应式的过程。未来，传统的科层式组织模式在很长一段时间内还会普遍存在，但只是因惯性而存在，而不是因价值而存在。虽然社会和企业的管控职能会永久存在，但是智能化社会下的管控形式和传统的管控形式大有不同。在这个过程中，主要的驱动力来自智能技术的进步、企业对发展利益和组织效能发挥的追求以及社会文明进步，主要的障碍包括原有硬件体系的投资改造限制、智能技术的局限性、人们知识观念和行为习惯的限制等。这里的硬件体系不仅仅指企业自身的，还指整体社会的硬件设施。比如，如果整个社会的通信传输技术、互联技术、智能设备建设等硬件达不到标准的话，那么企业的工业 4.0 运作也是很难实现的。

　　本书名为"生态式协同——智能时代的企业组织管理"，其本意是想探讨和研究企业在人类社会智能化、全息化、互联化过程中经营发展、组织运营、管理管控的演变和进化路径及方法。这是一件很有挑战性的事情。首先其研究范畴就很难界定，是传统科层制组织向未来智能化、全息化、互联化环境下的生态协同模式的演变进化还是生态协同模式之间的演变进化？哪个研究的范围对于企业来讲更有现实意义？本研究选择把两者结合起来。因为在当前情况下，企业的经营管理模式大部分仍然是以科层管理模式为主，也有部分企业实施了生态式协同组织运营模式，但那毕竟是少数。企业不是固定不变的，企业会成长、会演化、会遇到困难、会失败甚至会消亡，所以我们首先是希望在这种动态的企业变化过程中研究企业从科层管理模式向生态式协同模式的转换策略、过程和方法，同时兼顾生态协同模式之间的演变进化。

经过多番探讨和争论，我们明确了自己的定位：把生态式协同的演变和进化作为传统企业提升自身优势、加快自身转型成长的一种手段。我们建议企业以此为出发点，来开展生态式协同组织模式的建设工作。

在这样的定位之下，我们理清了基本逻辑。在当前环境和状态下，大部分的企业都仍然是以科层管控式的组织模式经营管理的，同时又希望建立自己的独特优势以实现企业健康、可持续的发展。那么这个管理模式优势既要包含生态式协同模式的内容，也要包含企业传统经营管理模式中的内容。另外，企业成长中的运营管理模式本身含有生态式协同组织的内容，同时也保留着科层制组织模式中有价值的内容。这种同时包含传统模式和生态式协同模式的进化升级，同时配合硬件设施的改造，企业管理模式的演变和进化就成为一个持续的过程，并伴随社会的发展最终将彻底转变为生态式协同模式。

由于本书探讨的不是传统科层制模式下企业组织运营的完善和升级，而是在全息智能、万物互联环境下的全新组织运营模式，因此必然会出现一些全新的概念，比如生态式协同、作业单元、全景式信息沟通、资本增值、资本经营、全息与智能化、功能负责人、协同层级等。

目　录

=

第一章
企业组织的本质与内涵

第一节　企业组织存在的基本根源

组织就是在一定的整体环境下，为了完成一定的任务目标而形成的以人为核心，包含价值定位、任务目标、人员、物资与资源、工具、规则、分工、协作、信息、分配、权限的业务工作运营体系。当外部环境、价值定位、任务目标发生变化时，组织的组成要素和结构需要发生相应的变化。当组织的构成要素发生变化时，组织的组成结构也需要进行相应的调整。组织的布局安排是根据事务的价值链接关系和结果生成关系设置的，其中分工和协作的关系也是重要依据。组织具有利益性，表现为价值是谁的价值、任务目标是谁的任务目标、完成任务目标和实现价值是为了什么利益。作为人类文明的重要组成部分，人类社会中组织的性质也在随着社会文明的发展不断改变的，从统治控制型的奴隶封建组织，到以财富所有权为基础的资本社会管理组织，再到未来以命运共同体为基本理念的整体协同自主合作组织，这体现了人性的升华以及人类文明高度发展的进程，也是人类文明成熟和人性效能释放的过程。但无论是何种性质的组织，都离不开运营的构建和管理的布局，只是运营管理的方法存在不同而已。

在商业社会环境下，企业作为社会经济最重要的组成部分，其存在的目标是：通过向社会及客户提供优质的商品和服务而实现自身不断的盈利、发展和成长。企业组织的作用就是产出满足社会需求的、能够产生最大增值价值的商品和服务。

不同任务类型的组织，其内部具体的组成要素和结构也不相同。根据任务的具体形式，可以分为：需要长期存在的固定型组织，如政府、学校、企业等；为临时的任务组建的临时性组织，如科研小组、建筑施工项目部等；紧密型组织，就是组织成员之间在工作合作和业务联系上非常频繁、关联内容多、彼此影响大，如生产车间等；松散型组织，就是组织成员之间在工作合作和业务联系上内容和频次都少、彼此影响小，如协会组织、商会组织等。

当然还有很多的群体组合形式，比如民族、宗族、部落、社群等。同一民族的人在风俗、信仰、习惯上具有同一性，在心理上有认同感和亲近感，但却不是为了什么任务目标组织起来的，因此不算一个组织。宗族成员间的联系比民族更紧密一些，主要是在血缘关系和基因关系上有比较强的联系。部落更多的是指同一地理范围内的人群，彼此之间的血缘关系和基因关系比宗族更疏远一些，但是其内部会按照一定的规则形成互帮互助的关系，比如共同抵御外部入侵等，这就在某方面形成了一个具有专项功能的组织。社群更多的是指居住在同一区域内的人员，以社交为目的自然形成的联络关系，不算是一个组织。政府是一个管理型组织，从政权角度看，国家也是一个组织，而且属于共生型组织，但地理意义上的国家不是一个组织。

组织离不开大环境。无论是任务目标的定位还是完成任务目标所需要的条件和资源，都是要在一定的大环境下才能完成和取得。一个国家的发展离不开国际大环境，一个企业的发展离不开其所处的经济环境，一个学校的发展也离不开其所处的教育环境。对于封闭的组织，其所依存的资源条件和其所承载的任务目标，将变得没有意义。因此，组织只有保持与外部环境的开放、互动与交流，才能通过自身的新陈代谢实现生态进化和不断发展，进而保持自身持续的生命活力和发展动力。

在现代的社会运行体系中，组织存在的意义就是完成单个个体无法完成的任务，创造单个个体无法实现的价值。比如军队是由很多人组织起来的，肯定要比一个人的力量大。但是现代社会当中也有很多不从属于某个组织的个体，比如小型的个体工商户、独立咨询顾问等。每个个体可以根据自己的情况来决定是否加入一个组织。个人加入组织，必须能够在组织的价值创造中发挥相应的作用，同时借助组织的平台实现自己的目标和理想。

组织当中有规则，制定规则的目的是更好地分工与协作，是为了有秩序，通过秩序把众多单个个体微薄的力量凝结成统一的、强大的力量，没有秩序就没有组织。不考虑非理性的性情因素，在理性可以控制的范围之内，人性的基本特点之一是"自我"：以自己的认知看待世界、以自我的目标决定行为、以自我的感受评判好坏、以自我的利益衡量一切。人性的基本特点之二是"遵从"：愿意遵从能够给自己带来益处的人或事，愿意服从能够让自己更安全、更稳定的人和事，在可能的重大伤害或毁灭面前愿意忍辱屈从。人性的基本特点之三是"权衡"：权衡自己的利益得失、权衡力量的大小、权衡行为策略的优劣。由于这些特点，组织中的人们在具体的工作中往往并不是完全以组织的整体任务目标为导向的，他们可能会按照自己的理解、自己的习惯、自己的个人目标去开展工作，这就需要通过规则保证每个人都是在完成组织任务目标的过程中去实现自己的追求和目标的，保证个人将自己个人目标的完成融入组织目标的完成中。由于环境的多变以及组织目标的层次性和时效性，规则中就要有主人控制的灵活部分和规范控制的固定部分，因此就出现了领导和制度的规则模式。

环境是个大系统，组织是大环境中的一个子系统，有些组织对环境有很大的影响力，有些组织对环境的影响很小，而组织中的每个人都在承担着不同的责任以及发挥着不同的作用。每个组织的领导者作为组织的组成部分和掌控者，等于在整个大环境的系统中，通过所在的组织发挥着自己对整个环境的影响力。发挥影响力的方式就是通过自身的管理实现组织在物质、文化、形态方面的产出、匹配和顺立。因此，作为组织主导者，领导者不应当用"迷宫中小白鼠"的视角看待整个组织，而应当用"天庭之眼"看待自己所管理的组织，把自己管理的组织当成自己发挥对整个环境影响力的势力范畴。这样，领导者才不会人为地封闭组织与外部环境系统之间的交换、循环与演进互动，而是会想办法把整体大环境中更好的、更有利的能量吸引到自己的组织中来，或者不断扩大自己管理组织的范围和范畴，以便和更大范围的外部环境衔接融合。

组织的主体是人，目标任务也是为了人，因此组织中存在一个"我"与"非我"的哲学问题：由于组织中的人是经常变换的，如果仅仅从利益性的角度看，那组织长期存在的基本动力源是什么，以及如何保证组织发展中人对责任的承担。这个问题解决的基本原理就是让组织成为一个平台，每批次的组织成员都可以在这个平台上实现自己的抱负和理想。

第二节　企业组织存在的基本要素

　　组织，自然不是由一个人、一件物组成的，其中包含了很多的人和很多的物，还有将人和物组合关联起来的分工、协作、信息和规则，其价值就是通过专业分工与有机协作的整合，以最低的成本实现最大的目标。企业组织的价值也来源于专业分工效率和系统协作效能的有机整合，所以组织中必然要有分工与协作。

　　专业化分工带来专业深度的同时，也带来了个人专业思维的局限、视野范围的狭隘和思考广度的偏颇，同时由于不同专业之间认知的差异性、封闭性和隔离性，组织业务运营中纯粹的个人无法在大范围、多种类的专业工作之间进行自动的统筹与协调，而是需要超越纯粹个人的力量，对各专业工作之间的协作关系进行统一的统筹和协调。在科层制组织中，这个力量就是上级和决策层。在生态式协同组织中，这个力量就是系统机制。

　　个人由于知识视野和能力范畴的局限性，不可能把企业从细节到局部再到整体看得很透彻清晰。每个人都是从自己的出发点和立场看待事物的，因此为了保证企业整体任务目标的实现，在分工中，既要有人专注具体事务的处理，也要有人专注局部事务的分析、统筹、规划与实施，更需要有人专注整体事务的分析、统筹与规划，而且事务的行动和局部的布局要服从整体的要求，这就需要领导和权力来保证统一目标的实现。

　　获取个人利益和收入是保证个体生存的基本条件，每个人需求的无限性和可分配资源的有限性之间的矛盾，使得组织中需要制定合理的分配机制，以提高组织成员整体的满意度。

　　人类文明仍在发展阶段，遵从自我约束的公益道德还没有形成社会风气，人与人之间还需要监督与监察。但是由于信息技术的发展，以人为主的监督监察可以实现信息化、数字化和智能化。

　　各个专业的人员在协作中需要了解很多东西，包括协作内容、工作要求、任务目标、相关专业人员工作的状态等，而这些都需要信息的传达。组织系统中复杂交错的信息传达，就形成了企业的信息系统。

由于认知不同、自我意识的局限和协作的需要，组织中需要明确协作的规则。这样就可以避免各个专业之间各说各话、各行其是。传统且常见的组织协作规则包括领导的决策指挥、制度、价值观、任务目标等。但是这些规则当中还隐含了"组织成员是懒惰的"这一假设，特别是当把目标规则制定得很细致的时候更是凸显了这一假设。如果认为组织成员会自激自励、一心向好，任务目标规则中就不需要那些很细致的目标，而是依据"自组织"的理念，给出任务目标大的方向和要求后，由组织成员根据相应的大目标去确定自己的专业目标。

任何一个组织都不能是固定不变的。一是因为组织希望自己做得越来越好；二是组织要适应外部环境的变化；三是组织也有"野心"，希望自己的影响力越来越大；四是由于组织"熵"的存在，组织需要避免变得死气沉沉、僵化生涩。由于进步发展的需要，组织就需要创新和成长。由于组织"熵"的必然存在，组织要想保持活力、效能，就需要不断重塑动力系统。

一个组织的效率是受规模影响的，组织规模过大，不可控因素增多、协调性变低，必然导致效率降低。为了满足组织成长和效率的共同目标需要，就需要采取不同层次的组织模式和组织联结状态，并根据不同的组织模式和联结状态划分成区、块、线、点的结构组成模式，其中区中有块、有线、有点，块中有线、有点，线上有点。其具体的联结形式包括了法律、联盟、资本、协议、目标、任务、供应链、流程、任命、指挥等。不同的组织结构组成模式之间需要采取不同的联结状态和组织规则。

由于组织成员的个体目标与组织的整体目标并不完全一致，因此需要使组织成员明白必须要通过完成组织的目标去实现个体的目标，这就需要进行组织目标绩效和个体组织绩效的管理。

因此，人的组织、物与工具的布局、层次与板块布局、专业分工与协作、整体统筹规划、信息沟通、内部分配方法、绩效推进方法、升级与变形、链接方法与行动规则、权限配置等是任何一个有效组织必须具备的要素。

组织整体的形态也不是一成不变的，在生存、进步、高效能的基本原则下，其各个要素之间的匹配关系也不是完全固定的。特别是科技的发展以及信息技术的发展，对组织形态的影响巨大。在科技与信息不发达的时代，组织的数量主体和价值主体都是人，而且人的整体知识水平偏低，因此需要大量的监督者和管理者以维持组织的稳定；但是在科技与信息发达的时代，组织的数量主体是工具设备，人成为了价值主体，个人的工作行为和结果更容易信息化和显性化，因此就不需要大量的监督者和管理者。这两种情况下的组织形态之间存在很大的差异，后者更趋向于扁平化和网络化。

第三节　组织的形成、维系与演变

　　在社会化的环境中，人们生存的基本原理是在组织化与自由化之间求得一个平衡。英国著名的政治家、哲学家霍布斯认为，人们天生爱好自由，如果说统治，也是统治他人，而不是被别人统治。那么，为什么有些人却愿意建立一个国家，让自己的自由受到束缚，使自己落入别人的统治呢？霍布斯给出的答案是：自我保全。这成为人们建立国家的终极动机、终极目的，就是"要通过这样的方式保全自己并因此而得到更为满意的生活；也就是说要脱离战争的悲惨状况"。霍布斯观点的基本内涵就是在现实的情况下，人们放弃一部分自由是为了生存和其他可获得的自由。霍布斯的观点给出了人们在纯粹的自然状态下加入一个组织的理由，也揭示了组织形成的基本缘由。当然，如果一个组织不能给其成员带来安全和生存的保障，甚至是让其成员的生存状况更差时，人们就会脱离组织，组织就会消亡，看看那些朝代的更替与更迭，道理就不言自明。任何一个组织如果希望能够延续下去，就必须具备强大的价值创造能力，能够创造出足够的价值，而企业组织在为社会创造价值的同时，也实现了自身价值的创造。组织在自然形成的过程中，人们根据各方面情况的发展和变化，在"纳什平衡原则"的内在驱使下，经过一定时间的演变和糅合，会自发地形成规则、人员配置、资源配置、利益分配等组织要素，也就自然地成为了一个组织。也就是按照"耗散理论"，人们有自发形成组织的内在需求和行为自觉，但是，这一过程的结果往往是难以预测的，耗时也会很长。

　　根据"熵理论"，任何一种固定形态下的组织模式都会逐渐变得安于享受、缺乏活力、缺乏效率、墨守成规、不思进取，价值创造力逐渐减弱，内部的价值产出无法满足组织成员的需求，内部开始博弈、官僚化，同时内耗增加，争夺存量、不创造增量，最终导致秩序崩溃，组织散乱消亡。为了保持组织的活力，国家层面推出了选举制，企业层面建立了法人治理结构，通过这种方式来选出更能带领组织升级发展的领导人。但是即便选出了更优秀的领导人，组织旧有的机制、文化、心理和既有条块分割状况已非一日之寒，也仍然需要合适的方法打破组织原有的价值耗损状态，建立更有价值创造力的组织形态。为了提高组织的活力和价值创造力，人们实践研究出了优化、改良、改革、变革等方法和策略，通过人为的方法改变组织内部的人员、体制、机制和模式，以保持组织的活力、效率和价值创造能力，使组织借助外部力量通过拆解搭建式的改良或者改革实现组织的升级和存续。用改革、变革的方法对组织进行改造，往往在组织的僵化状态比较严重时才会实施，而且这种方法改变幅度比较大，很大程度上带有行政权力强制性的性质，因此过程中也会产生较大的冲突和破坏。如果把行政权力科学的运用方法和组织耗散性的特点结合起来，通过一定的目标设定、物质分配和资源分配对组织成员的行为进行引导，再辅助以外部信息和力量，使已经老化、没有价值创造力的组织在既定的约束条件下，遵循耗散组织的基本规律和发展路径，通过自主的、持续小幅度的、以提升价值创造为导向的、时时刻刻均可进行的方式完成升级和再造，就能实现组织的生态式进化。这就需要在命运共同体的组织模式下，通过建立相应的机制和规则，引导组织成员形成行为自觉，去实现组织的生态式进化。

第四节　企业组织的内涵与定位

　　企业是社会经济生态体系的重要组成部分，是以经济产出和经济价值创造为主要任务目标的经济型组织，和所有的组织一样，企业也是承载人们进取心和事业心的经济型组织。在现代市场经济制度体系下，和其他类型的组织相比，企业组织的特点有以下几个方面：

　　（1）持续的成长发展和为社会与客户提供优质的产品服务是互为目的和方法的，是企业持续存在发展的一体两面。只有为社会与客户提供优质的产品服务，企业才能持续生存与发展，而企业只有发展了，才能为社会与客户提供更多优质的产品服务。

（2）短期盈利和长期发展之间是互为目的和方法的，短期的盈利是为了给长期的发展准备资源，长期的发展也是为了在未来的某个短期能够获得更大的盈利。

（3）企业处在残酷的、激烈的竞争当中。在现代市场经济体制中，基本的原理认为只有竞争才能促进企业创新提高、促进整个社会的进步，垄断式的经营必然造成坐享其成、停滞不前，因此反垄断法、企业注册机制都是推动市场竞争的管理措施。

（4）在法律上，每个企业都是独立的法人实体，但实际的经营运作上，只要愿意，任何一个企业都可以组合成为一个整体，并且以资源共享、协同经营的方式实现整体经营效果的最大化。

（5）企业法定权力的基本来源是资本，企业最重要、最基本的关联方式也是资本，资本决定企业的所有权关系、基本的控制权关系等。资本和企业之间既相互独立又结合一体，每个企业中都有资本，每项资本也最终要归于一个企业，但资本的所有者未必是企业的经营者。

（6）一个企业消失了，不代表这个企业里的资本也没有了，资本可能以其他企业的形式存在着，也可能以某类固定资产的形式存储起来了。企业本身不变但其中的资本可能已经变了。资本可以以多种形式存在。

（7）除了法律规定的资本所有权之外，企业其他的权力配置都是根据经营管理的需要来授予和设定的，以资本的所有权关系为基础，衍生出企业的各种组织模式、组织联结状态和组织的权利配置关系。

由于以上的生存环境和企业自身特点，就必须要求企业组织的定位是：

（1）整个的组织布局与安排是以经济价值创造最大化为目标的，而不像军队以保卫国家安全为最大目标。

（2）效率、效能、效果是企业组织存在的第一要义，不像学校以教书育人、培养人才为主要要义。

（3）一切以满足社会与客户的价值需要为出发点。

（4）必须不断努力，永远争取比别人做得更好，永远要有竞争优势。

（5）只要有可能，就要健康、快速地发展业务、扩张规模。不像国家那样，随意的扩张就是侵略。

（6）要不断地储备资源和拓展新业务，以适应时代革命、技术创新、技术革命、产业轮换、行业更替和竞争的优胜劣汰，而不是像古董，越老越值钱。

（7）要有一定的控制体系，避免企业分崩离析或者偏离轨道，更要避免企业发生革命、易主易帜。

在以上的企业组织要求下，企业组织的布局与建设要根据环境状况和资源条件，尽可能去满足上述的要求。上述企业组织的要求满足的先后顺序如下：

（1）稳定性，就是不能让企业易主，也不能在违背原所有人意志的情况下改变了所有权，这一点除了法律对资本所有权进行规范保护外，在实际的行政操控权上也不能发生这种情况。

（2）可控性，就是要保证企业的经营、运行与发展是符合企业实际情况的，比如环境情况、资源情况、价值定位等，或者说是符合企业资本所有者的发展期望的；而不能违背企业所有者的发展期望，不能违背企业经营成长的基本规则要求，更不能违背法律或者出现为非作歹的行为。

（3）保持生存，就是无论采取什么样的措施，都首先要保证企业能活下去，这包括运营布局、管理体系设计、投资决策、经营策略决策等方面。首先考虑的是要保证企业能活下去。要把"永不服输"作为经营企业的基本战略素养。

（4）价值最大化为目标的效率效能最大化，在保证前面三项的基础上，企业组织的布局设计上需要实现效率效能的最大化，基本的目标就是要实现经营效益的最大化。当然，实现经营效益的最大化也不能采取涸泽而渔的方法，仍然要坚守企业关键的原则，比如说保障产品服务质量，遵守国家法律法规，留够必要的企业后续发展基金等。当然，效率效能最大化要根据综合价值最大化原则采取相应的措施。综合价值最大化包括五年结果价值最大化、机遇价值最大化和成本价值最大化三个方面，就是在可预见的五年内，以企业的投资价值估值最大化为目标布局企业资源积累与能力积累的目标，在具体的运营过程中，还要实现机遇价值最大化和成本价值最大化，就是如果好的机遇能带来低成本的非主流价值，也要充分把握。

（5）实现可持续发展，就是能够保证企业有持续的竞争力、能跟上行业竞争的变化、产业格局的变化和经济环境的变化。这就要求企业组织能够调整、升级、变革和创新，既能不断推出新产品和服务，又能储备新的技术和资源，还能不断改进组织运营形式以适应环境的变化。这里的可持续发展可能是在企业规模不扩张情况下的可持续发展。可持续发展和效率效能最大化之间需要做好权衡，避免为了长期发展资源的积累而导致企业短期的生存成为严重的问题，当然如果问题不是很严重的话，积累的资源本身也具有很大的融资信用力，而且对战略投资者也会有很强的吸引力。当然，如果企业因短期效益最大化而导致没有足够的长期发展资源的积累，会对长期发展产生不良的影响，但是可以用短期盈利的资金购买技术和产品专利的方式进行一些弥补。

（6）实现业务的扩张，就是企业组织的设计要能够实现业务的自主扩张，特别是同一类业务向不同区域、不同消费群体以及在强相关性业务上的扩张。而对于跨行业、跨产业的扩张，组织也应该具有一定的激励作用和推动力。企业业务的扩张和企业可持续发展也是相辅相成的，其权衡选择要看行业和产业的发展阶段，如果行业处于快速普及扩散期，那就要以同类业务的扩张为主，如果行业处于饱和的稳定竞争期，就以跨行业扩展和可持续发展为主。

第五节　企业组织的关联关系与层次结构

因为我们的目标是如何设计万物智能互联全新环境下最佳的企业组织模式，所以我们需要抛开原来所有有关组织既定的认知和看法，比如职能式组织、矩阵式组织等，要从根本上认知组织的性质，以便我们的创新既有基本的立足点和着眼点，又不受既有框架的约束，具有可行性。企业组织关联关系与层次结构的提出，就是为了更加透彻地看待企业的组织系统，以便更加透彻地认识清楚企业的组织，以便能够更好地布局与设计企业的组织。

企业的概念是什么呢？是一个单独的法人实体吗？是一个独立的经营单元吗？是一个资本控制的所有公司吗？是叫同一个名称的所有公司吗？我们研究企业组织的目标是建立具有强大价值创造能力的组织，所以所有能够影响其价值创造能力的因素都在我们考虑的范围内。除了外部环境和条件外，企业自身影响价值创造的因素也有很多，包括一个公司内部的运作、不同公司之间的协作等。我们主要是站在企业主导人的角度来考虑问题的，从企业主导人的角度来看待企业价值创造能力及方式的构建与运用，意味着要把一定法定行政掌控权范围内所有的经营资源都看成一个企业。对于投资者来讲，在其资本控制权下的所有经营资源都是一个企业，因为他有权在经营上调度这些资源进行布局并创造价值；对于一个集团公司的总裁，在授权体系下，这个集团范围内的所有经营资源就是一个企业，因为他可以根据授权调度这个集团内所有经营资源进行布局并创造价值；对于一个公司的总经理，在授权体系下，这个公司的所有经营资源就是一个企业，因为他可以根据授权调度这些经营资源进行布局并创造价值；对于一个政权来讲，其所有政权权力可以合法管理下的经营资源都可以看成一个企业，因为该政权有充分合法的权力调度这些经营资源进行布局并创造价值。所以当我们说一个企业时，实际上是站在对其具有直接主导权的人员或团队的角度上来说的，这个企业可能是一个公司，可能是一个集团企业，也可能是由同一资本控制的但是经营上没有关联性的各种形式的公司，但这些形式的企业，实际上都在法定权力人的掌管之下，该法定权力人是有权对这些公司的经营、运营、资源和作业事项进行调度和管控的。

供、销、产、技（研）、物流等都是企业的专业职能。体现供、销两项职能就是一个具有独立经营能力的企业，如果再加上产、技、研，就是一个完整系统的独立经营企业。但是企业的经营还远不止单一产品的研发、买进、加工、销售这些内容，现代企业经营手段还包括资本的运作、产业的协同发展、业务的相关性发展、估值投资经营、权证债券经营、期权经营、前中后台集约式经营、核心资源扩散式经营等。因此在具体的经营管理中，供、销职能单元或者供、销、产、技（研）职能单元组成了基本的独立经营企业，在此基础上，以基本的独立经营企业为单元，还可以布局设置更加多样化的企业经营层次和模式。这样企业组织之间就具有了多种性质的关联关系，包括同一政权管理的、同一资本管理的、同一资本增值目标的、同一产业经营增值目标的、同一业务经营目标的、同一运营功能的、同一专业职能的、同一作业配合的等。不同关联关系范畴内组织的体系结构、作用性能和运营方式的结构布局也有多种形式和层次。

在不同的关联关系中，关联的方式也不相同：

（1）同一政权管理和同一资本管理的关联方式基本一致，就是在同一资本或者主体利益方的前提下，由掌控人进行经营单元的合并、分拆、资源共享、协同定位、重新组合等，实现整体的经营发展目标。

（2）同一资本增值目标的关联方式就是为了实现该资本增值的最大化，对资本所依附的经营单元进行商业模式和经营模式的优化组合，在资本投资、资本运作、实业经营、资源经营等各种方式方法上进行权衡取舍，实现资本增值的最大化。

（3）同一产业经营增值目标的关联方式是为了实现产业板块整体业务增值的最大化，对各个具体业务在协同关系、作用配合方面进行优化布局，实现整体产业业务经营效果的最大化。

（4）同一业务经营目标的关联方式就是为了使所经营的业务效益最大化，合理布局该业务内部各项功能的配比关系。

（5）同一运营功能的关联方式就是为了最优地实现整体功能，合理制定各项专业职能的定位和绩效标准。

（6）同一专业职能的关联方式就是为了实现各项专业职能的定位和绩效标准，合理确定各个作业单元的绩效要求。

（7）同一作业配合的关联方式就是在作业单元内部，为了完成作业单元的绩效要求和实现成果最大化，确定每个人的配合协作方式。

其中，从个人到作业单元再到专业职能单元，这三个层次并不是必须都设置的，是可以合并到一起实现的。个人就是具体的人，作业单元是由人和设备组成的。承担一定责任和具有价值创造能力的基本作业组织中，一个作业单元可以由一个人组成，也可以由几个人组成。专业职能单元是一种非实体单元，它并非是由具体的人和设备组成的，而是由相关的具体作业单元组成的，这些作业单元的作业绩效共同构成了相应的专业职能单元。但是专业职能单元本身可以作为一个作业单元，这时它就是一个实体的单元，但这个实体单元的性质是作业单元。

如果从企业经营的效用组成层次看，企业由个人、作业单元、职能单元、功能单元、业务经营单元、产业经营单元、资本经营单元这样由小到大的效用单位组成，后面大的效用单位包含着多个前面小的效用单位，多个小效用单位完成的工作成果和作业共同组成了大单位的性能和效用。效用单位越大、职能越多、功能越全，独立经营的能力就越强，所包含的作业单元、经营类别和经营模式也就越多。

从企业组织必须满足的要求来看，稳定性、可控性可以通过高级人才的选拔和任命、战略定位、内控机制来实现；保持生存可以通过扩张投资评审、对行业和市场的快速反应以及技术创新来实现；价值最大化为目标的效率效能最大化则必须要通过建立生态式协同组织来实现；实现可持续发展、实现业务的扩张必须通过对行业和市场的快速反应、技术产品创新、战略投资来实现。

企业规模的大小和经营形式的组成结构决定了其组织性能作用的布局模式、组织单元的构成方式和各类组织单元间的联结状态。组织性能作用的布局模式、组织单元的构成方式和各类组织单元间的联结状态决定了企业组织的运营运作方式，也决定了企业的管控方式，进而也决定了企业组织的层次层级和权责配置。

企业的运营运行由多层次的功能、职能和作业共同组成，其关联的内容方式和发生关联的时段节点也不同，而且从工作作业到专业职能、从专业职能到运营功能、从运营功能到经营效能，都是一层层实现的。有些工作作业之间需要每天、每周都发生操作关联，有些工作作业之间可能从来也不会发生操作关联，但是不发生操作关联的作业却有可能通过对专业职能、运营功能的共同作用，在企业经营效能的层面上构建起了相应的关联关系。企业各类组织单元在不同时段、不同层面构建了不同性质的关联关系，也就在不同的层次上形成了不同的关联体：生产、仓储、物流发货是日关联体，新品研发中心的设计和试验可能是周关联体，配方微调整中的技术、生产、检验是月关联体，而新品研发中的技术、生产、采购可能是半年关联体。对于同一产业板块下的两个独立经营的单元来讲，如果彼此之间有供应链关系，可能会是日关联体；如果是房地产开发和物业交接管理的关系，根据楼盘开发的进度，可能是1~2年的关联关系；如果彼此独立经营，在资金上会有拆借关系，可能是半年或者年度的关联关系。

总结起来讲，组织的作用就是将各专业职能方面的资源联合起来去完成任务目标，各联合部分既要发挥自己的作用，更要联合起来完成更大的目标。组织目标是分层次的、阶段性的、不断变化的，组织的各种目标之间既是关联的，也有彼此的独立性。而且组织的各组成部分，其完成的目标层次不同，各个层面上其联合目标之间的系统关联关系也不同。因为企业组织是个系统，其又由不同的子系统构成，子系统又由各个孙系统构成，这样，越基础层次的系统组成，其目标的作用的独立性越低。

作为企业来讲，其组织的层次是怎么样的呢？是注册的企业法人，是一个独立生产车间，还是一个自负盈亏的经营体？

当然，我们认为在一个时间段里，按照一定规则联合运作并共同完成某类目标的人和物的联合体，都是一个组织。有的组织是短期的，比如项目组，有的组织是长期的，比如政府和军队。组织依据的规则可以是法律契约，也可以是选定负责人的指挥，可以是投票机制，也可以是作业规范制度，可以是强权压制下的服从，也可以是心照不宣的默契。而人和物的联合体，可以是几个人的联合，也可以是国家间的联合（欧盟和东盟），可以是几个企业的联合（集团公司），也可以是几个小组的联合（施工队）。而联合的模式，就是根据约定和分工，各自干好自己的事情，把各自做好的事情联结起来，就成为一个实现更大目标和成果的组织体，当然，这个目标和成果是共同认可的。

企业的大小是不一样的，目标层次也是不同的，各个范畴的目标彼此联结起来形成企业的各类发展目标。在当前商业资本社会的体制下，决定企业组织联结的有四个主要因素：一是法律的契约，二是资本的关系，三是经营运营的整合，四是内部职能工作的协同运作。因此，企业的组织形式分为以下四种：一是产业链协作组织，是以法律契约的形式联结的，比如供应商、代工商、外包商、供应商、理事会型集团公司；二是基于共同资本权利的资本权利组织，比如同一个资本投资公司、母子公司关系型集团公司，这种基于资本权利的企业组织的各个公司之间未必就一定共同联合经营和运作，但是法律赋予了资本本身对其拥有权利的企业进行联结组合的权力，比如职能共享运作、资产共享运作；三是资本权利主导下的整合化经营与运营，比如母子公司关系型集团公司和理事会型集团公司模式下，内部各个子公司、事业部之间产品与服务的供给和技术上的联合研发等；四是完整经营功能单元内各个作业之间的协作作业的组织，比如一个自负盈亏的公司、一个车间、一个技术研发中心等。

在这四个企业组织形式中，第四种组织形式是永远存在的，是企业组织的基础，所有的中小型企业基本都存在这一种组织形式；第三种组织形式在大型公司中比较常见，特别是相关多元化集团公司和协同多元化集团公司；

第二种组织形式在各类投资业务的资本运作中都比较常见，因为在业务和法人关系上各个公司之间是独立的，但是由于是同一个投资者的公司，投资者会自行在各个公司之间进行调动和协作；第一种组织形式在各类公司中都存在。

第二章

企业组织价值创造效能

　　企业创造价值一方面是指企业通过为人们提供物质和精神的服务，使人们能够更好地生存、更幸福地生活；另一方面也是指通过提供物质和精神的服务，让整个人类社会得到了巨大的进步和发展。除了为社会创造价值和为人们输出价值，企业也要实现本身的价值。企业本身的价值就是获得更好的成长与发展，具体体现在规模、效益、抗风险能力等方面。企业为社会、人们创造价值和实现其自身价值是互利共赢的事：只有能够为社会、人们创造更多的价值时，企业才能实现自身的价值；企业只有实现了自身的价值才能够为社会、人类创造更多的价值。

　　企业组织价值创造的效能是指在同样的环境、同样的资源、同样的业务、同样的发展阶段下，企业组织创造价值的能力和效果。其具体的体现是企业资本增值速度的快慢、业务发展速度的快慢、资本收益率的高低、净资本收益率的高低等。这其中涉及一个很重要的概念是企业的价值。什么是企业的价值？企业价值的大小、多少怎么来衡量？如何衡量企业组织价值创造效能的高低？为了管理上的应用，如何用经营过程性指标而不是经营结果性指标来衡量企业组织价值创造效能的高低？

　　从实用主义的角度讲，企业价值应该是看得见、摸得着的东西，在财务管理方法体系中和投资价值评估的体系中，都有企业价值的界定方法和技术。本书从企业组织价值创造效能的角度，希望从"现值状态"和"成长状态"两个方面说明企业价值，目的是找到可以在实际的经营管理工作中具体评估的方法，而不是空洞地论及企业价值的概念。为了更切实际，我们把企业价值的衡量周期定位为五年，也就是说在评估企业的价值时，是评估企业五年内的价值状况。

分工与协作是组织的基本构成形式，没有协作高组织效能就没有可能实现。为什么组织需要管理呢？因为人们本意上往往不愿意协作，为了让人们保持协作就需要利用权力进行管理。在组织当中管理权力的集中度和人们的群体性组织意识是保证组织效能的一对平衡力，最佳的组织效能是组织秩序性和个体活力性的有效平衡与组合，也就是个体活力性和组织秩序性同时达到最大值。但一般来讲，个体自主空间大容易造成非合作博弈以及囚徒困境心理而使组织秩序缺失，但管控过多又导致个体活力降低，最佳的状态就是既使个体活力完全释放又保持组织秩序。当人们的群体组织性意识弱时，人们协作的意愿也弱，就需要更强的管理权力，通过管控保证组织的协作效能；而当人们的群体组织意识很强时，人们的协作意愿也很强，这时再集中管理权力来控制的话，就会极大地影响组织的效能。一般来讲，人们的协作意识弱也就是囚徒困境心理比较强的结果，而囚徒困境的本质源于信息不全的自我保护心理、自身力量强大的不需要组织心理、组织利益共享度低的博弈心理等。因此，越是弱肉强食的社会和组织中，信息不完整、利益创造能力小且零和博弈大，导致人们囚徒困境意识越强，人们的组织意识和协作的意愿越弱，熵增能减的现象越普遍，而越是文明化、民主化、共享化的社会和组织里，信息全息全景、利益创造能力大并且按贡献的大小实行共享，人们的组织意识和协作的意愿越强，熵减能增的现象也就越普遍。这一点从人类社会组织的演变进程中也能窥见一斑，从奴隶社会、封建社会到资本主义社会和共产主义社会，人类社会就是在迈向文明、民主、共享的进化过程中，通过社会关系、模式、体制、机制的变革不断释放人类聪明才智和社会生产力的过程。我国的改革开放也是不断通过体制机制变革释放生产力的过程。上述关系如图2.1、图2.2所示，而高效能组织的构建模式如图2.3所示。

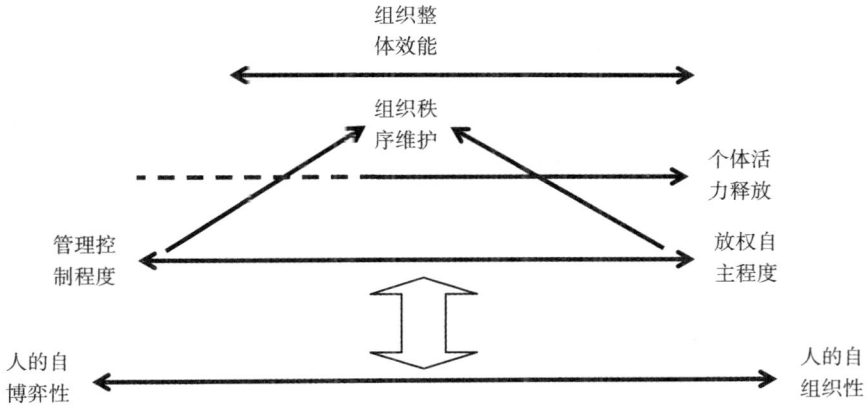

图 2.1　个体活力和组织秩序与组织整体效能的关系

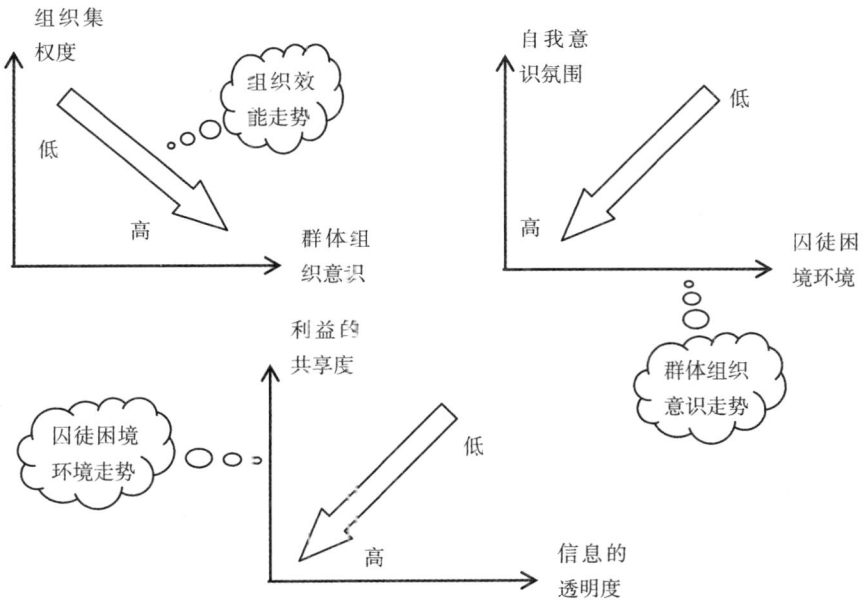

图 2.2　组织效能关键要素的生成逻辑关系

管理启动	组织意识	组织效能	体系循环

信息全息全景透明

效益价值贡献共享

整体价值创造最大

按照价值能力替换

消除囚徒困境心理

形成组织共赢心理

强化群体组织一致

愿意共同协同协作

愿意共同成长进化

减少集权放权自主

生态式协同高效能

自主自动减熵赋能

图 2.3　高效能组织的构建模式

第一节　企业价值的结构

企业的通用价值肯定是盈利和盈利能力，但是这个盈利和盈利能力是指哪个阶段的呢？这一般要根据经营者的具体需求来确定。经营者并不会在乎一个企业在多少年之后可以赚多少钱，其更关注的是在可预见的时间里能赚多少钱，毕竟资本是企业所有资源中最重要、最有用的资源。任何一个企业，对于不同的经营者来讲，其价值也不相同，比如一个经营单元，对于某个经营者没有什么价值，但是如果对于另一个经营者所属企业的协同经营很有作用的话，这个经营单元就是很有价值的。

从一定时期内的盈利收益来看，企业的价值由以下的要素构成：

（1）当前的资产情况。

1）一是硬件资产，包括设备、物业、土地、现金、债券、库存、应收账款、应付账款、贷款、股权资产等。

2）二是无形资产，包括品牌资产、专利技术资产、行业资质、专业资质、政府扶持定位、客户资源等。

3）三是经营体系资产，包括销售渠道、研发体系、技术平台、人才队伍结构等。

（2）当前的盈利情况。

1）现金流，主要是指净流入现金流的情况，以此来判断企业当前经营的健康状态和后期经营的弹性空间。

2）净利润率，代表了企业的经营管理的精益化状况和水平。

3）利润周期阶段，指企业主要产品线当前所处的生命周期阶段，代表了该产品线的持续盈利空间。

（3）企业的成长情况。

1）资源情况，包括新产品储备、新技术储备、人才储备、正在孵化的新业务状况、信用与融资条件储备、风投估值等。

2）组织效能，包括运营效率、功能完整性、变革发展能力。

3）发展阶段，包括产业发展周期阶段（短业务链和长业务链）、行业发展周期阶段（朝阳或夕阳）、企业业务发展周期阶段（多元化匹配）等。

企业价值结构如图2.4所示。

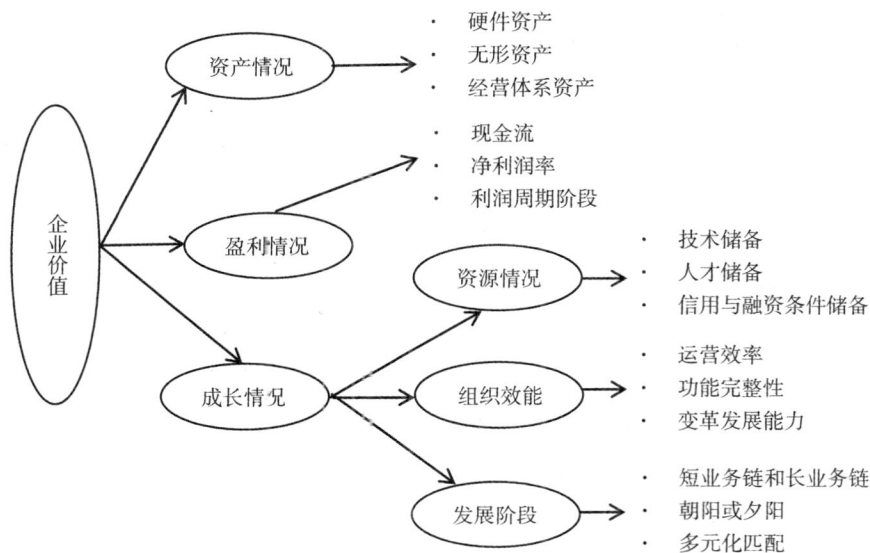

图2.4　企业价值的组成结构

为了便于实施和操作，组织效能的具体要素构成如下：

（1）效率。

1）单位人工时间产值，是指一定时间内，每单位人力时间的产值，比如一年内每一百小时工作时间的产出值。

2）单位人工支出产值，是指一定时间内，每单位人力成本支出的产值，比如一年内每一百万人工支出的产出值。

3）单位资产产出值，是指一定时间内，企业每单位资产额度的产值，比如一年内每一百万资产的产出值。

（2）功能。

1）全职能经营，是指企业的经营包含了产、供、销、技、研等全部职能，而不是仅包含简单的供、销或者产、供、销等职能。

2）集团化经营，是指企业是集团化的产业性经营，包括协同化集团、相关化集团、一致化集团和无关化集团，集团化经营代表企业具备更全面、更系统的业务经营与产业经营的经验。

3）资本化经营，是指企业除了业务经营、产业经营之外，还具备资本运作经营的经验和能力。

（3）成长性。

1）变革进化能力，是指企业在变革进化方面的能力，包括对变革的接受度、策略方法的成熟度、文化氛围等。

2）扩张支持，是指企业进行业务扩张时的运营管理支持，包括人才的储备、职业化程度、文化包容性等。

3）新产业支持，是指企业进行跨产业发展的经营管理支持，包括跨产业人才的储备、跨产业的战略管理、运营管理等。

企业组织效能的组成结构如图 2.5 所示。

在以上的价值结构下，企业组织价值创造的效能包含资本价值流转效能、产业与业务战略管理效能、功能体系匹配效能、自主运营的精益效能、管理的赋能效能、作业的专业效能六个层面。

资本价值流转效能就是合理规划企业资本的价值模式、价值结构、价值增值流转方式等。资本价值模式包括现金、债券、股权、实体企业、房产物业、品牌投入、人才储备、技术储备、资源储备、专项资源储备等；价值结构就是各种资本模式的组成结构，特别是在某一经营时间阶段内，各种价值

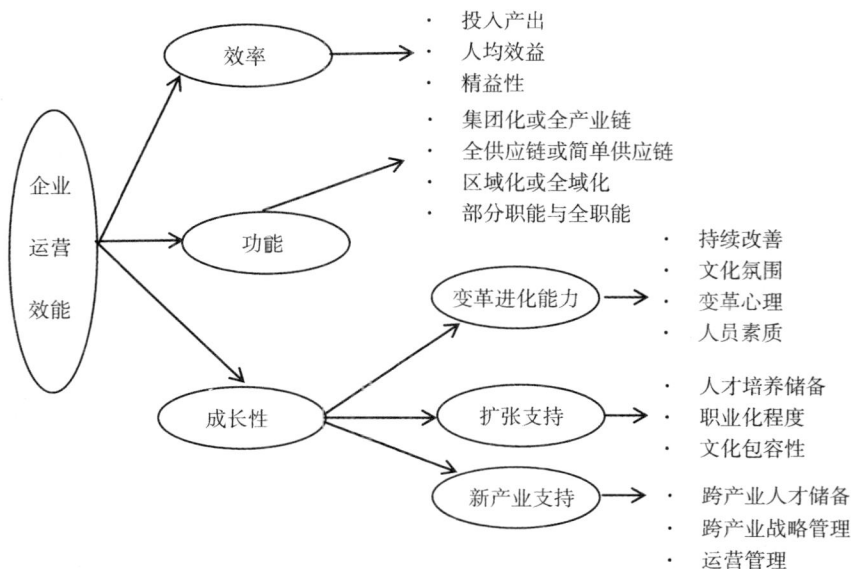

图 2.5　企业运营效能的组成结构

模式的组成结构，比如在产品线生命周期的初期、中期和末期，流动资金、技术储备投入、资产储备投入、经营体系资产建设投入、品牌资产建设投入等的组成比例、配比等；资本价值增值的流转方式指为了实现整体资本价值增值的最大化，应当确立什么样的各种模式的资本之间的转化方式，比如技术储备变成产品销售增值后变为现金，现金进行股权投资变为股权价值，股权价值通过股权置换控股某企业变为实体企业，等等。企业资本的价值模式、价值结构、价值增值流转方式的规划周期应当以 5~10 年为一个周期。

　　产业与业务战略管理效能，是在具体的板块化实业经营体系中，为了实现产业板块内资本价值增值的最大化，需要对产业板块整体经营的方式、方法进行规划设计，以发挥最大的效能。产业板块整体经营的方式、方法包含的内容有：一定时期内产业板块的价值内容定位，一定时期内产业板块战略发展方向的确定，一定时期内板块中各个具体业务的价值效能定位，一定时期内板块中资源使用效能的最大化，一定时期内板块中各业务的经营定位，板块中价值模式、价值结构、价值增值流转的方式方法等。分析并确定以上问题的方案，用于指导具体工作的实施，实现产业板块内资本增值的最大化。

功能体系匹配效能，是在确定了资本价值流转效能和产业与业务战略管理效能的定位与策略之后，通过合理匹配各项组织功能，既能精准地实现既定的资本价值流转效能和产业与业务战略管理效能，又能降低相应的资源投入和成本。

自主运营的精益效能，是指组织中各项业务的运营不需要过多的人力管理成本投入和时间成本投入，能够精益地自行运作与运转。

管理的赋能效能，是在保证企业基本内控安全的前提下，整个企业的管理体系应当为整个企业组织的运营赋能，而不是束缚企业组织价值创造效能的发挥。

作业的专业效能，是指每个作业单元和工作人员在开展所负责的工作时，利用专业水平把工作完成得准确、到位、及时。

以上六个方面的效能，综合起来就是通过价值结构和资本增值方式的设计、产业的选择、商业模式的选择、竞争力的选择来改革企业创造价值的方式；通过改变业务的规模布局、关系布局、区域布局、结构布局、层次定位布局来改革企业创造价值的模式，这方面的内容在《螺旋式升级：企业成长落地系统》里面已有阐述；通过企业各项功能、各项职能的设置、协同和匹配关系来改革企业创造价值的方式，这个方面在上文提及的书中也已有阐述；通过增强、确保对组织的赋能、引导和升级来改革企业创造价值的方式；通过精益、精确、精准的作业来改革企业创造价值的方式。

第二节　企业组织价值创造效能的等级与状态

一、什么是组织价值创造效能的等级

每个企业都是一个组织，都会有一个组织结构。单纯从组织结构上来看，同类规模、同类业务企业的组织结构是没有太大的区别的，但事实上企业组织的运行状况和价值创造能力是有非常大的区别的。

每一个企业组织，其价值创造效能都可以被评价和分析。前面提到了组织价值创造效能的六个方面，这六个方面最终都是由具体的工作运作来实现

的：从组织专业分工的角度看，资本价值流转效能由资本经营层人员的作业来实现，产业与业务战略管理效能由产业经营层的作业实现，功能体系匹配效能由业务经营层的作业实现，而管理的赋能效能由资本经营层、产业经营层和业务经营层与功能层的共同作业实现，有了前面四项的效能成果之后，自主运营的精益效能和各职能作业的专业效能就可以自动实现了。考察一个企业组织价值创造的效能，首先要考察这个企业组织在运作运行上是不是具备了对这六个方面效能的高效管理。事实上很多小型企业由于业务结构比较简单，只是经营一项业务或者一种产品和服务，因此，往往无法实现对资本价值流转效能、产业与业务战略管理效能的管理，而只能对其他四个方面效能进行管理。当然如果小型企业也包含了对资本价值流转效能、产业与业务战略管理效能的管理，那么其在效能管理的结构上就是全面完整的了。

对于同类业务、同种类型的企业组织，确定了其所具备效能管理的内容和层次后，再根据其价值创造效能状态，以这个企业组织对长期价值创造的保障程度为出发点，我们从组织运行效率、组织自身的功能、组织发展演变的能力三个角度来确定企业组织的组织效能等级。

不同组织运行状态会导致组织的效率有很大的差距，从混乱的运行状态到生态协同的组织状态，企业组织的效率会越来越高；企业组织的功能，从职能不全到协同创新，其价值创造能力会越来越强；而组织进化发展的能力，从熵增衰退到生态式进化，其长期创造价值的能力也是越来越强的。

企业组织的效能等级划分方式如图 2.6 所示。

1. 组织价值创造效能等级对企业的影响

企业组织价值创造效能高，在同样的资源、同样的环境下，产出的结果就比别的企业多；同样的产出，花费的成本和时间就比别的企业少；同样的投入，就比别的企业赚得多。因此提高企业组织价值创造效能可以提升企业的竞争力（效率、成本、质量方面），通过自主改善提高整体的性能，提高企业的盈利能力，应对商业机会的快速转化，得到扩张的支持，通过创新促使业务升级，通过自主调整适应外部环境的变化，等等。

2. 组织价值创造能力和组织的安排方法有关

一群人在一起，使效率效能最大的方法就是像足球队那样，使个人能力的最大限度发挥与整体组织秩序的高度融合，自主穿插补位、自主应对变化、

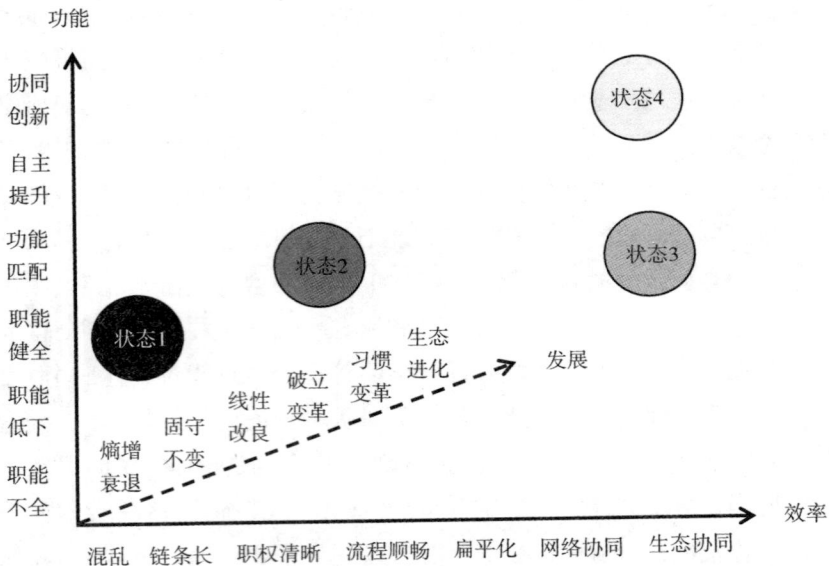

图 2.6 企业组织效能等级的划分方式

自觉配合传球、自觉拼命战斗、自觉互助互防。这要求每个人能即时了解整体业务运行状况，每个人都知道自己的行动对整体事务的作用和影响，明白只有整体的胜败没有单独个人的胜败，每个人都具备相应的专业技能，当然，如果再配以良好的职业素养就更好了。这样就满足了高效能组织的自主、自动、积极、协同、配合等要求。

组织价值创造能力的最佳状态就是：个人能力强、专业化产出高、资源利用效率高；各作业单元间自主协同、协同的秩序性高、成果匹配和时间衔接到位；整个组织中没有因等待而浪费的时间和资源；各作业单元取得多种绩效成果和资源积累，包括实现任务目标、改进效益以及获得创新成果、创业成果等。这些体现在整体经营环境中就是：产品和服务供需平衡，对外部变化反应速度快，为了适应环境能够自主进化、自主升级，在业务的发展上能够自动扩张。

达到以上的组织状态，通过传统科层制组织的"上级管控"式组织运营机制和模式是很难以实现的：一是因为领导对整体工作了解不够多、下属自主空间不够大共同决定了工作中无法实现协同和自主；二是"上级审定绩效

生态式协同——智能时代的企业组织管理

目标"并根据绩效目标确定收入的做法决定了人力资源必然有很大的浪费；三是以定岗定责为主的组织分工安排方法，事实上禁锢和限制了个人能力的高效能发挥。

在万物智能互联的时代里，只有生态式协同组织可以达到最佳效能状态！

二、各类企业价值创造效能的组织安排要求

1. 小型企业

该类企业的特点是经营的业务少、业务规模小、工作内容少、人数少，但沟通快，更加易于监督，因此该类企业需要建立以职能等级为主的作业单元，使能者多劳多得；可以建立全公司的沟通群，实现全员全景式沟通；定期进行业务分析会（线上开展），沟通各方面业务的工作要求；建立促进多维度发展的激励体系。

2. 中型企业

该类企业规模较大，各个职能工作要求更复杂，企业的功能要求也高，专业分工和作业单元的划分更细，内部需要协调和协同的东西也多。因此该类企业首先需要对作业、职能和功能之间的关系进行合理规划，并在此基础上以效能为立足点进行业务单元的划分，在此基础上建立以职能等级为主的作业单元；建立以保证业务单元多层次协同为目标的信息体系，实现全景沟通和作业价值效能路径的多维度感知；建立促进多维度发展的激励体系。

3. 大型企业

这类企业规模大、业务板块多、人员数量多、涉及范围广，其组织布局安排就是在中型企业的基础上，再加上各个业务板块之间功能协同性的管理职能，以及产业与业务战略管理的职能。

4. 超大型企业

这类企业商业模式多、业务类别多、各业务之间可能没有关联性，而作为同一资本管控下的业务，各级业务大板块之间可能只有资金、资本的协调关系。其组织布局安排就是在大型企业的基础上，再加上管理各个商业业态之间资本流转协同性的管理职能，以及资本价值流转和资本运作的管理职能。

三、企业组织价值创造高效能的形式与来源

1. 企业组织效能状态的选择和取舍

由于企业的价值内容和结构在不同的经营时期、环境条件和阶段任务内都是不一样的，所以组织创造价值的效能内涵也是不一样的。在不同的经营目标和外部环境下，企业组织价值创造的效能必须要有一定的取舍。另外，企业的组织运营状态也不是固定不变的，一是会从小到大，二是会进行去熵赋能的调整以及进化、发展和升级。所以企业的组织可能无法在从 A 到 Z 的成长与发展过程中，永远都保持各个方面的效能状态都是满格，就需要对效能状态进行选择和取舍。

一般情况下，在既定的业务状态下，企业组织的体制机制都会布局成效能空间最大的状态，但是还会根据需要设定具体组织价值创造效能的调节阀即资源的投入和人才结构的布局。

2. 企业组织高效能的要求

企业组织高效能主要是指工作上的事要办得快、办得好，那就需要人员专业能力强、自动自主做好工作的信息条件和激励条件都具备、自主自动协调的目标体系条件也都具备。

3. 企业组织高效能的功能要求

企业组织效能的功能就是指企业组织功能的完整性，如果一个企业的组织只具备买进卖出的简单贸易功能，那这个企业组织价值创造的效能不是高的，反而是低的。因为企业组织功能本身不仅代表了企业能开展哪些工作，更代表了这个企业对价值链的控制能力和企业的发展空间。

4. 企业组织效能的发展要求

企业组织效能的发展就是指企业未来的发展能力，这其中包含了发展资源的积累能力和新业务的发展能力。最重要的仍然是完善组织机制和加强人才的储备和布局。

第三节 企业组织价值创造高效能的具体表现

一、正确

高效能的组织首先要保证自己做的事情是正确的。所谓的正确包括决策正确和执行正确两个方面。决策正确就是根据环境条件、资源条件、自身状态等制定的行动模式是可以完全实现既定目标的，决策正确包括：

一是目标体系的正确，就是确定的总目标、阶段性目标、专业性分目标是可行的，符合所具备的资源、所处的环境状况、自身所处的状况等，所谓的"可行"分为几种情况：一种是立刻就可以实现；一种是经过一段时间的努力可以实现；一种是短期实现的可能性不大，但是可以在一定的行动策略组合下，经过长时间的努力，分步实现阶段性的目标，最终实现总的目标，在这个过程中，既能生存下来，又能积累资源和力量。

二是在短期内采取的行动策略、行动方式和环境、资源及自身状况是相匹配的，所谓的匹配就是能同时实现：确保生存下来、最大限度地推进环境向有利于自己的方向演变、最大限度地积累资源并提高自身的能力、最大程度地积蓄更强大的力量、最大限度地向总目标靠拢。

在企业组织内部，所谓的决策正确从技术上讲就是根据企业的战略定位和价值获取环境成本，每一个行动方案的决策结果都是按照价值链、业务链、功能链、作业链之间互相连接匹配、互相协同关联、互相组合生成的方式形成的，能够实现短时间内的低成本、高回报。

但事实上，只有相对正确的决策，没有绝对正确的决策。

执行正确就是在"没有绝对的正确决策"这一基本前提之下，在制定决策的过程中，根据环境、资源、能力和条件的变化不断修正和调整阶段目标、阶段条件和阶段行动策略，以期尽快、更好地实现总目标。

决策和行动的事项，内容涉及越全面、影响环境越宏观、跨度时越长，方向性、定性性越强，反之内容涉及越局部、影响环境越微观、跨度时间越短，具体性、定量性就越强。

长期目标和短期目标之间、总目标和专业性目标之间具有生成关系，在确定了方向性、定性性的长期目标和总目标之后，就要靠众多精确的短期目标和专业性目标保证不偏离方向。

二、分工与协作

分工协作就是根据分配的任务整体协作地开展工作，由不同的人员分别去完成整体工作中的一部分，再由各个部分的工作组合起来实现整体的目标。

人们需要的是一个可实际应用的成果，比如房子、汽车、优美的城镇环境等，这种需求非常多。但是要满足众多需求，就需要开展很多具体的、重复的工作。如果由一个人来做这些工作的话，受专业知识、大脑工作习惯的限制，不但工作效率低，而且根本不可能完成，所以就需要通过专业分工的方式，共同协作来高效能地完成这些工作。

分工和协作是一体共存的，先确定好协作的要求，才能更好地分工，分工分得好，协作的成果才是完美的。分工，就是为了充分利用专业化的能力和提高效率，而协作布局，是影响专业化效率发挥的主要原因。

从协同组合实现的效果看，企业目标基本上可以分为成长目标、经营目标、功能目标、职能目标、专业目标、工作目标、作业目标、操作目标等。专业、工作、作业和操作属于具体实施目标，前面的四项属于非实施性的组合效能目标。

分工的方式从工作组合板块的角度讲有经营分工、功能分工、职能分工、专业分工、工作分工、作业分工和操作分工等方式。有分工就必然有相应的协作。不同层次的分工方式是和不同层次的协作结合起来的，也是借助不同层次的分工单元来实现的。

不同层次的分工方式和分工单元也是为了实现不同层次的目标。经营分工指企业各个独立的经营单元（自行发展和经营），彼此之间进行策应性的发展，在不同阶段彼此之间采取不同的定位，互相策应、互相补充，实现最大程度的整体发展；功能分工是指在同一经营体范围内，为了实现经营和发展的目标，企业内部的市场开发功能、质量保障功能、安全保障功能、产品产出功能、成本控制功能、技术创新功能等的分工；职能分工是按照各职能进行分工划分，职能分工就是将专业相近的工作整合在一起，便于从专业上指挥和管理；专业分工就是按照知识和技能的专业性进行划分；工作分工就是对专业中的各项具体工作进行划分；作业分工就是对工作中的不同步骤进行划分和分工；操作分工就是对作业中的不同部分进行分工。

该如何确定具体的分工单元呢？在万物智能互联环境下，能否按照个体的能力和角色定位来进行分工呢？如果不按地理空间、专业一致性、先后顺序进行分工，而是按照协同、协作方式的关联性进行分工，比如，税务的工作不必是成本及账目的管理，也可以是人力资源的档案管理，这其实也没什么不可以，关键是看个人的能力。而同时管着人事档案和税务的人，可以分别和人事部门以及财务部门进行协同和协作。

三、协同

协同就是各方面协调一致，就是彼此的匹配、共时、应景、合效。从实现的目标来看，协同分为变化协同、功能协同、时间协同。

功能协同：为了完成各级的目标，各项工作的成果必须达到相应的标准，避免因某些工作成果达不到标准而使整体的功能无法全面实现。

变化协同：为了完成共同的目标，当协同体系内的一个因素发生变化时，另外的因素也要随之发生相应的变化，通过这种变化的协同，确保即便在条件变化时，目标仍然能够完成。

时间协同：时间协同就是无论是变化还是功能，各方面的工作成果要在既定的时间点达到预定的成果，以便所有相关的工作成果能够在同一时间完成匹配，实现相应的功能。

企业的协同本身也是个体系，是指为了完成企业的经营与发展，组织内部会按照性能目标、作业内容、完成时段、关联形式形成一个协同运作的体系，协同体系当中包括不同层面、不同板块、不同类别的协同体。协同体就是所有为了同一性能目标而按照一定形式协同起来的全部单元。由于企业经营管理效能的层次性，也就使各个层次的协同体之间形成了相应的协同层次，由于事物发展变化呈现"量变到质变"的时间累积特点，这使不同的协同层次之间需要有不同的协同周期。

协同的层次是指实现企业不同经营层面目标的协同体系统，包括协同关系、协同体构成、协同功能与效能等，比如全部产业经营板块组成了资本经营的协同体，全部业务经营单元组成了产业经营的协同体，产供销各项专业职能组成了业务经营的协同体。协同板块是指同一协同层次内，共同发挥同一协同功能和作用的所有协同单元，比如全产业链生猪养殖企业中，所有的种猪单元和由有机种植、有机肥、田园旅游共同组成的生态农业单元分别是两个不同的协同板块。协同类别是指协同体之间的协同关系，比如物流和仓库属于紧密协同关系，财务与物业属于松散协同关系。

协同的周期是指各个协同体实现完成相应协同成果所需要的轮回周期，比如完成发货需要的周期为日、周或月，完成新产品开发的周期为年，完成基础性新技术研发的周期为三年，商场完成一次服装销售的时间为小时等。

组织的变化因素和协同体系的规模是有很大的关联的。当协同体系的规模越大时，其变数就越多，变化就越不规律，随机性就越大，各种变化之间的匹配度就越低。而规模越大，协同体系的共同目标就越大，完成目标所需要的协同事项和协同单元就越多，突发事件和不可预测的事件也就越多，而面对变化需要达成一致所需要的沟通、调整也就越多，组织非线性混乱的情况也就越多。

在任何一个需要协同的经营体范围内，都会存在着很多随机不可预测、不可控制的变量。有些变量产生于外部而且是完全不可控的，如竞争者的营销方法和行为等，有些变量是协同体自身内部可知可控的变量，如企业人员数量的变化等。协同体各个业务工作之间的功能协同关系，导致这些变量之间也是互相影响的，当变化发生比较频繁时，整个协同体的协同状态就会被完全破坏。

我们把协同体完全不可控的变量设置为自变量，把协同体可控的但需要随着自变量的变化而变化的变量设置为因变量。

在一个单一层次的协同体系中，自变量的多少决定了这个协同体系的规模。自变量越多，需要协同的事项越多、变化发生的频率也越高，调整的时间越长，协同体系的规模越小。反之，自变量越少，协同体系的规模就越大。在一个多层次的协同体系中，上一层次协同体系的协同周期越长，其下一层次协同体系自行运作的时间就越长，一定时间内需要调整的频次就越少，因此规模也就可以越大。也就是说，企业每个层次协同体各个功能以及业务工作的变动周期，都影响着另一层次协同体内各个业务板块协同的时间段节点和周期。

对于企业产业发展、战略经营、功能、职能、专业、作业操作等不同层面上的性能目标，其协同层次、协同内容和协同周期是不相同的，产业发展的协同层次最高、协同内容最多、协同周期最长，作业操作的协同层次最基础、协同内容最少、协同周期最短。企业各类业务性能的协同周期与协同内容关系如表 2.1 所示。

表 2.1　企业各类业务性能的协同周期与协同内容关系

业务性能	协同周期	协同内容实现关系									
		研发	技术	采购	生产	工艺	人力	设备	财务	物流	市场
推出新品	2 年	☑	☑	☑	☑	☑	☑	☑			
文化调整	5 年						☑				
组织调整	2 年		☑		☑		☑		☑	☑	
品牌重塑	3 年										☑
新建投资	5 年	☑			☑	☑	☑	☑	☑		
满足订单	3 天		☑	☑	☑				☑	☑	☑
优化配方	3 个月		☑	☑	☑	☑					☑
人员变更	3 天						☑		☑		
更换施工队	10 天		☑		☑		☑				☑
产品退货	3 个月		☑	☑					☑	☑	☑
返工返修	3 个月		☑	☑	☑	☑		☑		☑	
客户开发	3 天		☑								☑

四、自主

自主就是企业成员自主自发地开展工作，这其中包括：

自主研究外部环境对体系效能、功能、运营模式的要求；自主研究所在体系中的运营方式和目标；自主明晰自己在整个体系运行中的位置、作用和职责；自主研究所在体系的效能状态以及提高效能的方法；自主完成体系运营需要自己承担的任务；自主提升自己所在职位的效能；自主克服在提高效能过程中遇到的困难；自主去为体系积累更多、更好的资源；自主去为体系目标的完成创造条件。

自主研究体系中各方面匹配的最佳方法；自主研究体系效能的最佳实现方法；自主配合体系中任何人发起的优化和调整方案；自主组织相关职位人员进行体系运营的改进；自主参加他人组织的体系运营的改进工作；自主想

办法将相关的区块链功能发展成为一项开放式的服务业务。

个人工作的自主性由个人的内在气质和活性决定。

五、积极

自主和积极并不完全相同，自主是自己主动开展工作。主动开展工作并不一定就非常用心、卖力，积极就是用心卖力地开展工作，主要表现在：

一是不断追求更高的目标，不满足于现状。

二是为了实现更高的目标会想尽一切合法、可用的办法。

三是为了实现更高的目标，不仅仅自己努力，还会带动相关的人员一起努力。

四是更高的目标都是和企业的发展和效益相关联的。

个人工作的积极性由组织的激励模式和效能决定。

六、创新

创新不完全等同于更高的目标，更高的目标可能是在同一事务上做得越来越好，实现更高的目标可以创新，也可以更加努力，更可以增加投入。创新更多的是指在性质、结构、价值逻辑、系统模式等方面采取不同的方式、方法。创新对于组织的高效能是至关重要的，特别是对于组织的长期发展来讲更是如此。任何一个高效能的组织，都要时常、自主创新。创新的实现形式：一是内部各作业单元的自行改善创新；二是为提升效能，各作业单元协作创新；三是外部价值增值区块链的链接带入（见后面介绍）；四是借用外部知识和资源的创新。

创新对组织价值创造效能的贡献：一是新工作方法提高效率；二是新技术产品提升市场竞争力；三是新的产业发展改善企业的产业结构；四是新业务模式提升企业的经营成效。

七、应变

创新的一部分原因是为了应变，也有一部分原因是为了自主创造变化。应变的重要性在于，组织运营的系统模式和协同机制要适应外部环境的变化，通过适应这种变化使组织运营系统模式和协同机制的价值创造逻辑能够与外部环境匹配，这种匹配一是指创造出的价值是环境需要的；二是指为环境创造价值的效能是最大的；三是组织成长发展的价值收益也是最高的；四是形成应变的习惯，在自以为非的状态中完成生态式进化的永生。

八、能力

在任何组织中，人员的能力都是发挥其运营效能的基础条件。如何保持人员能力能够长期处于高昂状态和适情状态却是需要一定的策略和方法的，毕竟每个个人的能力是有限的，也是会退化的。如果想长期发展，组织的能力就必须不断提升精进、不断更新换血，这就需要组织具备自主学习、自主提升能力的方式和方法，组织能力提升的方式既有人员的学习和改进，也有人员的外聘和更新，更有外部知识资源库的不断更新，再有就是内部的经验分享和知识学习。

组织能力的提高，最快的方法是从外部引进人才，但是机会风险比较大；其次是内部自己学习，但是仍然有惯性风险；其三是外部培训，但是在适用性上需要不断地摸索，一般都是根据不同的人员采用不同的方法。

九、透明

组织的透明就是其所有的成员，对于什么是做好工作、如何做好工作、和谁一起做好工作、在何时何地做好工作都是了然于胸的。这就需要组织中的成员能够及时得到工作所需要的信息，能够及时和工作协同人员进行交流沟通，能够对组织各层次的目标和要求都很清楚等。

组织透明对于价值创造效能是非常重要的，因为组织透明的作用在于：知道该做什么而不需要指挥，知道该怎么做而不需要请示，知道该什么时候做而不需要问询，知道该和谁一起做而不需要指示。透明是自主、自动、积极的根本前提。

十、制约与均衡

高效能的组织也必须要对可能存在的风险和恶意的行为进行有效监督和管控，包括对财务违规、质量作假、私下交易等不良的做法进行监督和制止。以人对人的方式进行监督检查一是效率低下，二是容易出现遗漏，三是容易二次作弊。因此最好的做法是运用数据化、信息化和智能化的监督检查方法。

第四节 企业组织低效能的影响因素

企业组织价值创造效能低，具体的表现就是在一定的环境、资源和条件下，在同等的时间段内，创造的价值比其他的企业少，其中的原因有不积极作为或无所作为、胡乱作为、想作为但没有权限、内耗太多、能力不足而有心无力、无效工作太多等。

企业组织效能低的行为特征包括对外部环境反应缓慢、意见不一、决策缓慢、工作中冲突停滞、彼此之间封闭不沟通、内部僵化没有活力、各行其是而不协作、工作不认真细致导致返工、工作目标不明确导致返工、决策错误导致返工、工作没有积极性而且做事拖拖拉拉、总是采取老一套但没啥效果。

在同样环境和资源条件下，影响组织效能的因素主要有以下9个方面。

1. 领导力

在企业传统的科层制组织模式下，由于企业领导者拥有企业的决策权，所以领导是企业绝对的核心。领导者的经营能力和整体素养决定了企业的组织价值创造效能。但是如果只从科层制的角度出发，把企业组织价值创造效能低下归咎于领导者也是有些不公平的。科层制的运营机制赋予了企业领导者可以决定一切的权力和责任，这本身也给企业领导者带来了巨大的挑战。在传统的社会经济环境下，企业的领导者还有一定的优势去承担那样的重任，但在万物互联的环境下，信息的开放、知识的普及等都使得传统意义下的企业领导者无法再胜任其工作，所以作为企业组织体系最重要的组成部分，领导者的定位也需要跟着企业组织体系整体的改革而进行重新界定。

2. 信息不全

企业信息化已经从 ERP（企业资源计划）时代走向了云计算时代，人们在工作中获得的信息越来越丰富了。事实上企业内部人员工作所需要的信息一直是不充分的。我们知道，做好个人工作是指能够把短期和长期利益结合、使局部利益服从整体利益、将自己的工作与同事的工作紧密结合，在这样的原则下，就需要把昨天、今天、明天的工作连贯起来，在专业上做到位、在匹配上做到位。这样简单的一段描述，事实上包含了大量的要求，特别是当整体环境越来越多变的时候。这里所说的信息主要指各个阶段的自主、自发、积极做好工作所需要的信息，包括：短期利益和长期利益各是什么？局部利益和整体利益各是什么？同时工作的要求是什么？短期利益和长期利益的关系是什么？局部利益和整体利益的关系是什么？短期是多短？长期是多长？局部和整体各是多大的范围？自己的工作和长期短期局部整体的关系是什么？等等。这些信息和企业的管控机制有关，在很多情况下企业的人员无法透彻了解这些信息，因此工作开展起来就显得短视、随意和不系统。

3. 不关注外部

按照组织熵理论和耗散理论，任何一个不关注外部、和外部没有信息和能量交换的组织，最终都会熵增、混乱和无能量、无动力，导致组织瘫痪死亡。在传统的社会经济环境下，人们容易关注自己的专业而忽略外部的环境。因为在那种环境下，信息渠道和通信工具都很单一，了解外部的信息和状况需要花费大量时间、精力和费用，很多人都不愿意做，而且那种环境下社会节奏慢，人们很容易像温水里的青蛙一样麻木和迟钝。不关注外部、不和外界进行信息交换和能量交换的企业，必然会很快失去发展的方向感和动力源。

万物智能互联环境下，大量的信息和便利的工具使得企业人员不关注外部成了不可能，问题是关注外部信息的目的，是把这些信息当成娱乐还是当成企业经营应变的引导。如果是前者，那这种关注就是无价值的，无法转化成为推动企业经营的利器。

4. 不思进取

一个人不思进取，肯定没有工作的动力和激情，也就没有工作的效能。一个组织不思进取，更多的是指企业中的文化氛围是消极的，表现在大家都得过且过，工作中有不同意见也不会争执讨论而是回避矛盾，没有人愿意制定有挑战性的目标，等等。这主要有几个方面的原因：一是企业掌管者比较佛系，与世无争、要求太低；二是分配激励政策不合理使大家不愿意做事，能推就推、能拖就拖；三是管控过严，缺乏信任感，对企业人员存在着过度的防备、控制、监管。

如果一个企业整体处在不思进取的状态下，工作效能一定是很低的。

5. 分工混乱

分工混乱带来的主要问题：

一是容易在工作中因为工作内容撞车而产生工作冲突，一般情况下，当工作内容发生撞车之后，人们最常见的表现就是都不做这个工作了。

二是需要重新安排工作，耗时、耗力、效率低下，因为分工不清楚的话，就只能靠领导来安排了。

三是为偷懒营造了空间，员工容易产生消极思想：既然没有分清楚，那如果工作没人做的话也就不会有人找到"我"这里。

以上问题是传统科层制经常出现的问题。但是分工过于细致导致的问题也很严重。分工一般是确定岗位职责，并以此确定岗位工资、职位工资等，这就会出现：①不创新，因为创新了也没有收益；②不在职责分工内的，"我"能做的也不做，因为做了也没收益；③懒于推动工作，别人做得不好耽误了，我也不去管，既不是我的职责我也管不了；④过于短视，满眼盯着自己的职责，环境和企业目标都变了也不关我的事；⑤沟通、协调不好，"我"得按照自己的职责去做事而不能按照别人的要求去做事，等等。

6. 协作混乱

所谓的协作混乱就是各方面工作人员在工作上的目标、认知、方法和做法都不一样，彼此不匹配、冲突过多、博弈过多。导致协作混乱的原因首先是目标不一致，只要目标不一致，认知、方法即便一样的话，做法也会不一样。目标的一致并不是指每个人所有的个人目标一致，而是指企业里每个人至少在实现自己个人目标时采取的策略是一致的，也就是大家共同完成企业的目标，就能实现各自的个人目标；其次是认知和方法不一致，也就是大家做事的习惯和模式不一样，有的喜欢从上到下，有的喜欢从下到上，但是如果目标一致的话，总归还是能够找到共同点的，但是会有一定的混乱和博弈。

协作混乱和不协作还不同，不协作是各干各的，不行就停下来等着，协作混乱是大家都愿意协作，但是就是干不到一块去，耗时耗力且耗资源。

7. 能力不足

能力不足就是组织成员工作能力和水平不够，工作干得不正确、不到位、不及时、没效果等。

8. 沟通不畅

沟通不畅就是工作中的信息沟通不好导致的彼此对工作的认知、理解不一样，工作的节拍也不匹配；或者在工作中沟通的信息反馈链条太长，导致出现误解和歧义，造成停工、贻误和返工等。

9. 工作状态不好

工作状态不好就是工作中存在漫不经心、得过且过、挑肥拣瘦、自我中心、想当然、避重就轻、推诿扯皮、推三阻四等状态。人们工作状态受到以下几方面的影响：

（1）人们的工作心理。人们常规的工作心理，首先是不能吃亏，无论是在企业的工作中，还是在与同事的相处中。在公平公正、有成长空间的企业环境里，员工就会积极地进取；如果是在歪风邪气重的企业环境里，"聪明"的人就会钻空子，"本分"的人一般会离开，而且人们都不愿意为了工作而得罪自己的同事。

（2）影响人们自主协作的因素。影响自主协作的因素主要包括信息不完整、对工作体验和认知不一致、彼此的利益不一致、彼此的信息不同步、彼此的工作任务和目标不一致、彼此的方法不同、彼此的性情不合、自我利益损失、内部分帮分派等。

（3）影响人们自主工作的因素。影响自主工作的因素主要包括自然的惰性、工作没有成长空间、干多了也无利可图、目标不明确、没有足够的工作权限、事不关己、来自同事的阻力、有不劳而获的空间等。

（4）影响人员积极进取的因素。不积极进取是因为克服困难的决心不足、无利可图、没有进取心、能力不足、怕自己干多了吃亏等。

（5）影响人们正确性的因素。正确性低是因为没有足够的信息、没有足够的知识、认知问题的方式不合理、个人的追求有偏离、思维的价值逻辑有偏离、过于狂妄自负、过于自卑保守、过于谨小慎微、眼光过于狭隘等。

（6）影响人们改变的因素。不做出改变是因为不知道往哪里变、没有完成变化的方法、改变费力但却无利可图、困难太大没有耐心和毅力、缺乏改变的意识、认识不到变化的必要性、没有相关的能力和知识、得过且过没有危机感等。

从企业组织高、低效能的影响因素看，要想构建一个高效能的企业组织，其一要构建合理完善的激励机制，这可以激发人们自主工作、积极工作的热情。其二是构建明确、立体化的绩效目标体系和全景化的信息沟通体系，这可以让人们能够清楚地知道该干什么和该怎么干。立体化绩效目标体系包括时间上的长短期、协作上的你我他、价值链上的链接、业务上的效益产业资源等。全景化的信息沟通体系除了体现绩效目标体系之外，还包括对各类性能指标状态的信息统计与分析以及全景的工作沟通方式。其三是浸融式的组织互动体系，企业运营不能再分为前台后台，所有的作业单元都融入在整个社会与市场环境当中，每一个点都接触外部，都感受环境的变化，获取改善创意点、业务创造点、组织成长的动力源。其四是以专业化工作分工层次代替以指挥权力为主的行政层次，这可以减少行政指挥在能力、速度、喜好方面的局限性，让每个人都成为价值增值的探路者和引领者，进而形成企业组织生态式的进化成长机制，而不是那种牵引拉拽式的增长机制。其五是建立组织价值创造的运营规则，使组织即便在动态灵活的状态下，仍然有规可循，成为一个以价值最佳增值为定向的自组织运行机制。

高效能组织机制模式如图 2.7 所示。

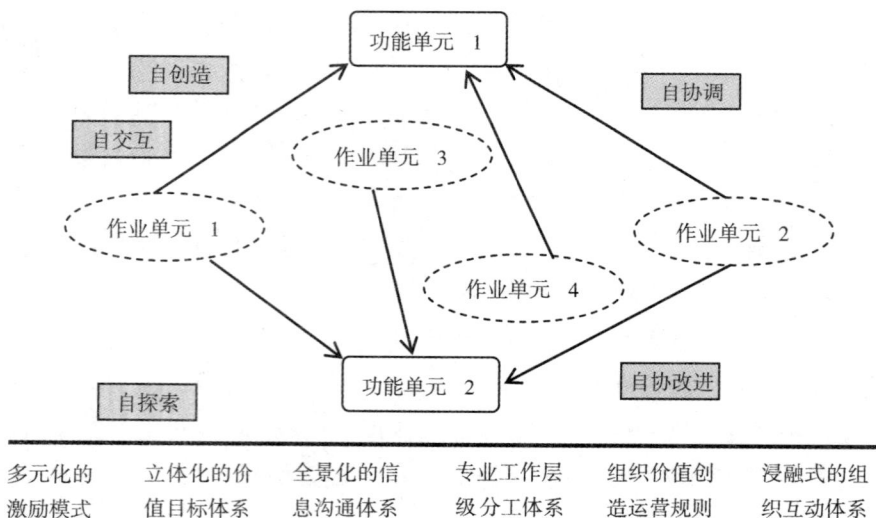

图 2.7　高效能组织的机制模式

第五节　自组织化高效能组织的方法论

如前所述，一个由具有高度自组织意识个体所组成的群体，在一定的规则和条件下，比较容易自主形成一个组织，并且在高授权的条件下，该组织的效率和效能是很高的，那么建立这样的组织应当遵循什么样的方法论呢？

自组织化的组织需要人们愿意自主合作并且知道该怎样自主合作，还需要人们知道为了获得更好的绩效该做什么事情，同时也愿意为了获得这样的绩效去克服困难并付出足够的努力。在克服困难的过程中也就需要人们能够有足够的动力，去抵消"自组织过程中"所产生的各种阻力，包括为避免争吵而导致的保守、争吵带来的仇视与疏远、意见不同带来的抵触、分工不均带来的对峙、贪心不足带来的出尔反尔、阻力带来的中途退缩、业绩不佳者拖后腿带来的怨气和分裂、信息不全导致的猜忌、工作协同目标不清楚带来的混乱、个别人非合作性博弈习惯导致的对抗等。

在一个组织中，"囚徒困境"的心理往往让人们为了保护自己的利益更加倾向于进行非合作的博弈，因为他们认为在这种情况下自己的利益才会得到最大程度的保障。但事实上由于整体的利益受损，个体也并没有得到合作前提下应有的最大利益。只有当人们知道只有彼此协同合作才能够让每个人的利益都得到保障和提高时，那么这个组织中的个人才会更加倾向于协同与合作，进而实现正和性博弈。而为了让人们能够认识到正和性博弈是最有利的：一是要让人们知道更多的信息，减少信息不对称造成的认知偏差和相应的阻力，让人们更加容易在合作中达成共识；二是要设计能够实现类似于帕累托最优效果的企业机制，让更多的人在协同合作中受益；三是要建立惩罚机制，对那些希望在非合作博弈中获取个人最大利益而破坏了整体利益的人进行惩戒和处罚。这样才能让人们更倾向于合作。

帕累托最优，是指资源分配的一种理想状态，假定固定的一群人和可分配的资源，从一种分配状态到另一种状态的变化中，在没有使任何人境况变坏的前提下，使得至少一个人变得更好。当然在现实当中帕累托最优是难以实现的，但是企业的工作中人们通过努力与合作可以实现创新增值、效能改善增值和竞争增值，通过组织成员间的协同与合作，可以使企业的可分配资源不断增加，因此在一定的机制下，虽然不能保障每个人都获得同样多的收益，但是却可以让参与改进的每个人实现自身利益的相对提高。

在现实中，由于工作中的协调需要花费人们很大的精力，比如需要讨论、辩论。在讨论、辩论的过程中，需要人们花费很大的精力去控制自己的情绪以实现有效沟通，否则就会由讨论变成争吵和争辩，或者人们为了和谐相处或相安无事而让讨论失去作用或无疾而终，这样人们为了推进工作而碰撞、激发共识的热情和激情就会逐渐消失，并累积着熵增。为了实现减熵赋能，就需要通过正和性博弈实现帕累托最优，并让此过程中的可再分享的利益足够大，让人们发自内心地愿意为这样的事业去管理自己、控制自己。

在企业组织中，不同的价值分配模式会决定组织中人们的行为方式，各种价值分配方式也决定性地影响着企业组织价值创造的效能，如图 2.8 所示。

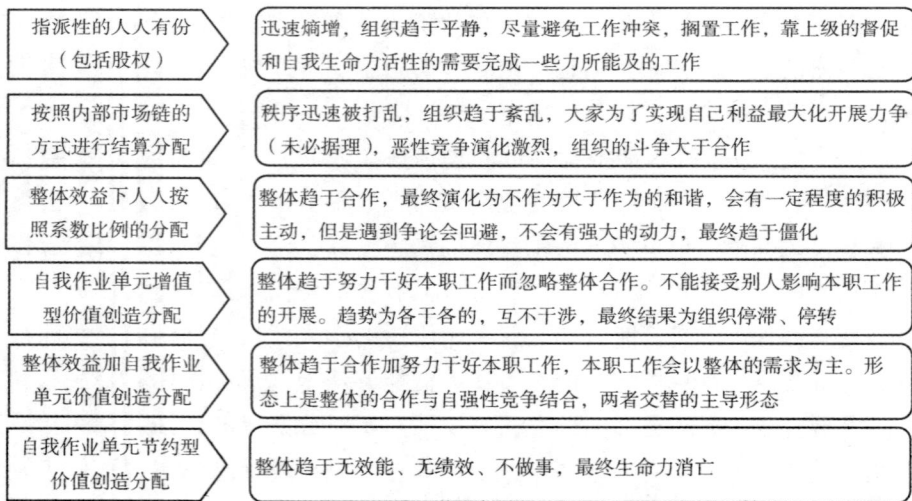

分配模式	影响
指派性的人人有份（包括股权）	迅速熵增，组织趋于平静，尽量避免工作冲突，搁置工作，靠上级的督促和自我生命力活性的需要完成一些力所能及的工作
按照内部市场链的方式进行结算分配	秩序迅速被打乱，组织趋于紊乱，大家为了实现自己利益最大化开展力争（未必据理），恶性竞争演化激烈，组织的斗争大于合作
整体效益下人人按照系数比例的分配	整体趋于合作，最终演化为不作为大于作为的和谐，会有一定程度的积极主动，但是遇到争论会回避，不会有强大的动力，最终趋于僵化
自我作业单元增值型价值创造分配	整体趋于努力干好本职工作而忽略整体合作。不能接受别人影响本职工作的开展。趋势为各干各的，互不干涉，最终结果为组织停滞、停转
整体效益加自我作业单元价值创造分配	整体趋于合作加努力干好本职工作，本职工作会以整体的需求为主。形态上是整体的合作与自强性竞争结合，两者交替的主导形态
自我作业单元节约型价值创造分配	整体趋于无效能、无绩效、不做事，最终生命力消亡

图 2.8　各种价值分配模式对组织运营的影响

自组织化的一个重要前提是业务和工作信息的全面公开，只有当人们充分了解了各方面的信息后，才能主动做出正确行为。比如对于企业的创新，无论是在技术、生产还是在市场、采购方面，员工只有掌握了客户的需求、了解企业的状况、清楚同事的状态等，才能产生更多符合实际需要、便于协作执行的新想法，并积极地参与实践。如果员工只是了解自己工作岗位中很有限的一点信息，就无法提出很好的创新想法，只能根据领导的安排去做一些工作，并且由于对信息了解得不多，工作开展起来也往往是丢三落四、不到位。传统科层组织与生态型自组织在创新方面的效能对比如图 2.9 所示。

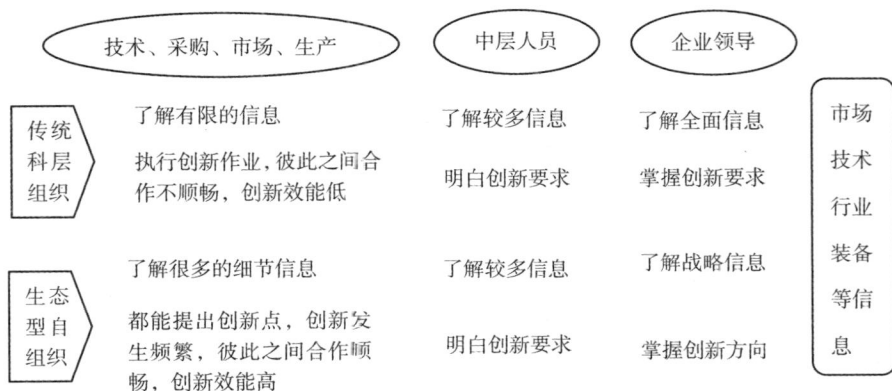

图 2.9　传统科层组织和生态型自组织的信息状态对创新效能的影响

第三章

万物互联对企业组织效能基础的改善

移动互联网、智能技术、万物互联给我们的社会带来了极大的便利，曾经无法实现的事情现在也能实现了。社交方面，我们可以更容易地认识跨地域的朋友；知识学习方面，我们可以通过互联网搜索到各种知识、各种通用的资料、很多作业的技巧和方法；在交流沟通方面，我们通过微信可以不用见面就在一起开会、讨论沟通和展示作业现场；传播方面，在抖音上开一个账号，就能不断发布有关宣传的视频，每个视频就是一个小广告，很快就会传遍世界各地，而不用像从前那样必须到各个地方去贴宣传单。而随着5G乃至6G时代的到来，我们的工作生活会发生更多的变化。首先是很多工作都不需要人做了，比如信息的收集，包括个人信息、交通信息、人员流动信息等，这些信息通过交通购票、宾馆住宿、商业注册等各种渠道都已经录入某个系统；其次是一些可以智能化的工作，比如自动驾驶、厂区内自动运输、生产线的自动化等；再次是一些工作可以远程操作，比如远程控制设备机床、远程控制无人机森林防火和救灾等；再有就是在万物互联状态下，几乎任何物品、物资的状态都是可知的、可控的，比如远在千里之外，就能知道家里的一切状况，而且能够对家里的设施进行操控，比如操控机器人浇花和打扫卫生、操控门锁让家里的其他成员进入房间；还有全场景的华为鸿蒙系统的问世，让人们的生活和企业的经营生产活动进入了一个全场景的信息时代；等等。在这样的状况下，政府组织、高校、科研组织、企业和员工个人共同形成了一个协同共生的社会生态运转机制，而政府组织在宏观方面起着主导性的作用。政府的政策主导了整个社会生态体系运转的架构逻辑和发展方向；

高校、科研组织及企业作为微观的组织者和推动者，形成了社会生态体系运转的具体路径和过程；每个个体在相应的社会环境和组织环境里开展具体的工作、完成具体的任务。良好的政策引导可以使整个社会生态体系的运转高效而准确，卓越的微观组织与推动可以使组织成员发挥出卓越的工作效能，而个人的工作成果反过来推动了高校、科研组织及企业的发展，而高校、科研组织及企业的发展必然推动整个社会生态体系向更高的层级进化。如此的螺旋式循环成长体系，整体上构成了人类社会发展的推动系统和进步模式。

在万物智能互联时代，我们社会中有关组织的最重要的关键词是智能化作业、全景化信息、生态式进化、立体网络化协同、自组织、3D定制、小微创客、生态圈（体）、自主经营体、自赋能、资本黏性、客户黏性、自创新、区块链价值、自升级、价值创造、区块式链接、体验性分众等。

在万物智能互联的时代：

信息是全景的，而不是割裂的，就是指绝大部分的信息是每个人都知道的，即便暂时不知道，也可以在10秒之内通过手边的智能终端查到，因此人们彼此之间很容易达成共识。

生产活动是全场景的，就是通过一个最便利的终端设备、设施，以触屏、语音、眼光定屏、肢体隔空控制甚至是大脑控制等方式，全面操控各种的IoT（物联网）设备设施，实现全场景智能。

知识是开放的。工作生活中所需要的大多数一般性知识和内容，有70%以上是可以在网络上免费搜索到的，算上付费知识，有90%以上是可以在网络上搜索到的，因此人们解决问题的能力变得强大起来。

变化是随时随地的，创新和进步是一触即发、循序渐进的。信息的开放、传播的迅达、作业的简便化扩大了人们的视野和加深了对彼此的认知，也减少了人们之间的分歧，使人们更加容易互相理解。每一个小的创新和改变都会对别人产生启发，进而引发更多的创新和变化。每一个小的创新和改变也会对其他人造成危机感，进而催促他人进行创新和改变。

一专多能的自然实现。万物智能互联时代的学习是那么的自然而然，每个人在无意当中就完成了学习。借助互联网，每个人就都可以实现终身学习。所以，在科层制组织下迫切需要、时时强调但终究很难实现的一专多能，在万物智能互联时代自然地实现了。这种实现并非完全是靠人的头脑和机智，而是靠智能互联网庞大的媒介生态系统。

理解与合作。在信息全景化和知识开放化的前提下，人们理解事务的能力更强了。在非互联社会模式下，人们的信息少、知识少，对于跨专业的信息和知识了解得非常少，因此也很难理解其他专业人员表达的内涵，对彼此之间的协同衔接就更不知道该怎么办了。但是在万物互联时代，人们反而变得更容易互相理解和合作了。

第一节　理解与反应

智能互联社会，首先带给我们的是彼此之间理解、认可和认同，以及彼此间更多的互动与即时的反应。因为在智能互联社会里，我们知道的更多、了解的更多、懂得的更多。

在社会生态体系环境中，高校、科研机构、企业创造的智能信息化技术，使每个个体的整体认知能力获得迅速提升，使每个个体的工作成果反过来进一步推动高校、科研机构、企业等微观组织的发展，进而又挫动整个社会生态体系的进一步升级、进化。

一、无所不可查

现在很多常规的信息，包括学科知识、文字解译、风土人情、作业方法、操作工艺、地理自然、世界大事、财经分析、医疗知识、作业工艺、安全防护等，没有一样是不能在互联网上搜索到的。而且，很多智能手机的扫描识别系统，还可以通过扫描实物直接给出相应的知识和信息，如果人们不愿意读的话，直接点语音播放就可以了。

除此之外，智能互联网的发展让每个人都可以通过社交平台结交各地的朋友，只要愿意付出真诚，每个人都可以从跨行业、跨地区、跨国别的朋友那里了解一些自己不知道的信息。

现在很多的信息平台都有自动推送的功能，就是记录用户日常浏览信息的类别，当该用户下次进入该平台时，平台会根据每个人的习惯和爱好自动推送更多相关的信息内容，甚至是可以根据浏览者录入所需求的信息去自动进行搜索并整理推送，满足浏览者的需求。

二、全景式沟通

现代社交平台的功能越来越全景化、全息化，虽然不能通过肢体接触、眼神交流进行交流感知，但其沟通的便利性已经远远超越了面对面交流。除了语音留言之外，最重要的是还可以发布图片、文件、视频、自己的观点、自己的著作等进行交流，而且也可以像现场开会一样组成群进行集体交流。在全息技术和智能穿戴设备技术发展到一定程度后，网络社交平台交流中的眼神互动和肢体接触也是可以实现的。

由于不受地域的限制，这种全景式沟通模式的具体实施比现场聚会式沟通更容易开展。在传统会面式沟通模式下，当召集开会的人员一多，可能出现人在外地不能参加的情况，使得会议耽误很长时间甚至因为约不齐人而无法召开。等不及的人为了赶工作就先进行小范围的交流协商，把能确定的事先干起来，但是等把人凑齐了，原来没沟通过的人却不同意既定的意见，就需要重新商讨交流一遍，已经商讨、交流过的人要把自己的观点反反复复再说几次，最后弄得都丧失热情和耐心，以致把工作搁置不管，工作效率大打折扣。而在互联网平台全景式沟通模式下，不管人在哪里，只要约好时间，大家就可以凑在一起进行群交流，那些实在挤不出时间的人员，可以在有时间的时候去查找聊天记录，听听其他人员交流的内容，确定自己的意见和建议，并进行留言，而不必让人家再重新说一遍。而且在全场景的生产活动体系下，即便是不在生产现场，相关人员也可以对生产设备进行掌控与操作。

在传统的交流模式下，由于会面式群体交流不易，因此工作上的沟通往往是同一部门面对面交流或者跨部门直接进行工作衔接的人员一对一的电话交流。这种交流方式下容易因为视野的局限和信息的缺失而导致对问题看得不系统、不透彻，相应的应对措施和解决方法也缺乏系统性和前瞻性，往往是解决了一个问题，却带来了更多的问题，或者是无法达到期待的成效。但是在全景式平台交流的情境下，参与的人员多，考虑的问题周全，由此形成的解决方案既全面系统，也能够让参与的人员都接受，这样的效率比传统的交流模式要高很多，而且在后期的实施过程中，各配合方之间分歧少、配合多，效率会更高。

三、无所不可学

由于信息的极大丰富、细化，人们的学习就像吃饭喝水一样成为了一种生活的常态。浏览新信息逐渐成为一种自然生理需求，而每一次对新信息的浏览同时也是一次学习。现在互联网视频学习资料和语音学习资料都很多，人们在等车、无聊甚至是上厕所的时候都可以打开移动终端进行学习，学习也成了一件随时、随地、随意的事情。

除了通过互联网进行查询学习，人们还可以向各个领域的朋友请教学习。只要是不涉及机密的知识，人们通过互联网基本都能找到相关信息。互联网极大地推动了知识的共享，也塑造了经济的共享模式。商家们为了获得客户的认可，往往也会先共享一些基本的知识，之后再为客户提供更深层次的服务。

四、理解和认同

"越无知越固执"是人们自我保护的本能反应，因为当人们知道的很少时，无法理解其他知识，但又不能随便认怂，所以就固执地坚持自己的那点看法，既不愿意去理解别人，也不能很好地理解别人。

在万物智能互联环境下，即便是常住大山里的守林人（当然，守林、巡林工作也将会由无人机承担），也可以通过智能互联网了解外部事务，感知外部世界。当你和他交流无人驾驶汽车、深海奇特生物的时候，他也不会感到惊奇，反而会侃侃而谈。当城市管理需要招聘无人机巡查操控员时，他也许是合格的应聘者，这就是万物智能互联的价值和意义。

在万物智能互联的环境下，人们获得的信息更多、知道的事情也更多，而且和传统社会信息体系下的知识固化不同，在万物智能互联环境下的信息和知识，可以实时共享并且不断更新。所以人们的理解力比传统信息模式下具有很大的提升。因此，在获取同样的信息和知识的前提下，人们就更加容易互相认同。比如在企业战略的规划设计上，原来传统社会信息模式下，只有企业的高层能够全面掌握企业外部的生存环境和产业趋势，那时高层制定战略之后，要花很多时间向中基层人员解释，而中基层人员往往不明白为什么要采取那样的战略、为什么好好的非要做那样的改变，最终的结局就是大部分人提一些不知所以然的问题后就默然接受了。但是接受不等于理解，在具体的执行中员工还是不知道该怎么干。但是在万物智能互联环境下，中基层人员基本上都知道外部的环境是什么、社会经济的发展趋势是什么、产业与行业的发展走向是什么、企业面临的问题和危机是什么，所以当高层制定了企业战略规划时，很容易和中基层人员达成共识，推行战略的阻力也相对小很多。

企业变革工作也是如此，在万物智能互联时代，一是很多企业变革的信息、案例和操作经验在互联网上很容易找到；二是外部环境和企业弊病也很容易让企业人员感受到变革的必要性；三是由于智能化和万物互联，企业需要的人员数量也相对下降很多，人数少变革起来就比较容易，毕竟机器设备都是听从人的指令的。而在传统的社会信息模式下，人们的信息少、方法少、技能少，既无法理解变革的重要性，也无法顺畅地实施变革，遇到一点困难就会对变革产生很大的抗拒心理。祁连山集团下属水泥生产企业在搞组织扁平化变革时，几乎没有遇到什么阻力，企业人员在经历了两三个月的徘徊和犹豫后，很快就兴高采烈地投入到努力工作中去了，而两三个月的徘徊和犹豫，也只是熟悉的过程，不是抗拒的过程。法国迪卡侬中国公司，进行了整个业务运营体系的变革，整个变革实施过程只持续了 6 个月，就顺利地完成了运营体系的过渡。这在以前传统科层制组织下是不可想象的。

当然，在万物智能互联环境下就没有所谓的断崖式变革了，持续不断的改良和进化替代了断崖式的"暴力"变革。

第二节　协作与同步

在上一节我们已经探讨了在万物智能互联模式下的全景式沟通模式，这种全景式沟通模式可以做到四维同步，即不同地点、不同时间、不同专业、不同企业的人员在同一个交流平台上共同交流。

分工与协作是现代社会价值创造体系运行运作的基础：分工是为了更好地体现专业性，让专业的人把专业的事做好，实现专业化效率；协作是因为人们需要的是一个具有功能效用的、最终的成果，这就需要把各个分工专业产生的专业成果有效地协同组合起来，形成服务于社会和个人的结果性成果。为了保障效能和效率，就需要各个分工专业的人员一起协作，共同完成所需要的结果性成果。

传统科层制模式采取上级管理、制度管理和流程管理等方法，并且按照专业职能设置部门。部门之间的配合与协调一般都要由部门负责人协调协商之后确定。在实际的工作中经常会看到"我部门的人员我来管"等势力范围现象。产生这种现象的主要原因：一是部门负责人水平是最高的，能够在专业上进行决策；二是部门负责人经常参与企业的经营会议，对企业全局掌握得透彻，知道应该怎样配合、怎样协调，而下属人员常常在这些方面有很大的欠缺，必须在上级的指挥指导下才能正确开展工作；三是从职责上来讲，部门负责人要对整个部门的工作成果负责；四是在领导指挥式的管理模式下，需要通过分级管理、控制管理跨度的方式，减少高层管理者的管理负担。当然，如果部门之上有副总的话，管理权限还要上升到副总这一级。

在万物智能互联状态下，很多情况都在发生了变化：

由于信息的全景化和企业经营知识的普及化，企业人员更能够全面、深入、系统地理解企业经营的目标、策略与各方面工作绩效的关系。

由于人员综合素养的提高、知识信息的丰富，企业人员彼此之间更容易理性沟通、互相理解和达成共识。

随着社会诚信体系的建立、个人职业信息公开范围的扩大，企业人员会更加注重自己职业信誉的建立和塑造，因而在共同配合与合作、提高各自专业绩效、达成最终经营成果方面的意愿会更加强烈。

以上三个方面再加上企业良好、有效的管理和激励，使得万物智能互联环境下，自主、自愿、自能、自动、自强的工作状态会越来越成为主流。

一、统一认知与目标一致

在传统的企业运作模式下，各个部门间的目标是不一样的，主要问题出现在激励方法上：一是如果大家的收入都以企业整体的经营效益为基础，就难免会出现"搭便车""蹭大锅饭"的现象，并且这种现象具有传染性，一定会很快扩散到整个组织；二是如果个人的收入以个人专业职能工作的完成情况为主，那么大家就会以做好自己的专业职能工作为目标，而不是关注企业整体的绩效。但对于企业来讲，并不是所有的专业职能工作做好了，企业就大赚特赚了，因为企业在资源的投入上不会采取无条件满足的方式。更关键的是，无论哪种激励方式，都需要上级给下级设定目标，所以博弈就开始了，最终那种博弈型的纳什平衡就形成了，企业无法得到最佳的工作成果。

在万物智能互联情况下，由于大数据体系、全景式沟通、信息传递的即时性、物联网的数据记录、云空间云计算等智能信息化体系的存在，每个人的工作行为和工作成果都是有记录、可追踪、可查询的，那种滥竽充数、不努力、"搭便车"的可能性变得越来越小。并且全景式集体化沟通和交流，再加上系统化的工作体系展示和说明，人们更容易形成统一的认知和共识，误解、片面理解和信息的失真情况会更少。在这种情况下，企业人员整体上都更愿意把企业做好，同时提高自己的收入，因此大家也就更愿意、更容易达成目标上的一致。

二、作业并行与行动前置

在传统科层制的组织运行模式下，很多业务的开展都是按照流程进行的，这类流程的一大特点就是必须要有时间的先后顺序性，总是等前一个环节做完，才会轮到下一个环节；这种流程的另一大特点就是信息的封闭性，当前一个环节把工作传到下一个环节时，下一个环节对该工作可能还一无所知，需要花较多的时间去了解这个工作、了解前几个环节的状况等，以便做出自己的判断和决定，这种业务运作方式的效率很低。

在万物智能互联时代，由于全景式沟通模式、系统化的目标数据结构以及运营进程的屏幕型网络可视可见，使得各个专业职能的作业人员可以完整系统地认知整个业务工作体系、各个专业职能作业间的匹配要求以及进程的匹配模式，进而可以提前根据终极目标的要求以及运营进程的状态安排自己工作的节奏，而不必等上一环节工作完成后，轮到自己这个环节时才开始工作。这样一方面可以满足业务工作整体进程的要求，与前面的工作环节同步开展工作；另一方面可以科学合理地安排自己的时间，以减少等待，避免时间浪费。

三、全维度协调与同步调整

万物互联、全景式沟通技术使得人们之间的沟通交往已经完全突破了地理空间和时间间隔上的限制，再加上语言智能翻译技术的实现，世界各地的人们在沟通上不再存在障碍，在工作上实现了全维度协调，各国之间、各区域之间，可以实现无差别化的工作沟通协调。因此，当因外部环境的变化而需要内部的工作也随之发生变化时，就可以通过全景式沟通方式进行工作变化要求的同时、同步、同效的传递和传达，使每个相关的成员收到的信息是完全一样的，既没有二手传递的信息截留，也没有对东说三四、对西说五六的情况出现，更没有委托转达导致的非议和误解。而且每个相关的成员得到的行动要求也是匹配、协同的，这样就可以保持企业组织对外部环境变化的同步反应，避免等待、反复交流、重复协调变更的情况。

第三节　能力与技能

在万物智能互联状态下，由于信息化、互联化和智能化环境下信息资源和知识资源很容易获取，特别是很多工作都由智能设备和智能互联网完成了，人们需要开展的工作大部分将是设备的逻辑能力和计算能力无法完成的非线性分析、非固定逻辑短周期变化下的统筹、策划、创新方面的内容。因此对人们能力和技能要求的定位发生了很大的变化，就像当年打字员、专职司机、统计员岗位消失一样，所有可以按照固定逻辑算法进行记录、判别、计量、分类整理、归类统计计算、固定逻辑或线性筹划的工作岗位都会消失。在万物互联环境下，人们首先要掌握的基本技能肯定是智能化、互联化设备的应用方法，其次是对于自己相关专业职能在现实中的实际应用。由于一般的知识和技能随处可得，已经无法形成企业的相对优势，所以创造知识、应用知识的能力反而成了企业构成相对优势的关键。除此之外，创造变化、快速适应变化的组织能力必将成为企业的核心竞争力，这种变化主要是承载业务运行的组织平台运行方式的变化。

一、技能获取

从目前可以预料到的方式看，万物互联环境给人们提供共享知识和技能的渠道主要包括互联网查询与推送、网络课程、网络 VR 教材、网络机器人助手、各类公众号、各类开放的自媒体、专业群交流、专业知识网站、互联网图书馆、专业资料分享、问答网站、同学分享、抖音视频、智能手机识别、智能装备知识、专门的知识网站和设备等。

当前互联网上传授知识最见效的应该是各种做菜的方法和技巧了。按照互联网上的做菜方法和知识，几乎每个人的厨艺都可以快速获得提升，而且会做各种菜系。另外一个就是学生学习中遇到的几乎任何一个难题在网上都可以找到答案，家长只要有耐心和时间，都可以辅导自己的孩子。第三个是医学知识，比如有个名为"医学微视"的互联网平台，把各种常见的病症都找医生录成视频供人们观看，对于一般的小病小灾，有一定学历水平的人可以照着视频中医生的讲解进行自我诊断、自己开药。

在这样的环境下，任何一种新事物都很难长期保持独有性，它会很快地被模仿、被学习，即便有专利保护也无法避免。因此整个社会的创新速度会加快，创新形式会更多元化。

二、决策判断

由于信息的高度发达，企业经营的各项决策成了既简单又复杂的事情：简单是因为各种信息充足，容易做出判断；复杂是因为各种信息太多，难以分辨出主流与非主流、趋势与非趋势、主导与非主导。比如市场上出现的一项新业务，往往很难判断它是否能发展起来，因为很难了解到影响其发展的全部因素，特别是在机构投资人经营行为不确定的情况下。如果机构投资人打算推进一项业务的话，那么大量的投资推动往往会使一个名不见经传的业务迅猛地发展起来，比如滴滴打车就是如此，可见投资人行为的不确定性太大。

但是对于业务作业性的决策事务来讲，由于行业与企业内部信息的即时性和透明性、大数据的结构性、专家意见的开放性、人员流动带来的企业作业模式方法一致性等因素，决策确实变得更加容易了。

在传统的经济环境模式下，企业经营环境比较稳定、业务转换速度慢，每个企业可以较长时间地守住自己的一块业务空间。但是在万物智能互联的经济环境下，机构资本可以随时推动整合行业的发展格局。因此企业无论大小，都要在资本运作层面、产业战略层面、业务经营层面、业务运作层面四个层面上去关注企业的各项决策事项。这对于大型集团企业来讲还是比较容易做到的，由各个层面的人员分别负责就可以了，可对于中小规模的企业来讲并不是很容易，毕竟一个人的知识与精力都是很有限的。不过由于万物智能互联环境的特点，中小企业在决策的内容上，有关业务经营和业务运作的事项可以适度下放，毕竟信息的丰富性、能力的多元化、综合素养的提升以及协作意识的提高可以使这样的事项安排变得很容易实现，而且具体业务运作的多变性也决定了由"听得见炮声的人"来指挥战争更好。而企业的高层更多地负责资本运作层面和产业战略层面的决策事项，特别是推动企业组织沿着社会环境的变化路径不断调整企业的生态系统更为重要，比多拿两个订单、多开发两个产品重要多了。

三、工作内容

由于信息化网络的发达，人们能够解决的问题种类比以前增加了很多倍。在传统的环境下，人们能解决的问题就局限于其所知所会的范围之内，超出这个范围就没有能力解决了。但是在万物智能互联环境下，每个人解决问题的方式不再只是利用自己头脑中已知已会的内容，还能充分发挥自己的搜索能力、考察能力、整合能力、理解能力，利用包括互联网等各种渠道的信息和资源，创新性地形成问题解决方案。基于这样的工作方式，有效开展工作的基础是具备良好的思维模式和认知素养：一是要养成不断解决问题、持续创造价值、永远追求最佳的思维逻辑习惯；二是要对自己所涉足业务范围内各类事物间的本质规律和联系有清晰深刻的认知。具备了这样的基础素养体系框架，对于各种类别和形式的信息，个人都可以整理加工并形成高效的解决方案，再整合协调相应的专业人员共同协作推进实施。企业里一专多能的人才越多，全面开展工作的可能性就越大，整体工作开展的效果就越好。

四、能力差别变得不明显

在传统的社会环境下，时间是人们获取经验、能力、技能的一个最为关键的因素，人们能力的提升更多的是随着时间的推移慢慢积累起来的，师傅带徒弟也曾经是企业进行人才培养的主要方法。在万物智能互联环境下，学习非常便利，并且知识技能也很容易获取，更重要的是学习的效率非常高，比如 VR 视频、教学视频、实操演示等方法，要比原来那种纯文字描述的学习方法效率高很多，也很容易学会，因此靠经验积累提升自己能力的模式已经不能适应环境的需要了，企业里面师傅带徒弟的方法也越来越难以实施了。在这样的环境下，企业所谓人力资源管理的方法、人与工作匹配的方法都要发生很大的变化。企业人才能力的培养，主要是要结合企业战略定位与特殊组织能力的需求进行培养。进行这种能力培养的人才一般都是企业需要长期合作的人才、在别的企业不具备通用性的人才。而那种具备通用能力的人才，主要是靠外部的招聘。由于知识技能的网络流通性和通用性变大，为了保持特殊优势，企业就需要具备创造的能力，也就需要具备创新、创造、总结新知识能力的人才。

第四节　自主与创新

工作的自主性一直是企业管理的核心话题。每个企业都希望自己的人员能够积极主动地工作，包括完成本职工作、创新性地开展工作、自行克服工作中遇到的困难、想到并做到上级没有想到的工作、自主地为企业节约资源和减少浪费并创造效益、自主地沟通协作等。但是在传统的科层制组织中，在以上级管控模式为主的前提下，企业人员自主工作的效能被极大抑制了。企业传统的定额式激励机制、请示式工作行动机制、审定式工作目标绩效机制、上级拍板式决策机制、保密式信息模式、审核式内控机制等，使得企业人员出于避免人际冲突、避免自讨没趣、避免好心被当成驴肝肺、保护自己利益、多一事不如少一事、别碰别人的地盘、自扫门前雪、别好心办坏事、出力不讨好、干的多错的多罚的多、别得罪熟人等的心理，一般都是按照"对得起工资""做好本职工作""让领导挑不出毛病"的想法开展工作。而事实上，企业人员产生相应的心理也不是没有依据和原因的，在企业科层制模式的管理中，人员产生这种心理的情况还是很常见的。

但是在万物智能互联环境下，这种情况发生了很大的改变。

一、替代与定位升级

万物智能互联环境下，很多常规化的工作都可以由智能化设备和软件系统来完成，比如办理证照、缴纳税费、自动驾驶、无人机配送、自动翻译等。而人类在工作中发挥的作用一方面是管理、操作智能设备设施，另外还要处理一些无法在智能程序中处理的特殊与突发情况，比如智能棋手下围棋很厉害，但是它目前仍然需要通过学习人类的棋谱获得围棋技能，但是人类如果把围棋改成三种颜色的话，那么智能棋手就没有经验可以学习了。

在智能替代人工的工作环境下，人们的工作定位需要升级，主要是去处理那些变化维度过多、变化过于频繁的工作，以及那些需要创新、需要整合统筹的工作。虽然说智能计算比人类更会用统筹学的方法进行最优规划，但是由于环境的多变，智能计算在进行统筹最优规划时的约束条件还是需要人类进行最终确认和输入的。

二、自主与激情

影响人们自主努力工作的因素一般有以下几个方面：

首先是生理因素。根据生物学家和心理学家的研究，有些人天生就是抑郁质，体内活性激素少，性情迟缓、心绪平和，不容易活跃和兴奋，为人温和善良、不喜争抢，愿意安于现状，提不起斗志来。这样的人天生如此，不是他个人的原因，是生理上的气质决定的。

其次是能力因素。有能力的人往往都心高志大，不愿意浪费自己的才华，总想做事情、出成果来证明自己，不一定是向别人证明，更多的是实现和满足自己对自己的定位。如果在某种环境里达不到自己的奋斗目标或者受到了不公平的对待，也不会自暴自弃，而是选择离开。而能力弱的人，其做事的基本原则是自己不吃亏，合适就干不合适就少干，往往以工作上的推诿和偷工减料来消极回应自己受到的不公正待遇，而不是选择离开去寻找更好的奋斗环境。

再次是利益因素。如果人们在努力工作、创造好的业绩的同时，自己也能够享受到相应的成果，就会有工作积极性，反之就没有工作积极性。

最后是组织环境因素，其中信息是最重要的因素。如果一个组织中，人员得不到自主做好工作所需要的信息，那么他也就无法自主地做好工作，再加上企业如果对信息进行保密，谁自主收集这样的信息就属于违反规定的话，那企业人员就更不愿意去自主做好工作了。除此之外，如果努力工作会伤害到同事、会被上级不分青红皂白地批评，那自主做好工作的意愿也就没有了。

万物智能互联的环境和传统科层制环境相比，企业内部出现的变化为：

（1）各级人员在信息获取和能力上可以自行判断工作应当怎样开展，不需要事事都请示上级；

（2）通过全景式沟通，各级人员可以很好地协商工作的协作方法，不需要事事都要上级协调；

（3）多变的市场和快速反应的要求也让层层请示的工作方式没有了空间；

（4）自主经营体、合伙人、股权激励、阿米巴等各种各样、适合各种业务形式的激励方法已被普遍接受，而且我们国家政府也积极鼓励企业采取多元化的激励政策。

万物智能互联的整体社会环境下，人们不缺乏工作的主动性和创造的激情，因此关键就是企业要改革组织的运营机制，通过适应智能互联时代的全新组织运行机制，在保证组织秩序性的同时，高度释放人的活力和价值创造能力。

三、创新与升级

在万物智能互联时代，由于信息流动和人员流动的无限性，知识、技术、创意的流动也成了无限性的，企业之间的快速学习、快速模仿、知识即时交流、技术快速扩散将成为常态，不会再有一个产品可以横行市场好几年的时间，也不会有一个好的技术或者民间特产被长久地埋没而不为人所知。人们在心理上和感官上也已经习惯了不断有新事物冲击自己的思维和神经，以前那种持续几年不变的场景已经是难以接受的了。在资本趋利的推动、技术进步的带动、客户需求的引导下，万物智能互联就是一个不断创新、不断挖掘、不断推陈出新的时代。

"大众创业、万众创新"已经深入人心，在市场竞争的推动下，不断创新并获得市场的认可成了企业人员的一种潜意识的自发行为和自主行为，而且也成了构建企业人员市场竞争安全心理的主要方法。任何一个没有创新精神、创新意识和持续创新保障机制的企业，其人员都会沉浸在"可能随时被市场抛弃"的不安之中。

在万物智能互联的时代，企业有梯度、有层次感的创新与升级周期将极大地缩短，虽然很多有梯度、有层次感的创新和升级是由众多平缓、小幅度的改善和改进推动的，但是这些平缓、小幅度的改善和改进发生的频率、产生的范围都会有极大的增加和扩展，这在科层制组织的管控模式下是很难实现的。这就需要建立一种时时可行、自主决策、自主实施、自主协调的创新与升级发生、落地的运作机制。

四、自我管理

科层制组织管理模式的一个主要功能就是监管功能，就是由上级人员监督、管理下级人员的工作。监督管理的方法包括制订工作计划和目标、绩效评价、检查核实、奖金核发、督促督办等，每一级人员在上一级人员的管理下，把压力再向下一级传递，如此这样一级一级地督促管理下去，完成企业的任务目标。虽然很多企业都要求人员自我管理，包括自定目标、自行协调、自激自励，但是由于缺乏工作自主权和充足的信息，相关人员无法深刻理解企业的发展内涵，无法自行确定目标，无法自行确定计划，也无法确定与其他部门的协作方式，因此所谓的自我管理是很难实现的。

在万物智能互联的整体工作环境下，从外部环境看，企业科层制管控模式下的权限限制、能力限制、信息限制、激励限制、沟通限制、目标认知限制都不存在了，企业人员在知识获取、个人能力、信息、沟通方法等方面都已经具备了深刻领会企业的发展目标与绩效内涵，具备自行制定绩效目标、自行和同事沟通协调、自行和同事建立联合攻坚团队等条件。企业还需要做的就是建立相应的激励机制、信息平台和运营规则机制。在万物智能互联的环境下，自主管理体现在以下几个方面：

1. 信息获取

万物智能互联状况下，无论是互联网平台，还是从公共环境监控系统，乃至个人全场景通信设备，无时无刻不在记录人们的所行与所为，在饭店里吃饭要扫码付费、买东西要网上付费、发送邮件有邮寄记录、生产产品有设备记录和检验记录、公路违章有监控记录、投医问病有检验和病例记录、外出通行有购票记录等。在万物智能互联的社会里，几乎每个普通大众的活动都是可查、可知的。

此外，人员素质必然会大幅度提高，高素质人员的自我管理能力、综合管理能力都很强，很多工作都可以自己做，不需要其他人太多的辅助。比如朗讯科技在中国的研发机构，600多人的研发队伍只有一个人事管理专员，每个研发团队的负责人都是很好的协调者和管理者，每个团队成员也都能够自我管理，不需要别人的管理，只需要得到简单的通知、参与组织会议等。

2. 监督监察

由于实现了工作的全景式沟通、信息的即时性记录、物联信息的实时采集、状况数据信息无间断传输、非正常数据信息的预警通知等，企业业务组织运营中对工作状况的监督监察变得更容易了。有了大数据、云计算、信息技术、智能化物联网，就完全可以实现全维度、智能化、数字化的工作状态监督和监管，而不再需要让人去评判、检查与核实了。

3. 工作场所与时间

通信交流工具的随身携带，使得工作的交流沟通也变得非常便利。我们常常能看到，在公交车上、在高铁动车上，甚至是在公园的休息椅上，都有人在那里和同事或者客户商量工作。有的是直接开启了手机视频会议，甚至是进行很重要的投资协议的商讨。也有人在等待飞机起飞的间隙里，利用手机自带的文件编辑功能，就直接把自己的汇报 PPT 做出来，还把相关数据的Excel 也改完了。只要有了智能移动终端，哪里都可以成为工作的场所，甚至是马路都可以是工作的场所。

在万物智能互联时代，那种事事都需要面对面交流、面对面陈述的状况如果不是特别必要基本上都不再出现了。设备管理人员可以随时通过自己的终端设备检查设备的运行情况；质量检验人员可以随时通过自己的终端设备操控实验室的试验操作；等等。如此，人们的工作时间和工作场所变得非常灵活，有效工作时间也大大延长了。

4. 控制与一致

科层制组织中管理控制的主要目的是保持各方面的工作成果和企业的发展目标一致，这样才能产生协同作用并实现经营的目标，这种通过控制保持一致的方法是由人的管控来实现的。

在万物智能互联时代，保持一致的主要方法是目标体系的协同与改进机制的管理。每个人由于观念、认知、能力和偏好不同，对同一事物的看法和要求也不相同，因此让每个人自行确定工作目标的话难免会出现"动物拉车"目标不同的现象，这就违背了企业经营管理的基本原则。但是如果通过企业的战略定位、价值链、功能链、绩效链，建立起企业的动态 OKR（目标和关键成果）绩效指标体系，那就可以让企业人员在制定自己的工作目标时不脱离企业的经营发展目标，而是紧密围绕企业的经营发展目标。在此基础上，再通过改进、创新激励机制，鼓励企业人员对自己的绩效目标进行不断改进和升级，就可以使企业人员在自动、自主的情况下协同、协作、协调起来。动态 OKR 绩效指标体系的原理就是：通过专业职能绩效实现运营功能效果，不同阶段的运营功能效果构成该阶段的企业价值内容，企业的价值链体系的内容在满足客户价值需求的同时实现企业的各项发展目标。

万物智能互联环境下，企业中人们的行为方式发生了巨大变化，企业组织的行为特点如图 3.1 所示。

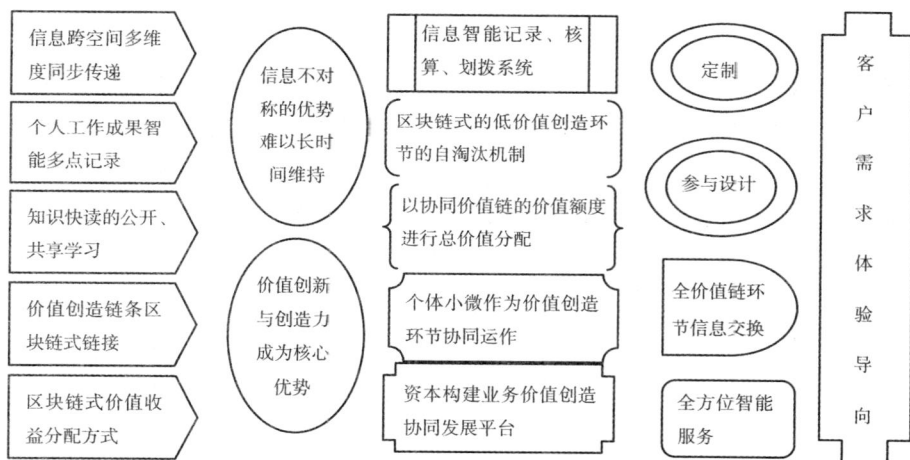

图 3.1　万物智能互联环境下企业组织的行为特点

在平衡企业的长短期绩效方面，动态 OKR 绩效指标体系也更加容易实施，如图 3.2 所示。

专业职能 1

一阶段价值　二阶段价值　三阶段价值　四阶段价值　长期目标

专业职能 2

功能 1　功能 2　功能 3　功能 4　中期目标

专业职能 3

| 绩效 1 | 绩效 1 | 绩效 1 | 绩效 1 |

专业职能 4

| 绩效 2 | 绩效 2 | 绩效 2 | 绩效 2 |

| 绩效 3 | 绩效 3 | 绩效 3 | 绩效 3 |

短期目标

专业职能 5

| 绩效 4 | 绩效 4 | 绩效 4 | 绩效 4 |

| 绩效 5 | 绩效 5 | 绩效 5 | 绩效 5 |

| 绩效 6 | 绩效 6 | 绩效 6 | 绩效 6 |

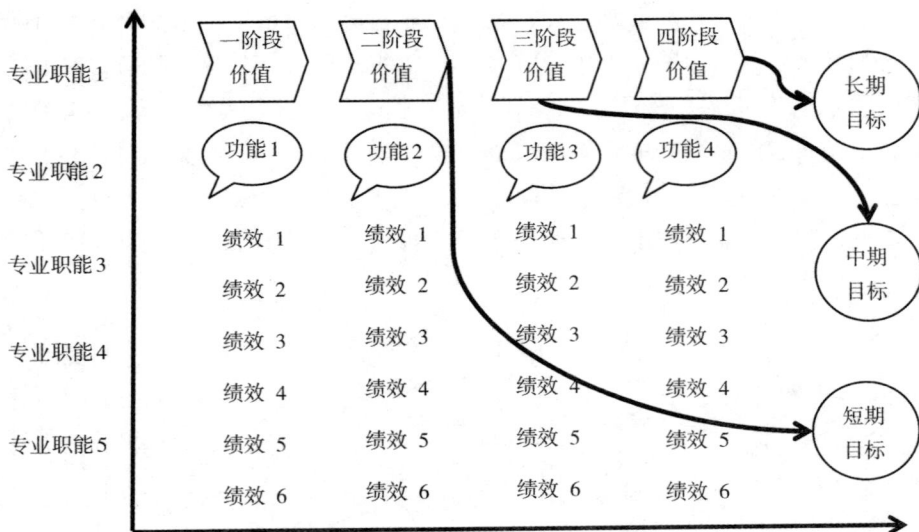

图 3.2　生态式协同组织动态 OKR 绩效指标体系

第四章

生态式协同组织的内涵与内容

第一节 生态式协同的概念与内涵

一、什么是协同

协同，就是各个具有价值创造能力的单元，为了实现共同的目标成果，根据自身在目标成果实现过程中能够起到的作用，彼此按照目标成果的价值生成逻辑和实现过程，各司其职地互相组合在一起去共同实现目标成果，这些价值创造单元之间就是协同的。在企业里，就是各个具有企业价值创造能力的单元，整体上以市场和客户需求为导向，以社会经济以及产业发展为长期目标，遵循各种螺旋式周期规律，按照彼此间的联结关系，根据时间、地点要求和标准，自主完成需要承担的任务和效能，以实现企业经营发展的整体目标。如果考虑到精密性和精益性，价值创造单元就需要以投入产出最大的方式进行协同组合以实现目标成果。

各个价值创造单元协同的方式，就是遵循目标成果形成的精益价值链逻辑，以及目标成果所搭载实物的成型业务链流程，彼此安排好各自需要完成的任务、完成任务的标准、完成任务的位置、完成任务的时间、完成任务的作业方式和工具等。为了能够实现协同过程中步调的一致和应对环境以及目标成果发生的变化，还需要确定好各价值创造单元间的信息沟通方式、成效评价方式等。因此，在各价值创造单元的协同方式中，既要考虑彼此的作业链接关系是直接关联、前后串联还是共同并行到达，还要考虑彼此任务成果交接的时段与节拍。当然，更重要的是要明确各自需要完成的任务标准和效能。这样就形成了一个依据价值链网络构建起来的、由业务链导引的作业单元协同作业的网络体系。

从价值链的角度看，企业的价值链分为互相关联的两个方面：一是为客户、为社会提供的价值，比如产品、服务、文化、健康、通信效率、娱乐等，称为输出价值链；二是企业自身的效益、发展与成长，包括规模的扩大、效能的增加、长寿命的存在等，称为成长价值链。二者之间的关联就是企业在实现第一个价值链时，第二个价值链往往就会随之实现。企业价值链体系结构如图4.1所示。

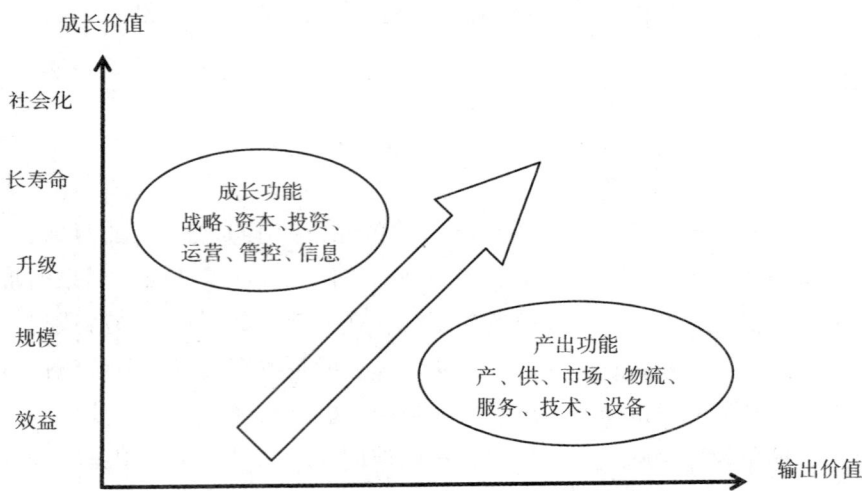

图 4.1　企业价值链体系结构图

所谓的第一个价值链的实现，是指符合需求的、持续的、不断升级的、在各种环境下的实现，如果企业以这样的方式"完美实现"了第一个价值，第二个价值就会自然而然地"实现"。企业业务链组成的运营体系是同时构建这两个价值链的基础保障。为了构建这两个价值链，企业就需要通过业务链的运作以形成相应的能力体系和功能体系，能力体系和功能体系是由相应的专业工作成果协同组合成的，而专业工作成果又是由众多具体的实际作业实现的。因此在企业的运营体系中，整个业务链作用的实现方式就是从具体操作到整体经营效果，按照作业操作、专项工作、专业工作、职能板块、运营功能、经营效果、战略发展的次序，以层级递进支撑的关系组合协同起来，整体经营效果由具体操作中多项联合或协同作用而实现。

根据企业各个层面的任务成果性质，在将工作与个人进行定位组合形成作业（效能）单元的过程中，按照其实现效能的内容和层次，可以分为专业作业单元、职能协作单元、功能生成链、业务经营体、产业板块、战略集群、资本联合体等。这些不同的效能单元也是以层级递进的关系组合协同起来的，多个专业作业单元形成一个职能协作单元、多个职能协作单元交叉形成一个或多个功能生成链，多个功能生成链形成一个业务经营体、多个业务经营体形成含有更高功能生成链的产业板块、多个产业板块形成战略集群、所有的战略集群形成资本联合体。当然，所有效能单元的基本单元就是专业作业单元，所有的作业单元通过体系化的方法组建成各类效能单元。而生态式协同组织的运营与运作也是以各层级效能单元的建立为基础、以作业单元间的协同运作为着手点的。

根据企业通过业务链实现价值链过程中，各类效能单元彼此间的协同关系，各个作业单元之间协同的状态和方式包括以下几种。

直接协同：就是彼此之间直接联系的作业单元，比如质检和生产、仓储和运输、采购与生产等，这些单元具有内部的共赢关系。

职能目标统一协同：就是彼此之间不直接联系的作业单元，但是它们的工作属于同一职能范围，它们的专业工作共同实现职能目标，比如质量过程检验、原料检验等。

功能统筹协同：就是彼此之不属于同一职能范围，但是它们的工作成果都是为实现同一的功能为目标的，比如客户拜访、技术讲解、合同审核都是以实现订单这一功能为目标的。

以上的协同都是必然性的协同，就是必须要发生的。

指挥式协同：就是彼此间没有实际的业务协同关系，但是会为了某一特定的目标而进行临时的协同，比如两个不同的公司为了共同完成大型的国际订单，或者为了提升各自的竞争力而进行某类技术的共享等。

以上属于选择性协同，不是必然发生的，是根据临时的任务目标进行的协同。

企业在实际的经营中，为了经营成果，就必须适应、满足各种外部的变化和要求，包括客户的要求、政策的要求、供应商的变化等，进而需要调整经营体自身的功能组合，也就需要调整相应的各项功能，进而一系列的职能目标和作业单元也需要调整。

任何一个组织单位，都会面临一些自己控制不了的外部变化，比如说国家的政策变化。当然也有一些外部的变化是可以掌控的，比如供应商的变化可以暂调库存、客户技术指标的变化可以找外部代工。如果变化发生的周期长于成果形成的周期就会好一点，那就会有足够的时间进行调整和准备；但是如果变化发生的周期短于成果形成的周期，就会造成很大的麻烦，因为要把半成型的部分甚至是全部成果毁掉，根据变化重新再做。这样的变化如果偶尔出现一次也可以接受，但是频繁出现就很难以接受了。

对于那些直接协同、高频率协同、紧密型（协同事项多）协同的作业单元，如果其变化的节点太多，必然会引起整个协同体系的混乱，特别是当多个作业单元多频次地发生变化时，就会导致这个协同体系陷入极大的混乱。因此，对于直接协同、高频率协同、紧密型（协同事项多）协同的协同体系，其中作为自变量作业单元的数量不能过多，如果多的话就需要做好变化的应对机制，比如为应对设备损坏备好维修需要的备件等。而对于那些按照职能目标统一协同、功能统筹协同、指挥式协同关系进行协同运行的作业单元，为了完成相应的任务成果，各个作业单元之间可以通过互相调节补充的方式确保任务效果的实现。例如，如果企业原料质量无法保证的话，就用高水平的生产工艺和专业的售后服务保证客户享受到高品质服务。

在企业的整体经营管理体系中，各种经营行为在其战略性上是可以划分为多个协同层次的，比如常见的日常产品的交付、日常技术研发工作的开展、日常客户服务的开展、一般改善改进的开展、深度创新的开展、组织的变革、新区域市场的开拓、新投资建设、战略性并购、产业链布局调整等。这些代表不同战略性质的专业作业、职能管理、业务运作、功能布局、产业重塑的工作，其相关的协同时间和协同周期也是不一样的。企业经营系统协同层次结构如图 4.2 所示。

同科层制的业务组织运行相比，协同型业务运行组织的最大优点就是能真正实现万众一心式的协同，而不是指挥式、契约式、交易式的协同。在科层制业务组织运行模式下，组织对于企业成长的推进效能会产生专业化隔离、

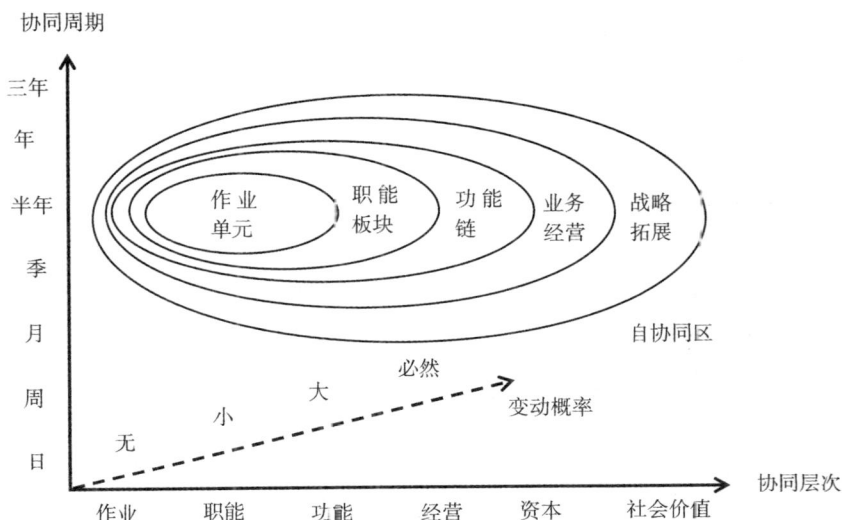

图 4.2 企业经营系统协同层次结构图

层级化隔离、目标区格化隔离三个重大的不利影响。专业化隔离就是各个专业职能之间从自身专业的角度看待企业的业务需求与工作定位，彼此之间会产生很大的分歧，最终往往以更高层领导的裁决或者各方妥协的方式达成一致意见（妥协往往是看谁坚持不住自己的立场），因而无法实现最佳的效果；层级化隔离就是组织各个层级的人员，对业务环境的感知、业务整体的理解、业务目标的定位、实现方法的认知并不完全相同，高层领导几乎要对每个层级的工作进行决策，这样无论从准确性上还是从接受度上都会打很大的折扣；目标区格化隔离就是各方面的人员无法全面透彻地理解企业的发展目标体系，自己往往从狭隘视角理解企业的目标和自己的工作，所以在行动上也不太容易形成一致，需要大量的协调。除了三个隔离之外，科层制组织非常容易因为要维护有关人员既得利益而导致整个组织的熵增，组织不能自行升级进化。而变革这种"自己的刀削自己的把"现状的方法一是很难成功，二是成本也很高。

而协同型组织就比较容易解决上述的问题，能够极大地提高企业的效率、效能和促进自我成长。

二、什么是生态

组织的生态化，就是在生存的大环境系统中，组织为了实现持续的生存、发展和壮大，需要根据外部整体环境的变化不断调整、优化自己的组成模式、功能体系和输出成果；而组织的各个组成单元也会根据整个组织调整、优化的需要，不断进行变形、升级、重组甚至是再造，进而实现整个组织系统的调整、优化。这种自主变形、升级、重组实际上就实现了进化的作用，组织的这种发展状态就是组织的生态化。

企业在适应环境的内容上有很多方面，也有很多方向，但是受专业性和认知能力的限制，这众多的方向是很难由一个人或一类人去实现的。但是在生态式进化的状态下，每个方向的专业人员都会改进自己的工作，也都必须改进自己的工作，不然就会被淘汰。每个方向的改进都会对其他方向提出协同改进的要求或者造成协同改进的压力，这种各个部分通过带动、竞争、提携等促进各自的改进升级，最终实现整体升级的方式，就是生态式进化。

企业组织适应环境是本质上适应，而不是形式上适应。所谓本质上适应是指企业各个层面、各个方面都适应了，既包括企业各个层面的人员，还包括对环境的融入性认知、思维逻辑与价值逻辑的感知性匹配、企业的产业结构与业务内容、知识与技能的专业结构、企业的价值链模式、业务组织运营的方式与模式、外部环境的感知模式、内部的信息协调模式等，还要在输出的价值模式、产品模式、服务模式以及自身的成长价值与模式方面都适应外部的环境。企业生态式进化逻辑如图4.3所示。

而形式上适应就是指只是在说法、口号、组织结构等方面和外部环境匹配了，但是在理念、业务细节和价值产出上还没有真正适应环境。

外部环境的变化一般也是分层次、渐变的，往往会在一段时间内保持相对的稳定，变化比较大的一般是在技术革命初期、社会革命初期、国家体制政策的大幅调整初期。整个社会的经济生态体系和企业生态体系也是随之渐变的，比如在社会技术革命时期，掌握新技术的企业会慢慢地发展壮大起来，而技术仍然落后的企业会慢慢地淘汰消失，最终完成整个技术革命的调整、产业形态的调整和企业生态体系的调整。但是在环境变化的过程中，一个企业的具体变化是什么呢？是否也可以渐变呢？在应对环境的变化方面，企业常见的应对方法包括资本性投资转换、组织业务升级进化、业务发育孵化、

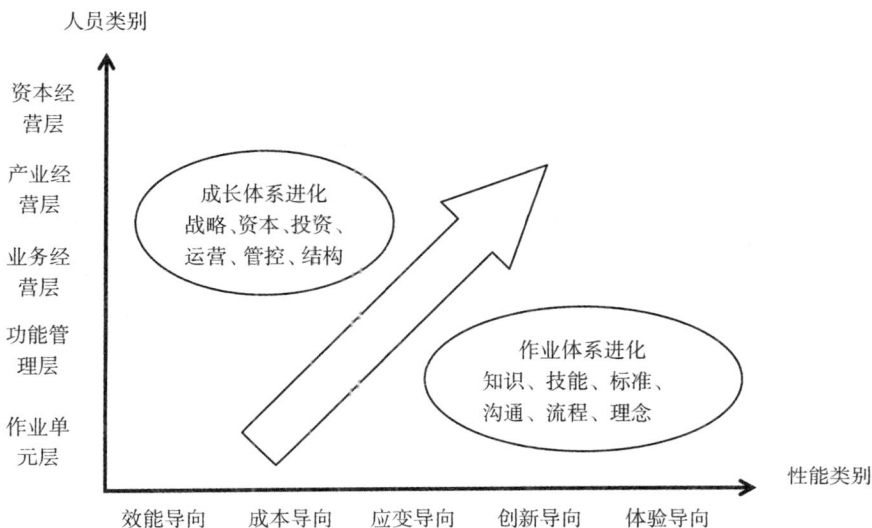

图 4.3　企业生态式进化逻辑图

资本基金投资等。具体来讲，第一种是抛弃原来的企业，通过资本运作的方式进入到适应环境发展的新企业中去；第二种方式是通过既有企业自身逐步的调整和改进，变成适应环境发展的新企业；第三种是在原有的企业中孵化新业务和新组织，用原有的企业养成新的企业，然后再把原有的企业关闭掉，留下新的企业；第四种是将企业转换成资本，通过信托或者基金的方式进入到适应环境发展的新企业。因为第一种方式和第四种方式都需要企业拥有足够的资金实力，因此第二种方式和第三种方式是大部分企业可以采用的方法，著名的 IBM 公司就是采取的第二种和第三种方法。

　　在第二种适应环境发展的模式下，企业业务与组织的进化一般采取螺旋式模式，也就是业务组织体系当中，企业为了生存发展，会根据外部环境变化的需要，先调整、优化、升级最重要的职能内容和作业单元，这部分职能内容和作业单元既实现了升级，又不影响既有业务的开展，然后再升级其他部分的职能内容和作业单元。每升级一个职能内容和作业单元，既不影响既有业务的开展，还提高了整个组织的体系效能，最终实现整个业务组织的进化。在这个进化的过程当中，遵循的是生态式协同进化升级的方法，首先从方向和格局上要采取系统性规划的方法，然后在具体的螺旋式进化过程中需要根据纳什平衡和耗散理论的原理，进化内容的先后顺序由各方向作业单元根据需求程度确定进化的协同并自行开展，整个过程只需要适当地予以管控和纠正。

在科层制的组织模式下，企业为适应环境而进行调整升级的基本模式是领导下达任务，并设定目标和绩效考核指标，监督、督促、领导下属人员进行调整和升级，属于操控型的调整升级。但是由于领导们无法在具体的作业工艺和操作标准上给出明确的方法，因此往往会和下属人员产生很大的分歧。并且由于各个部门会根据自己的理解和进程去确定自己的目标和考核指标，但彼此之间却很少沟通或者很难在整体的优化升级上达成协同化的一致。这样，各种冲突、矛盾和争吵就必然会出现，甚至会愈演愈烈，导致企业的升级变革无法开展下去。

组织的生态式进化，首先把业务组织体系看成一个生态系统，即各部分之间彼此匹配、整个体系也是充满生命力的。既然是匹配，那各个部分就需要互相契合、互相协同，环境的变化以及体系中的一个单元发生变化，其他的单元也要随之发生变化以实现契合。既然是充满生命力，那就需要循环，需要新陈代谢，需要演变进化。在生态式进化模式之下，企业的进化升级并不是短时间内同步地全局展开，而是由组织内部的各个作业单元或者功能生成链自行根据外部环境的需要以及整体运作性能提高的需要随时随事地开展，避免了同时同步开展导致的大范围变化，也避免了彼此矛盾大面积爆发带来的业务冲突和组织瘫痪。因此生态式业务组织中，各个组成单元形成一个系统的整体，最先感知到环境变化的部分会发生相应的变化，但这种变化不会破坏整体的运作，只是发生变化的部分做得更好了。随之而来的是其他部分也感知到环境的变化，也开始逐步产生相应的变化，并和开始变化的部分形成更高层次的契合。生态的运营模式主要就是运动中的变化，以作业个人或者作业单元为单位，通过自我的主动改进、与他人的配合性改进、价值区块链的接入替换改进，实现整体的升级和改进。

三、什么是生态式协同

生态式协同就是进化式的协同，也是协同中的进化，就是组织可以根据环境的变化需要，以保持协同性的产出价值与成长价值为基本目标，不断进行进化式演化以形成新的组织状态。生态式协同不是一时一事的协同，也不是漫无目的的、仅仅是为了在环境中生存下来的进化。对于企业来讲，生态式协同就是为了适应环境并实现经营成果、成长价值的最大化，以为客户和社会输出最佳的价值为目标，通过业务组织不断的进化和演化，保持企业持久、持续的协同效能，实现企业的持久发展。

企业业务组织之间的差别可以分为级的差别、类的差别和态的差别。级的差别首先是专业作业水平的好与坏，包括精准度、产出率等。如果从整体上讲的话，就是协同性的好坏，进而影响整体组织运营效能的好坏。类的差别就是体现企业不同业务策略和不同竞争策略的组织类别的差别，比如体现新产业孵化能力的创意型业务组织、体现新业务快速推向市场的市场型业务组织、体现资本运作能力的资本型业务组织、体现业务快速转型能力的柔性发展组织、体现快速创新与更新能力的离散型业务组织等。态的差别就是企业整体业务组织种类上的差别。比如单一小型业务企业、单一大型业务企业、集团业务企业等。以上所有类别的业务组织都需要成为生态式协同组织，通过协同型组织的构建，让每一类业务组织模式都发挥最大的价值创造能力。而且当业务需要在不同类别间进行转换时，需要用生态进化的方式予以快速实现。

因此，简单来讲，生态式协同，就是适应外部大环境的变化式协同，就是组织的各个组成部分，通过自主变形、升级、重组，使组织一直以协同的状态，长期符合外部大环境的变化需要，实现组织长期的生存、发展和壮大。生态式协同体现为：

1. 变化的协同

变化的协同就是既要保持业务组织的产品与服务产出，同时还要保证业务组织系统的产出效能。当其内部发生了一些变化或者外部整体环境发生了变化时，其业务组织的运营系统需要进行演变和调整以实现新的协同，业务组织的各个组成部分在实现新的协同过程中，其调整变化的过程本身就是协同的。

2. 成长的协同

在企业业务发展成长的过程中，各方面的职能、功能和作业效能都需要根据企业的成长不断地变化，这个成长的过程也是协同的。

3. 升级的协同

升级的协同就是企业的专业职能作业水平或者运营效能等级的升级，需要相关的各个部分都进行相应升级以实现匹配，这种升级的过程也是协同的。

第二节　生态式协同的组织管理特征

和科层制组织相比，生态式协同组织主要的优势和特点体现在三个方面，一个是自主，一个是协同，一个是成长。

所谓的自主，就是和科层制组织结构比较起来，生态式协同组织中的每个人员不需要上级的时时指挥、不需要企业的事事安排、不需要总是督促督查，一切的工作都是组织内部人员主动开展的、自主自发进行的。

所谓的协同，就是在自主自发的前提下，各个方面的工作不是像科层制组织那样存在着部门的壁垒和专业性的隔离。各个作业单元的工作彼此间不是孤立的，也不是各自为战的，更不是背道而驰的，而是为了统一的目标彼此共同努力的。当某个组成单元为了适应环境或者升级改善而进行变化时，其他相关联的单元会按照规则自主地匹配预期变化，而不是固守自己原有的专业情况不变。

所谓的成长，就是在自主自发的基础上，生态式协同组织是一个自发成长的组织，在业务组织运行效能的改善、企业业务规模的扩张、业务结构的升级、产业的孵化创新、战略性资源的积累方面都具有很强的成长动力，这个成长动力不是来自于上级的命令，也不是来自于公司统一的计划安排，而是企业成员自动自发的动力。

生态式协同的组织管理特征主要体现在以下方面：

一、开放交互

1. 主要表现

与客户的多触点交互、为客户建立多方位的交互方式与企业感知方式，既向客户传达企业的状况，也接受客户反馈的信息；浸透式、全点式的关注外部变化，即各种作业单元均彼此交互关注所关联的全部外部信息，这样使得每个作业单元对于有关"自己专业工作和客户价值、企业价值相关联"的外部信息均给予关注；吸纳整合外部信息并形成有效的集体判断和决策，推动企业相关专业工作的升级和提升。比如，对于外部的物流服务模式，市场人员和仓储人员都会给予关注，并通过改进物流服务来提升客户满意度和降低仓储库存；对于新产品，市场人员和采购人员都会从自己的角度出发，通过产品改进提升销量和改进采购物资结构。

2. 实现开放交互的方法

实现的方法体系主要包括：建立多元化的市场客户信息交互系统，建立全面的价值增值分享机制以进行行为引导，建立基于价值链和业务链的全景可视化链网 OKR 目标体系。

二、多元创意、独立经营

1. 主要表现

在万物智能互联时代，特别是在工业互联网状况下，物联平台大数据实现了通信全景全息化，更重要的是实现了数据端到端的流动、跨系统的流动。各个方面的人员都可以在数据流动基础上，进行分析、建模、实践、落地，因此在智能化生产、网络化协同、个性化定制、服务化延伸的基础上，更容易通过数据流动和分析，形成新的商业模式和新的经济业态。

对于所有的人来讲，由于信息的充分流动，传统社会环境下所谓专业分工形成的认知局限性已经不存在了。原来的技术人员由于不懂市场很难进行创业，原来的市场人员由于不懂技术也很难建立企业。但是在万物智能互联时代，每个人通过网络学习都可以掌握市场的趋势，也都可以通过网络找到互补的合作伙伴。

在万物智能互联环境下，每一项专业职能都可以成为一种商业模式，都可以发展成为完全市场化经营的业务。万物智能互联时代，企业整体组织在运营布局上要有"部落"的概念，而不仅是"家庭"的概念。在一个经营组织平台上，各方面专业职能和作业单元均是一种协同协作的关系，而不是从属的关系，这些专业职能和作业单元可以同属同一法人公司，也可以属于同一资本下的不同法人公司，甚至可以属于非同一资本下的契约合作体。

无论是什么样的合作关系，每个专业职能和作业单元均可以自行创意、自行创新、自行改进，并发展成为一个独立经营体。

这样企业就在发展扩张上形成了多元化的职能业务、多方向的应变方式和发展突破能力，可以在业务经营发展上更好地适应万物智能互联下多样、快速的变化环境。比如生产、技术、市场、物流、工艺等，每一个领域都可以形成新的创意和商业竞争优势，形成企业发展突破性优势。

一旦在某个专业职能方向出现绝佳的创意，就应当快速制定执行与落地的方案，由各个协同协作单元去实施，实现最终的社会与市场客户价值产出。执行落地的方案不是由哪个专业职能或者作业单元制定，而是由各个协同作业单元根据总体的价值导向和创意实现要求，各自去寻找自己的措施和方法，来保证整体创意的完成和实现，并根据内部规则分享相应的效益和收益。

2. 实现的方法

在业务的扩张发展中构建部落组织，通过合理的激励措施和工作规则，使内部职能通过多元创意、及时应变、快速分拨、协同实现发展成为可以独立经营的业务单元，也就是建立生态式协同组织。

三、自成长、自升级

1. 主要表现

从经营的角度看，自成长、自升级主要表现在业务地理范围的拓展、业务客户范围的拓展、产品业务的增加（包括业务升级）、商业模式的进化、新产业业务的孵化发展、企业竞争力的提升、盈利能力的提升、专业职能效能的提升、企业组织能力的提升等，这些成长都是由企业人员自发开展和实施的，必要时需要企业相关人员的可行性评审、效能评估与成效管理。

2. 实现的方法

按照组织行为学的基本原理，实现自成长、自升级的方法体系主要包括：明确企业价值导向和战略导向，设定3~5年发展激励目标；建立全维度的成长激励机制，比如价值增值区块链替换制度、价值增值分享、内部技术专利费到合伙人利润分享、创客股权期权等；建立全体系的企业价值增值评估与核算机制，明确个人的价值贡献方法；建立个人贡献的登记制度，包括成长、升级的项目启动登记、项目进程登记、项目成果登记等。

四、自组织

1. 主要表现

自组织就是企业人员在形成规范的业务运作模式、推动企业的发展方面都是自主的，也就是按照组织价值创造效能最大的原则，各方面人员自主形成分工协同关系，包括日常工作中自主协作、工作目标中自主协同、根据适应环境和转型升级的需要自主集体演变、在发生混乱时自主集体构建组织运行秩序等。当企业规模扩大时、外部环境发生变化时、企业经营策略发生变化时，整个组织的范畴也发生了变化，企业人员在通过一段时间磨合后，会自主形成新的运作秩序。这就是企业的自组织。

2. 实现的方法

要实现人员自组织，最大的难点是克服认知不同、方法不同、利益不同、"争权夺利"所带来的纳什平衡和囚徒困境心理，而形成利益一致最大化、定位自主妥协心理。主要的方法体系包括：建立功能性的价值增值绩效评价方法，无论是个人工作价值增值还是集体工作价值增值，均以企业功能、业务经营、产业经营、资本经营的价值增值进行衡量，而不是以工作专业的完成情况进行衡量；建立价值增值的共享分配机制，所有参与价值增值工作的人员均享受相应的成果和收益；建立市场客户导向的协作决策机制，在团队化协作中，谁离市场和客户最近，就由谁来决策，并建立相应的协作权限表。

五、无中心化、无中间层

1. 主要表现

无中心化、无中间层就是指不设立职能部门、不设立行政上级，只按照专业分工设立不同的经营层级、专业类别以及相应的作业单元。比如不设立质量管理部，只设立质量保障功能负责人，这个负责人不是质量部的负责人，其职责是统筹规划各个作业环节在质量保障中的作用定位，也就是要在相应的作业单元中设置有关质量的专业作用，而相关的各个作业单元按照该规划进行作业操作，以保证质量成效；比如设立试验检测作业单元，专门负责质量的试验检测作业，根据业务运转进行协同作业，不需要上级指挥，自主开展工作、自行负责结果；比如生产作业单元根据质量保障的统筹规划和工艺安排，在生产中自行开展保障质量的作业工作。

2. 实现的方法

作业体系全景的可视、可知、可查和要求准确是实现无中心化、无中间层的基本前提，方法体系主要包括：建立全景化的信息与沟通体系，建立基于价值链和业务链的全可视化链网 OKR 目标体系，建立多层面的效能指标数据信息分析体系，建立工作状态的大数据信息库。

六、全景式的自由沟通

1. 主要表现

指企业各方面的人员在工作中会按照作业上的协同协作关系直接进行点到点的交流和沟通，而不是像科层制组织那样一层层地请示、汇报、传达和传递。工作中的沟通是上下左右全维的，而不是层级化的管理，并且当需要联合协作解决某个问题、达成某个升级目标时，大家会按照"插件式升级"的方法，优先按照效果最好、最容易实现的原则，选择相关联的人员进行商议、协调和沟通，尽快协作解决问题，实现升级的目标。

2. 实现的方法

建立以作业单元为主体的企业组织运营模式，去除行政管理者、监管者、考核者；设立专业的工作内部顾问，对某些专业工作进行技术指导；依托企业的工作沟通交流平台设立自由的工作沟通机制，建立全面的价值增值分享机制进行行为引导，建立基于价值链和业务链的全可视化链网 OKR 目标体系。

在企业的工作沟通交流平台上，可以设立专项作业单元沟通机制、临时项目组沟通机制、产业孵化器沟通机制、业务合伙单元沟通机制、业务流程沟通机制等。在发起相应的工作（成立协作组）时，就需要建立相应的沟通机制，并将其记录到公司的价值增值分享的档案中去。

七、自主创新

1. 主要表现

企业创新最大的困难来自于三个方面：一是忙于日常的工作而没有时间

去做创新工作；二是无法把握创新是否符合企业整体发展的需要，因此往往得不到思想上的支持；三是由于风险性，在需要资源投入时也得不到支持。在万物互联的时代，更迭变化的周期缩短、节奏加快，没有创新多生存一天都是困难的。在传统科层制时代，过多的创新是浪费企业资源，同一产品卖得越多边际效益越大，而且由于信息的不发达，跨区域的模仿创新很容易成功，我和你卖一样的产品，价格低一点就能抢占市场。在万物智能互联时代，新产品的信息发布是同步的，产品的生命周期也是缩短的，挂出新产品、快速降价，再推出新产品、再快速降价，这种方式已经成为赢者通吃的不二法则，而且任何一个企业都不能跟在别的企业后面模仿创新，必须是进行超越式创新，你推出了 A、B 新产品，我就推出 B、C 新产品。任何一个企业要想发展，必须鼓励内部人员自主开展创新。万物智能互联时代为创新创造了条件：第一，人们由于智能化和信息化的发展节省了大量的事务性工作时间，因此就有更多的时间进行创新；第二，由于创新决策的信息很丰富，企业创新的盲目性和风险性都大大降低了。第三，天使投资、众筹、风险投资、资本合伙人等资本运作方式的存在，使获取创新所需资源的渠道也大大增加。自主创新的内涵包括：全方位的创新，包括产品、技术、效能、业务板块等；全员的创新，就是全体人员的自主创新，而不是哪部分人的创新；自动自主的创新，而不是依据上级的安排或者企业下达的任务；时时刻刻的创新，而不是不得不创新时才创新；点滴与板块结合的创新，既有点点滴滴小的改善创新，也有组团协同完成的大创新；额外价值的创新，就是创新工作并不占用常规工作的时间，也不影响常规工作的效果，而是利用现代信息技术工具，在常规工作之外创造的额外工作价值。

2. 实现的方法

实现自主创新的方法体系主要包括：明确企业价值导向和战略导向，以及短中长期的价值升级目标，为短中长期的创新留出空间；建立全维度的价值增值激励制度，从价值增值区块链替换带来的增值分享、内部专利使用费到专项业务合伙人利润分享、创客股权期权、技术创新入股、内部创新股权投资等；建立全体系的企业价值增值评估与核算机制，合理界定个人创新的价值估值。

八、目标绩效的动态协同

1. 主要表现

为了实现企业发展的目标，各专业职能会自动自主地调整自己的作业绩效目标，以保证彼此的作业绩效目标是协同起来完成经营发展目标的。一是根据外部经营环境的变化，各专业职能的绩效目标会进行调整，调整之后的目标体系可以保持市场竞争力和企业盈利能力；二是各专业职能在调整绩效目标时，采取"八仙过海各显其能"的方式，而不是指定目标标准的方式，目的是为了通过自组织形成更好的绩效目标结果；三是即便外部环境没有发生变化，当企业内部的某个专业职能的绩效水平升级时，相关的专业职能也要改进自己的工作，以实现绩效目标的协同匹配。

2. 实现的方法

实现目标绩效动态协同的方法体系主要包括：建立开放式的内外部环境交互机制；建立价值增值区块链的替换机制；建立全维度的价值增值激励制度。

九、全组织网络的专职作业服务

1. 主要表现

这里是指一些专业化水准很高的技术性职能工作，比如激励体系策划、税务体系筹划、智能化设备维护、复杂性的数据分析、投资的可行性研究等，这类技术性职能工作作业单元的设置，将不会按照科层制的组织设计模式，在每个经营单元都设置上相应的岗位和职位。而是在万物智能互联的状态下，整个企业当中只设置一个或几个相应的作业单元，为企业内部所有经营单元、所有协同作业网络中的专业职能板块提供相应的专业化服务。即便是根据便利性，在不同的经营单元都设置相应的专职作业单元，但是每个专职作业单元之间是有责任范围的，这些专职作业单元不归属于哪个上级领导，而是根据价值增值策略定位和经营功能定位，去设计、规划负责范围内的职能工作要求，当他们所负责的范围之间有了协同关联，那他们就需要彼此协作，确保各自设计、规划的职能方法实现整体的价值增值最大，而不以彼此所负责经营单元的利益为出发点。

2. 实现的方法

实现全组织网络的专职作业服务的方法体系主要包括：设置相应的作业单元，不再按照科层制的模式设置相应的组织结构；设置相应的职能职权，赋予各个专职作业单元相应的职责和职权；任用具有足够胜任能力的人才，如果任用的人才专业能力不够，就无法实现相应的目标；网络化协作理念与意识的培育，要让企业全体人员建立起万物互联环境下的生态式协同理念，建立起高度价值化、职业化、专业化、实操化的工作理念。

十、进化式协同

1. 主要表现

生态式协同就是进化式的协同，是螺旋迭代式的进化协同，不是蜕变熵代式的变革协同。所谓螺旋式进化，就是指"新机制—熵减—运行—熵增—新机制—熵减—运行—熵增—新机制"这样一个循环往复的过程；同时也指组织在进化过程中，总是从一部分开始，其他的不变，以保持组织的运行，然后进化完成的部分不变，其他的部分开始进化，组织各个组成部分这样交替进行升级，最终完成整个组织进化。而蜕变熵代式变革，就是推翻原有的机制体系，重新设立新的、低熵的组织运行机制和体系。

在企业中，各个专业职能在某些方面可以自行完成升级而不影响其他的专业职能，但是在另外一些方面的升级却需要其他专业职能的配合。进化式协同就是企业组织的各个专业职能彼此交替升级，实现在各个环境和性能下都保持整体运营运作的协同。

2. 实现的方法

实现进化式协同的方法体系主要包括：明确以企业价值为导向的短、中、长期的价值升级目标；建立开放式的内外部环境交互机制；建立价值增值区块链的替换机制；建立全维度的价值增值激励制度；建立全体系的企业价值增值评估与核算机制，合理界定个人或者作业单元创新的价值估值。

第三节　生态式协同组织运作的模式

由于企业专业职能工作和各类功能实现的方式多种多样，其各项专业职能工作的组合协同方式以及作业单元间的协作方式也是多种多样的。总结归纳起来，在生态式协同企业组织中，保持整个业务组织系统协同的方式有以下几种。

一、业务流程式协同

业务流程式协同，就是各个专业职能和各个作业单元在具体的业务运营中，是按照时间的先后顺序进行作业协同的。这种协同形式下，总是前面的作业单元完成自己的工作后，交接给下面环节的作业单元，下面环节的作业单元再根据流程工艺的安排完成自己的工作，之后再交接给后面环节的作业单元。需要按照业务流程模式进行协同的工作，往往是那些需要在同一个作业操作单元（如同一个电路面板、同一个表单、同一个铸件加工配件）上进行不同专业操作和作业的工作，或者是那些各个组成部分完成之后再进行组装的工作。业务流程式协同，协同的关键是作业成果的标准、时间和地点，就是要按照既定的成果标准和递交时间完成自己的工作作业，并传递到既定的地点。

二、并行式作业协同

并行作业式协同，就是相关的各个专业职能和作业单元，要根据规定各自独立并同时开展自己的工作作业，并按照规定的成果标准、递交时间完成自己的工作并递交到规定的地点，以保证下一个工作作业环节不受影响。在并行作业协同模式下，如果任何一个专业职能和作业单元不能按照预定的要求完成作业工作，在到达下一个合并组成环节时，就会因为这个没有到位的专业职能和作业成果而无法完成既定的合并组成工作。

并行式作业协同是一种很常见的工作合作方式。在科层制的组织模式中，也会有很多并行式的作业协同，当然那是根据上级人员的计划安排开展的，而在生态式协同组织中，并行式作业协同是各个专业职能和作业单元自主、自动开展的。并行作业的前提是同步思维，就是对于如何取得最终的成果，每个作业单元都知道自己工作的要求和定位。标准化工作相对好完成一些，但非标准化的工作就需要各个作业单元之间的沟通互动以及作业单元自行领悟了。

三、业务项目式协同

在实际的工作中，有很多改善改进性的工作都是阶段性的，经过一段时间的努力之后就完成了。这样的阶段性工作由多个专业职能和作业单元共同参与完成的话，由于不像常规性工作那样有详细、具体的作业规范，需要参与的作业单元和人员彼此协商、探讨才能开展。在这样的情况下，就需要参与人员商讨并确定各自的分工、工作的成果、工作的计划、协调的方法、项目收益的分配方式等。等工作完成了，或者大家一致认为不需要继续了，那该项工作就结束了。这就是项目式的协同方式。

在企业当中，很多需要多种专业职能合作完成的临时性工作都是以项目式协同作业的方法进行的。在生态式协同组织中，在企业规定的项目式协同作业基本规范前提下，具体的项目组成和项目工作的开展都是由项目参与成员自主进行协商的。

四、职能服务式协同

在生态式协同组织中，也会有很多职能服务型的工作，比如设备维修、成本核算、全景式信息系统管理等。这些工作是为主体价值链上的工作服务的，因此这些职能工作与主体价值链工作间的协同关系属于职能服务式的协同关系。职能服务式的协同，就是处于服务地位（为主价值链提供支持与支援）的有关职能，根据主价值链作业工作的需要，提供及时、到位的职能服务。

当然，在提供及时、到位的职能服务时，为了保护好职能服务的设备、设施以及避免不必要的职能服务要求，相关作业单元也可以出具相应的管理规定和职能服务使用规范，这些管理规定和使用规范的主要目的不是为了优化提供服务的职能，也不是为了防止提供服务的职能人员偷工减料，而是为了更恰当其时并且对接需求地提供职能服务。

五、共同目标式协同

在企业里，有很多工作彼此之间并没有直接的关联性，他们之间既不是合并组合关系，也不是服务支撑关系，这些工作之间最大的关系就是存在共同的目标。这种关系是各自独立但互相促进的，比如薪酬与激励、表扬与激励、文化氛围与积极性。这些工作彼此配合共同完成目标，比如通过原料检验、过程检验和成品检验三个方面实现对质量的保障，通过推动流程顺畅进行、积极性激励、提高能力水平实现对执行力的保障。

从最终结果上来讲，企业所有的工作都是共同目标式的协同，因为所有的工作都是以企业的盈利和发展为最终目标的。但是为了对协同关系有更清晰的认知，我们此处说的共同目标式协同，其目标主要是指功能的目标。

六、协作升级式协同（自由组合进行创新升级）

协作升级式协同，就是为了提高业务效能和应对外部环境的需要，几个专业职能的作业单元彼此之间自由结合起来，以专业职能分工的方式，共同完成和自身工作有关的升级、转型或者创新。在协作升级式协同作业中，各个作业单元并不会成立特定的项目组，但是会共同商讨以确定共同目标以及各自工作的目标，并在既定的目标下各自独立开展工作，并按约定实现各自的目标和整体的目标。

协作升级式协同和并行作业式协同不同，它们的工作成果不一定会合并组合成新的成果。协作升级式协同属于共同目标式协同的一种，只是其目标是为了在原有的基础上进行升级，这相对于不需要升级的常规维护来讲，在协调上、沟通上都会有更大的难度。

七、共享式协同

共享式协同是指协同的各方，自己工作所产生的成果和内容对于其他各方来讲是很有用的，可以按照一定的规则分享给其他各方共同使用。通过成果的共享，可以更经济、更便捷地创造更多的价值。共享规则的制定中应明确将成果共享后会获得什么样的收益，只有在这样的规则前提下，人们才会积极分享自己的工作成果。

八、"搭便车"式协同

"搭便车"式协同，就是指在业务的发展上，一个业务可以借着另一个业务的优势而得以更快、更好地发展，"搭便车"的方式包括利用渠道搭售产品、使用另一方技术平台研发产品、OEM（代工生产）中使用另一方的产品等。这种协同方式往往在各个业务经营单元之间发生。协同的过程中也要遵守相应的商业规则和内部规定。

九、服从式协同

服从式协同就是指根据业务之间的关联方式和有效完成任务目标的需要，在彼此协同合作的各方中，一方或者几方需要根据另一方的要求、安排和指令开展工作，也就是需要服从另一方的要求。这种服从式协同的存在取决于哪个专业职能或者作业单元更能做出准确决策。也就是说，由于专业性不同、思维的角度不同、信息的结构不同，在对整个任务结果目标的定性、定位上，各个专业职能和作业单元的意见是不同的，因此当多个专业职能的作业单元共同协作完成一个任务目标时，在充分听取各方意见之后，最后就由那个决策最准确的作业单元来做出决策，其他的作业单元根据该作业单元的决策开展相应的工作。比如在产品改进的技术开发中，技术的定型就需要以市场人员的意见为主，但是在创新型基础技术的研发中，就需要以技术人员的意见为主。

而在科层型组织结构中，这种决策往往是由上级的领导决定的。在生态式协同组织中，全景式沟通方式、灯塔式终极目标、价值链式的绩效目标结构体系的存在，使得作业单元之间这种服从式的协同作业方式比较容易实现。

服从式协同在项目式协同作业中经常出现，而职能服务式协同在某种程度上和服从式协同很相近。

十、结算型协同

结算型协同，就是通过企业内部市场链的方式，在各作业单元或经营单元之间采取供应链结算的方式推动业务运作，常见的有阿米巴、内部市场链等方式。内部结算可以督促相应的单元控制成本、提高效能、提升产出，但其最大的问题是容易导致各个单元之间不断讨价还价，这很容易导致业务组织运作的混乱。在经营环境多变的企业里，这种方式反而会降低企业的效率。

结算型协同属于自主经营体式的业务组织方式，由于不是自由的市场行为，而是企业内部的有限市场行为，这需要解决三个方面的基础问题：一是机制和规则，要确定各种情况下应采取的结算方法，特别是各种变化环境下的结算定价方法；二是激励机制，也就是在整个结算体制下的效益分配方法；三是行政放权，如果结算单元没有足够的权力空间使自己通过努力获得更大的收益，那结算型协同也是没有意义的。

第四节　生态式协同组织生态的模式

生态式的基本原理就是组织会随着外部环境的需要、自身升级的需要不断进行自我提高、自我改进。而组织整体的自我提高、自我改进是通过其内部具体专业职能和作业单元螺旋式提高、改进的形式完成和实现的。组织进化的具体过程就是：在自我受益机制的推动下，在客户价值导向的指引下，那些容易改进、改进后受益大的职能和作业单元首先发起改进行动；此改进行动完成后，又出现新的"容易改进、改进后受益大的职能和作业单元"，这些职能和作业单元随后也发起改进行动；以此类推，组织内部呈现螺旋式进化。

一、个人作业水平的升级

个人工作水平的升级包括工作的内容、工作的方法、工作的系统匹配方式、工作的效能内涵、工作的存在方式等方面的升级。个人工作水平不完全等同于个人能力水平，有能力不努力也不会产生相应的工作水平。

工作内容的提升就是各类工作的内容要能够符合外部环境的演变、特点和需要，比如说电话替代写信、邮件替代电话、微信群替代邮件等。

工作方法的提升就是为了实现同样的功能，要根据外部环境的变化使用与环境相匹配的方法，比如红外线检验替代肉眼检验、数控机床替代手动机床等。

工作的系统匹配方式就是在企业组织系统的运营中，各类工作之间的匹配方式和匹配关系可能会发生较大的变化，工作要能够适应这种变化并进行匹配。

工作的效能内涵就是在整个企业组织系统中，同样的工作在不同的时期和不同的目标下其效能地位和作用是不同的，工作要适应这种变化并改善效能。

二、专业职能效能的升级

专业职能效能的升级就是指企业中某方面的专业和职能的总体效能方式要符合不同环境的需要，要和所在环境的要求相匹配。当然这里说的专业职能可以是物流的，比如车辆管理、配货管理、装载包装保护等，其效能要从把物资运送到位升级为回程也能实现盈利；也可以是财务的，比如税务的整体筹划、盈亏平衡点的快速核算、投资回报分析的准确性等，其效能要从实业经营的方式转化为资本经营的方式；当然也可以是新技术开发的，比如立项的准确性、开发效率、各单元的匹配性等，技术开发随着互联网的发展，创新的周期应当越来越短。

在生态式协同组织中，作业单元可能由一个人组成，也可能由三五个人组成，所以作业单元的升级，既可能是个人工作水平的升级，也可能是部分专业职能或者整体专业职能的升级。

三、流程绩效的整体升级

流程绩效的整体升级，是指对于必须按照时间先后顺序的流程模式开展协作的工作，可以通过流程中的各个作业节点互相匹配、共同提升改进的方式，共同优化调整以适应环境的需要，并实现整体效能的升级。这种升级包括：一是效率的提高和二作的无缝衔接，也就是没有等待、闲置的时间；二是反应速度加快，就是对于其中任何一个环节发生的变化，其他的环节都能很快予以配合；三是流程的各个环节都会不断改进自身的工作方法，以推动整个流程的工作适应整体环境；四是通过对流程过程的重新整合、分拆、布局，提升流程的整体效率和效能。

四、匹配性绩效的整体升级

匹配性绩效的整体升级，是指彼此间效果互相匹配、作业不直接关联、可以同步作业、组合后共同呈现整体成果的几项工作的作业（比如桁架、车轮、弹簧、车厢等共同组成车辆的承重结构），可以通过彼此协同、协商、协作的方式，共同提升和改进，以更好的方式和更高的效能呈现整体成果。这种升级包括以更低的成本呈现整体成果；以更高的效率呈现整体成果；进一步提高整体成果的效能等。对于这种彼此独立作业，但成果必然匹配组合的作业单元，保持它们能够匹配的方法就是预先设定工艺和标准，而这种工艺和标准往往是由它们之外的、对于最终的整体成果具有统筹规划设计能力的单位来设定的。而这些具体的作业单元由于缺乏系统性眼光和统筹规划能力，往往也无法彼此协同匹配实现整体的改进。但是如果它们可以组成一个项目组，必要时再把相关的人员拉进来一起参与，就很有可能实现匹配性绩效的整体升级。

五、运营功能的升级

运营功能的升级，就是指各个专业职能的作业单元，通过自行改进或者彼此合作协同改进，共同提高企业某个方面或者多个方面的功能，比如质量保障功能、成本控制功能、客户产品交付功能等。

事实上，个人作业水平的提高、专业职能效果的提高，自然也改进企业某些方面的功能，但是在改进某些功能的同时可能会使其他的功能效果降低，比如质量的提升导致成本的增加、产品交期的缩短导致质量水平的下降等。因此生态式协同组织中，改进绩效的评价与核算要求必须实现绩效水平的绝对增加，而不是相对增加，即必须对最终净利润的增加有所帮助，而不能是增加的局部效益和增加的局部成本互相抵消甚至是产生负值。

六、运营效能的匹配改进

运营效能的匹配改进是指企业组织的整个运营体系，各个组成部分在互相匹配实现运营效能方面不断提高和改进。运营效能的匹配实现的方式是通过工作和流程绩效的改进来实现的，但是运营体系效能的改进过程、难度和时间并不是各个工作和流程改进的简单相加，因为组成的单元越多，单元间彼此互动造成的紊乱和冲突就越多，就越容易造成混沌和熵的增加。

生态型组织的运营效能匹配改进在破除熵方面具有巨大的现实意义。在传统的组织结构体系下，随着组织存在及运行的时间延长，组织的熵就必然会增加，传统的减熵赋能方法体系往往是革命性的，而生态式组织的"减熵赋能"是进化式的，同时能够有效抑制熵过度地增加。

七、客户市场的协同顺应

生态式组织对客户市场的协同顺应属于运营效能匹配改进的一种形式，也就是整个组织能够根据市场的需要进行相应的调整和改组。这个过程并不是像链条一样，先由市场人员提出市场的需求，再逐步传递到生产、技术、采购等环节，而是各个环节都去研究市场与客户的需要（需要建立所有部门面向客户的、市场导向的各环节绩效晋升机制，以及市场客户需求、运营绩效与职能绩效协同分析表），每个职能方面的工作人员和作业单元都会根据客户的需求提出自己的绩效改进方案，并自行改进或带动整体的改进。改进中的意见相左、步调不一致、能力不足等问题，都可以通过协同协作、价值增值激励体系和区块链式的作业单元替换方法来解决。

客户市场协同顺应的实现，最根本的是要建立"浸透式、全点式关注外部变化"的组织运营体系，使得各个方面的人员都能够掌握自己工作改进对客户价值和企业价值的影响，而不是像传统的科层制组织那样，只能通过市场人员来传递客户的需求信息和创新要求。

八、战略发展资源的自主储备

战略发展资源的自主储备就是指，根据企业未来业务发展的需要，企业组织可以自主进行相关资源的储备，包括技术的储备、人才的储备、融资信用的储备、客户关系的储备、能力的储备等。由于有些战略性资源在短期内无法见到实际的效益，在一定的时期内甚至可能会有一定程度的亏损和入不敷出。在这样的情况下，往往是没有人愿意做这样的事情的，那就需要以战略性的激励模式引导个人去做相应的事情，比如业务合伙人、战略合伙人、战略性股权激励等方式。当然，足够多的经营性改进资源，整合起来也可以成为战略发展资源。

九、业务的自主扩张升级

业务的自主扩张，就是同一种业务在地理区域和客户类别上的扩张，同时业务整体的规模和覆盖范围也在不断扩大。

业务的自主升级，指同类业务在市场的层次上、产品线的结构上进行相应的升级，也就是同类业务产品线更多了、市场的层次范围也变得更加宽广了。

生态式协同组织中，蕴含着业务自主扩张、升级的原动力，这种原动力就是在企业有效的创业激励体系下，内部的人员会自主、自愿地推动企业业务的拓展、扩张和升级。在创业激励体系下，通过推动企业业务的拓展、扩张和升级，企业中的个人就会从纯粹的打工者变成创业人员和老板，这是个人社会身份的极大改变，也有极大的激励效果。当然这种原动力需要有效的引导，业务自主扩张升级的具体行动需要通过科学的评估和考证予以确定。

十、运行动力的去熵赋能

和任何组织一样，生态式协同组织的运行也需要动力体系的推进，而且其动力体系也需要不断补充能力，减熵赋能。和科层制组织模式不同，生态式协同组织熵的产生主要体现在以下几个方面：

一是不遵守规则者或者希望通过零和博弈获取利益而非共赢的人员。这些人员为了使自己的利益最大化会破坏组织的规则，甚至会巧取豪夺、占有其他人员创造的增值价值，并抛弃生态式协同组织中互利共赢的基本原则，通过损害他人的利益来获得自己的利益。这种情况一旦出现，必然会引起其他人员的应激性反应和连锁反应，并逐渐形成一种不良风气，破坏生态式协同的格局。

二是不配合导致的互相抵触。在生态式协同组织中，会有比较多的改进和改善行为，进而需要相关的人员或者作业单元进行相应的改进和改善。如果有些人员拒绝配合，就会导致原创改进人员的不满和抵触，这种不满如果扩散开来的话，会对生态式协同组织的运行产生不利影响。

三是精力分散导致的漫不经心。生态式协同组织中，个体的绩效成果方向是多元的，激励体系也是多元的。这一方面可以引导每个成员去创造多方面的绩效成果，但也容易导致个人精力的分散而导致对各方面的工作都漫不经心。

四是宏观经营层面人员的惰性和对既得利益的保护。在科层制组织中，占据高位的相关人员为了既得利益往往不喜欢变革，而那些驾轻就熟的工作人员也不愿意发生改变，这是科层制组织熵的主要来源。虽然生态式协同组织中已经取消了地位等级化的职级与权责体系，进而形成了专业化的职位与权责体系，但是也难免会有人产生维护既得利益的心态，这就会造成组织熵的增加。

五是"囚徒困境"心理过于强烈，只想保护自己而缺乏合作意识的人员。这类人员本质上愿意创造价值，但由于过度的自我保护，造成了自我封闭和防范过当，很难与他人协同协作，进而导致组织中的不合作现象不断出现。

处理上述生态式协同组织可能存在的动力体系问题和风险隐患，需要有一套相应的方法和机制以发扬优势抑制劣势，这也正是生态式协同组织最擅长的方面。

十一、经营失误的自动调整

经营失误的自动调整就是当出现经营失误时，生态式协同组织会自动纠正经营上的失误。经营的失误包括产品策略失误、品牌推广失误、市场定位失误、投资选址失误等。生态式协同组织纠正经营失误的基本机制是全景式的沟通机制和多元化的业务拓展激励机制。

企业经营失误出现的原因主要是决策者对决策事项的价值发生逻辑关系的认知错误，或者对决策事项达成的难度估计不足。生态式协同的全景式沟通机制可以让决策者更好地了解决策事项达成的难度；而多元化的业务拓展激励机制可以有效改进、改善决策事项的逻辑关系。

我们在本部分提到了生态式协同组织的螺旋式升级与改进。所谓的螺旋式升级与改进，就是各个专业职能或者作业单元通过彼此层级提高、改进的方式实现整体的提高、改进。比如客户订单交付延误的原因可能包括市场人员采集的订单信息不准确（可能客户本身也不确定）导致的返工、物料供应不及时导致的耽搁、物料质量不合格导致的返工、设备状态不好导致的停工耽误、生产安排混乱导致的耽搁、技术工艺不成熟导致的产品废弃和返工等等。为了缩短客户订单的交付时间，需要从以上的几个方面进行改进。如果这些方面同时改进，各做各的，就很容易造成不匹配。按照生态式协同组织的方式，那些实施简单、容易操作的环节会先进行改进，比如设备的维护、物料质量的检验等。此类工作完成之后，整个生产订单的交付状态会有一些变化，而且整个的订单交付运行生态也会发生一些变化。在此基础上，相对难一点的如物料的供应、生产的安排等问题再相继进行改进完善。此类工作完成之后，整个生产订单的交付状态会发生更多的变化，整个的订单交付运行生态也会发生更大的变化。在此基础上，更难一点的如技术工艺的改善以及市场订单信息的准确度等问题也会得到进一步的改进和完善。

第五节 实现生态式协同的原理

生态式协同组织要求其成员是高度社会文明化、高度自组织化和高度理性化的。在人类社会文明发展初期、人多顺从于自然本性的时代，这种要求难以达成。但是随着社会的发展和进步，人们的总体素养提高了，这种要求更容易实现了。

在万物互联和智能化的时代里，人们的一举一动事实上都是可以被记录下来的，你搜索过的内容、你的通信记录、你的行踪、你的消费记录、你的取款记录等，哪个是不能被记录下来的呢？再有，需要人类发挥作用的工作变少了，很多工作都可以由智能设备来完成了，包括数据的整理、分析，个人喜好的判断与归类等。比如原来变压器的维修需要搬设备、爬高、戴防护设施等，而在万物互联的智能社会，只需进行简单的远程操作就可以了，人不用到现场。复杂一点的让无人机带着机器人去维修就可以了，还可以让微型机器人进入人无法触及的空间里开展维修任务。在智能化替代越来越普及的情况下，电力系统维护需要的人少了，整体来讲就是完成同样的供电任务，需要的人少了，需要人开展的工作也少了，需要在人与人之间协调的事少了，人的不确定性也少了，彼此间协同变得简单了、容易了。更有甚者，在5G的网络环境下，检查工地安全可以用无人机，就连手术这样复杂的工作，都可以通过远程操控智能机器的方式来实现。

另外，人类工作的难度也相对降低了。我们可以通过公开的知识和资料来解决很多原来不能解决的问题，比如根据互联网和公众号提供的菜谱，很多原来不会做饭的人都可以成为大厨，而且可以做各种菜系的菜，前提是有意愿、有时间；再比如根据专业老师在互联网和公众号上提供的数学难题讲解视频，很多家长又找回了自己的尊严，可以给孩子补习数学功课了；甚至是包括普通的疾病诊疗，我们都可以利用公开的医学知识自行诊断、自己开药方等。相对于传统科层制组织模式来讲，万物互联环境下的生态式协同组织里，企业成员在工作内容上的选择会更多一些，承担工作的组合方式也会更多一些，这样就可以使其最大限度地发挥自己价值创造的能力。另外，生态式协同组织与个人的最大契合点就是，组织成员创造的每一个价值的增值和新的价值，创造者本人都会获得收益和回报，不会有为他人做嫁衣的感觉。另外，如果企业里某个成员创造价值的能力不足，就很快会被其他能力更强、能创造更大价值的人员所替代，这样就可以使企业成员最大限度地具有了创造最大价值的意愿。通过这种方式将企业的全体成员凝结成命运共同体，这种结果已经远远超出了《第五项修炼》中的愿景了。

生态式协同组织存续发展的一个挑战是：当缺少了上级领导的指挥、指派和协调后，在没有权威的情况下，具有不同意见和认知的人们要自动、主动进行协作协调，自行商讨确定提高的目标，并配合开展工作，还要以极大的耐性克服其中的困难和分歧，避免协作性团队的破裂和散伙。解决这个难题的基本方法首先是增强命运共同体的黏性，就是在这样一个组织中，没有人愿意让这个组织破坏掉，绝大多数的人会更愿意去维护这个组织的存续和发展，而对于那些因为一点小分歧就产生组织破坏力的人，这个组织会对其进行驱逐。其次就是依赖万物互联状态下人们的认知、理性和高度文明化。

生态式协同组织存续发展的另一个挑战就是：在一个范围广泛、成员众多的组织中，如何让绝大部分的成员看清楚整体组织绩效成果的全局，既看到整个组织的整体经营发展成果，又能看清楚内部各个专业职能的目标是如何彼此连接最终实现整体经营发展目标的。克服这个难题的主要方法就是进行企业价值逻辑过程的描述、宣讲和研讨；其次是进行多维业务区块的沟通与探讨。

生态式协同组织的存续发展还存在的一个挑战就是：为了保持组织的活力和动力，需要不断替换掉那些缺乏成长动力、安于现状、没有价值增值创造力的个人和作业单元。那如何才能让人们在被替换掉的同时，还不会产生怨恨与报复心理呢？克服这个难题的主要方法就是营造职业化、价值化、自我负责化的企业文化。

要成为一个生态式协同组织，就需要构建这样完整的组织体系，这个体系会不断强化人们进取、配合、改变的动力，并让这种动力永远大于阻碍人们进取、配合、改变的阻力。

当然，考虑到物流、物资供应、技术环境、客户市场、地方政策等因素，同一企业的各个实体组织会分别设置在不同的区域，但是由于互联网的发展，一个企业实体组织分布在不同地理区域的各个组成部分，在协作和协同方面已经不再受地理空间距离的限制和影响了，在这样的环境下，企业整体的协同发展也就不再受地理空间距离的限制和影响了。

总体概括起来，整体组织的协同与协调中，人的不确定性是最大的障碍，也是最大的优势，关键是怎么因势利导。万物智能互联环境下，由于智能化替代，一个完整组织中人员的数量相对少了，人与人之间工作的协同关系也少了，需要人做的都是那些变化、改进、升级方面的事情。如此一来，人需要开展的烦琐性、事务性、重复性的工作变少了，有更多的时间思考、规划、协商、完成涉及变化、升级方面的事情。信息通信的发达，使人们了解事务和信息更全面、及时，这也使得人们的视野更开阔、思维更全面，误解、猜疑、封闭、自以为是、囚徒困境心理等越来越少，彼此间也更加能够互相理解、看事物看得更远、看问题看得更全面。区块链技术的发展和信息技术的发展，使得人们的工作、行为状况都被记录下来，隐瞒错误、抢功推过、欺上瞒下的做法也越来越少，人们也越来越能够看清楚自己在整体工作中的价值作用。信息与知识的网络化分享，使人们更容易得到工作所需要的信息和专业方法，进而使人们更愿意去努力工作发挥专长，而不是害怕困难推诿逃避。价值分配的多样化，使得人员更愿意把自己和组织当作一个命运共同体。如此种种说明万物互联环境下更易构建生态式协同组织。

另外，有关人类组织的行为规律，众多的前辈和大师已经提出了很多非常具有实际意义的理论，比如博弈论以及与其相关的正和博弈、非合作性博弈、纳什平衡、囚徒困境等，还有基于帕累托效应的帕累托优化原理，基于耗散理论的自组织原理，基于熵理论的减熵赋能方法等。这些基本的理论方法揭示了人们在组织体系中的行为规律，也为构建生态式协同组织提供了理论支撑。遵循这些理论方法揭示的组织行为规律，结合现代的智能互联技术，通过运用规则和建立管理机制，就可以促进生态式协同组织的建设和运行。

生态式协同组织的管理生成逻辑和基本原理如图4.4所示。

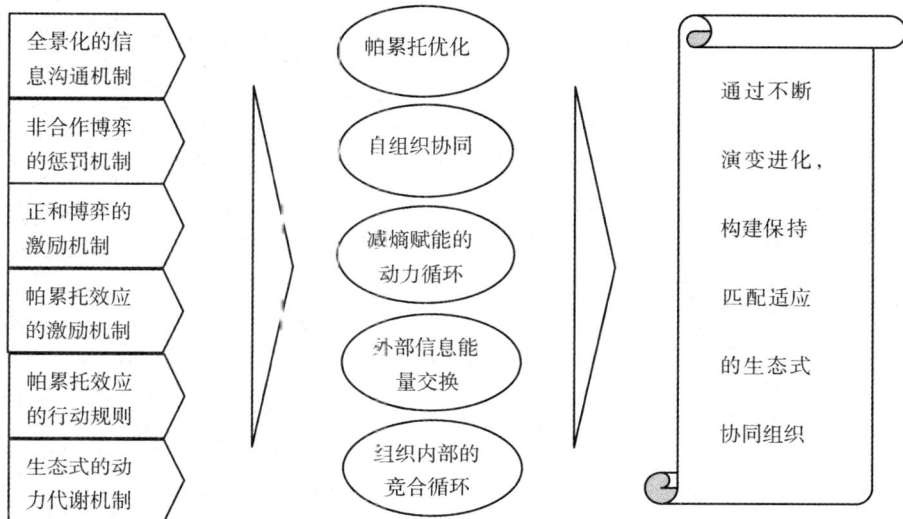

图 4.4 生态式协同组织的管理生成逻辑和基本原理

| 全景化的信息沟通机制 |
| 非合作博弈的惩罚机制 |
| 正和博弈的激励机制 |
| 帕累托效应的激励机制 |
| 帕累托效应的行动规则 |
| 生态式的动力代谢机制 |

帕累托优化

自组织协同

减熵赋能的动力循环

外部信息能量交换

组织内部的竞合循环

通过不断演变进化，构建保持匹配适应的生态式协同组织

第五章

组织生态式协同的层次与单元类别

在企业的运营体系中，从具体细节操作到整体经营效果，各项工作按照作业操作、专项工作、专业工作、职能板块、运营功能、业务经营效益效果、产业经营发展效果、资本增值经营效果的次序，以价值链的形成关系和业务产出链层级递进的关系组合协同起来，后者由多项前者联合形成。业务经营效益效果、产业经营发展效果、资本增值经营效果可以统称为战略发展效果。

在这样的划分下，作为企业基本原则的分工与协作，也就构成了不同层面的分工关系和协作关系，比如生产职能和销售职能是分工与协作的关系，生产中各个配件的生产班组是分工与协作的关系，销售中业务员和销售内勤也是分工与协作的关系。再比如生猪养殖企业中，种猪的养殖、生猪的养殖和饲料的生产也是分工与协作的关系。

协作是指各分工的部分之间要匹配运作，当然匹配的方式有很多种，比如说保持同步，当一方效率很慢，就需要匹配方等待以实现匹配。协同是指协作的一种状态，就是指作业中的匹配应当是协同的，包括同步、同时、同效、同价值。协同的要求是以价值最大化为目标进行匹配。且然生态式协同组织与科层制组织在运营的具体方式上不一样，但是其基本的分工与协作原则是一样的。

协同的层次是指价值链和业务产出链不同层面的以协同为主导的分工与协作关系，比如装卸队中叉车装卸与搬运是作业的协同、装卸与司机是发货运输的协同等，广告宣传与客户拜访是获得客户认同的协同、客户认同和合同谈判是销售的协同，再比如汽车发动机生产与车载电子系统是整车的协同，等等。

协同单元的类别是指价值链和业务产出链不同层面的效能单元,比如仓库管理是一个效能单元,车辆运输是和它同一级别的效能单元;而仓库管理、车辆运输、装卸管理、安全管理共同构成了物流效能单元,物流效能单元比仓库管理、车辆运输、装卸管理、安全管理这四个效能单元更接近于实现价值链的最终结果。而物流效能单元、采购效能单元、生产效能单元、设备管理效能单元又形成了供货效能单元,供货效能单元比这四个较小的效能单元更接近于实现价值链的最终结果。

第一节　企业组织的组成结构

一、衡量组织组成的要素

根据不同的目的,可以从不同的角度划分和分析组织的组成结构,这包括所有权关系、经营管理权关系、职能组成关系等。我们这里主要考虑的是组织的协同体系,因此我们主要从业务协同的角度来考虑组织的结构。

在一个完整的企业组织中,协同关系也有很多种,但其基本的衡量方式就是该协同关系在完成企业经营发展目标时的作用,这其中包含了动力、运营、管控的协同形成各类功能,各类功能的协同实现经营的目标、各类经营目标的协同促进了企业的扩张与持续发展。而每一种类的协同都是为了完成更高级别的目标,当然其中也需要克服企业发展的各种困难。

在企业组织的经营发展中,有些困难是必然存在的和无法避免的,比如熵增、耗散、经济周期、产业的变化、人性特征等。企业组织只有解决和克服这些问题,才能进一步推动企业的经营和发展。

二、业务协同角度的组织组成

从业务协同的角度讲,组织应该是由众多的单元通过协同组合构成的。

企业组织的协同是指各方面的工作,按照企业效益发展的产出过程而形成的逻辑关系,按照时间、地点、标准、形式等绩效要求彼此间层层匹配,最终实现企业的效益和发展。这个协同的主线是以价值链框定下的业务链为主的体系，利用设备、人力资源，将物料和材料制成可用的产品，实现资金的回笼，这样就形成一个不断升级的良性循环。各项工作成果的协同形成各专业的效果、各专业的效果协同形成各职能的效能、各职能的效能协同形成企业运营的功能、各企业运营的功能协同形成企业的经营业绩、各企业的经营业绩协同形成整个产业的发展格局。

三、协同角度组织的组成单元

不同的经营协同目标需要不同的协同方式，不同的协同方式本质上就是不同层次绩效与效能成果之间的协同，而这需要能完成相应层次绩效与效能成果的作业单元进行协同。比如，质量保障需要采购、检验、生产控制等多项职能的专业工作成果协同保障，成本的控制更是需要众多的职能专业工作成果协同完成。当然，全产业链企业的各个业务环节也必须根据整体的功能定位彼此进行协同才能实现产业链的正常经营运作，比如工业盐、氯碱、PVC（聚氯乙烯）、电石、乙炔、水泥的循环经济中各个产品的经营单元之间形成了另一种独立经营供应链的协同关系，而肉牛养殖中的种牛、繁育牛、食用牛、屠宰、有机肥、农业种植之间也形成了一种独立经营供应链的协同关系。

因此，不同的协同方式需要完成不同层次的功能，也就需要不同层次的功能单元去实现相应的功能。

第二节　企业组织协同的类别与单元

对于企业来讲，规模越大、业务类别越多，其经营的复杂性越大，功能的层次性也越多，进而其协同的类别和体系性也就更加全面，其协同单元的层次也就越多，类别也就越多。当然，有些大型企业里，其下属的经营单元在业务上未必都是需要彼此协同的，也有的经营单元和其他的经营单元没有联系，但这不影响我们对企业协同关系的研究，毕竟也有很多经营单元是协同的。

我们把企业的协同关系按照企业绩效成果类别由高到低分为资产性协同、资本性协同、产业性协同、经营性协同、功能性协同、专业职能性协同（专业协同及职能协同）、专项工作性协同、作业性协同八个层次。

每个层次的协同都是指通过在企业经营组织体系中层次、层面性能的交互协同作用，综合完成更高层次的整合性性能。

一、资产性协同（同一投资者）

资产性协同就是指各个协同单元彼此之间没有既定的行政管理权和治理管理权关系，也没有具体业务上的协作关系，更没有既定的契约性协同关系，而只是由于各个经营单元的法定管理者或者被授权管理者都是同一个团队，比如同一个投资者、受同一个政府部门管辖或者彼此合作的经营者等，这个团队可以根据经营的需要或者自己的意愿调动各个单元并使其在业务方面进行协同、配合或者提供支持。这种协同往往是临时性的或者针对某一特殊事项的，比如临时资金的拆借、某个事情的站台助阵、某次商业战役的助攻、新业务公司的凑数型参股等。

二、资本性协同（在同一资本增值运营体系下）

资本型协同就是在同一资本增值运作的行政管理权限下，各个经营单元的协同。所谓的同一资本增值运作，就是指从资本增值的角度看，这些经营单元是互相匹配协同的。在资本型协同关系下，资本增值经营负责人从整体资本增值最大的角度出发，统筹考虑所管辖的所有经营单元，通过对所有管辖经营单元经营模式、经营策略和方法的协同化布局，实现资本增值的最大化、价值增值的最大化。这种协同的主要方式是一定时间段内各个业务之间在资本增值形态上的有效匹配，匹配的效果就是资本的整体增值是最大的。比如委托新品研发的资金投入，是由资本证券增值的方式转化为资本新技术增值的方式；将已有业务进行出售，回笼资金进行孵化风投，是把业务经营的资本增值方式转化为风投估值溢价的资本增值方式。

三、产业性协同（各产业经营单位为协同单元）

产业性协同就是指有多个产业板块的经营单元，为了实现整体的最好发展，将各个产业板块作为协同单元，企业整体发展中需要各个不同产业进行配合、联合的协同化发展，特别是对那些采取相关多元化和协同多元化产业布局的集团性企业，比如构建全产业链的养殖集团企业、像乐视一样以构建产业生态圈为业务体系结构的企业、像美的一样以技术或者品牌为相关要素的相关多元化集团。这类企业需要在各个产业业务的发展中做出协同性的安排，以构建产业最佳的发展格局。

对于产业性协同的企业，其协同单元是各个独立的经营单元，可能是子公司、子集团、事业部等。具体的协同方法包括独家内部供货、独家资金保障、提供最佳营销平台位置、开辟最佳智慧物流通道、给予最优惠融资、租赁条件等。

这个层次的协同，需要资本经营总部做出统一的布局和安排，这种协同关系往往是协议性的、交易性的，但也具有关照性、支持性。

四、经营性协同（各业务经营单元为协同单元）

集团性企业按照内部各个业务的关联关系一般分为业务一致化集团企业（业务性质一样）、相关多元化集团企业（业务的某些职能相近或一样）、产业链协同多元化集团企业（业务之间是上下游关系）、生态圈多元化集团企业（业务之间是生态互动关系）。经营性协同就是指为了更好实现集团性企业的经营目标和发展战略，需要集团企业内部各个子公司或经营单元在经营上是互相协同的，协同的具体方式包括同类资源共享、同类职能共享、同类技术共享、上下游支持、生态式促进、专业效能延伸、组合型产业孵化等。协同的效果就是让业务资源发挥最大的作用、互相促进提升、形成新的业务模式、低成本发挥专业职能效用等。

五、功能性协同（以组织的各运营功能为非实体协同单元）

功能性协同就是指为了实现业务经营单元既定的效益目标和发展目标，需要企业各个方面的运营功能组合搭配起来以实现企业经营目标所需要的结果，这些功能包括质量、成本、供货、客户服务、新品升级换代等。

功能性协同的方式就是组合实现为市场客户创造价值、企业经营效益、企业发展价值的目的。功能性协同的效果就是取得市场和客户的认知和认可、为客户真正地创造价值、实现企业业务的高效产出、实现企业经营价值的增值等。

六、专业职能性协同（以专业工作、专业职能为非实体协同单元）

专业职能性协同就是为了实现某项功能，由几个专业职能工作根据各自的专业作用，共同协同与合作，实现功能所需要的性能。比如为客户即时送货这项功能，需要由及时采购、及时生产、及时发货、安全运输等几个环节共同组合完成。而采购、生产所具有的功能不仅仅是为客户即时送货，还有控制成本、保证质量等其他的功能。而及时发货、安全运输这两项功能又要由仓库规划建设、仓储管理、运输车辆配置、车辆调度分配等专业工作组合完成，仓库规划建设、仓储管理、运输车辆配置、车辆调度分配等专业工作可以统称为物流储运职能。每项功能都是由多个专业职能共同完成的，每个专业职能也同时为多个功能发挥效用。

专业就是同类技术和知识的工作集合。在组织价值创造过程中，我们将主作用对象、主目标对象、主产出对象、主功能对象都一致的专业统称为一个职能，比如薪酬设计专业、绩效考核专业、选拔甄选专业统称为人力资源管理职能，税务管理专业、出纳管理专业、会计记账专业统称为财务管理职能，市场宣传专业、渠道管理专业、商业洽谈专业统称为市场管理职能。

专业的协同实现职能，职能的协同实现功能，但生态式协同组织中强调的是无指挥、无行政层级，因此把职能部门这一级去掉，直接由作业单元代替科层制组织中岗位、职级、职能部门的设置，有的作业单元发挥专业的作用，有的作业单元发挥职能的作用，作业单元的工作成果之间的协同直接实现了功能，取缔了科层制组织中各个专业岗位需要通过职能部门负责人的协调才能协同实现功能的过程，把专业协同和职能协同合并在一起了。

在企业的生态式协同组织中，整体的组织模式就是3×3的结构，第一个3，就是资本经营层、产业经营层、业务经营层三个经营层面；第二个3，就是每个经营层里面由包含了经营负责人层、功能负责人层、作业单元层三个具体的人员配置层面。但这种组织的总层级并不是3×3＝9，每个经营层是独立的，只是贯彻上一层的战略意图，并不接受所有经营层的业务指挥。每个经营层内部，经营负责人和功能负责人形成整体的经营规划，确定方向和模式、制定机制，作业单元层之间自主开展协同工作，只是按照上两层确定的方向、模式和机制开展工作，并不接受上两层的作业指挥。

七、专项工作性协同（以专业中的各专项工作为非实体协同单元）

专项工作性协同就是指在一个复杂的专业里，如果涉及的专项工作比较多，就需要各个专项工作之间进行协同，以完成该专业的性能。比如市场调查这项专业工作，在传统模式下，就包含方案策划、问卷设计、问卷调查、问卷统计、分析整理等几项专项工作，这些专项工作共同构成了市场调研工作；在大数据时代，则包含确定调研的目标、体现目标的数据指标、确定数据的来源、收集数据、统计分析等专项工作。多项专项工作可以由不同的作业单元负责，也可以由一个作业单元统一负责。

在万物互联时代，由于知识的获取非常容易，而且被智能化替代的工作也非常多，因此专业里面的全部专项工作更容易由同一个作业单元甚至是由同一个人来负责。由于整个专业工作由一个人或作业单元负责，减少了科层制组织专业分工模式下合作协调的麻烦、不同意见的妥协、信息沟通的误解等不利因素，这样就更容易把专业工作做好、做专、做精。

八、作业性协同

作业性协同就是指，由于一个专项性工作的工作量一贯太大（不是临时的），仅靠一个人无法完成，需要几个人共同来完成专项性工作的作业。当然也有的情况是由于能力强的人员比较少，只能由其带领几个能力差一些的人共同完成相应的专项性工作的作业。作业性协同既可以是几个人分别负责不同专项工作的作业，共同形成一个专项工作的作业单元，比如组成新产品开发的项目组、提高产品质量的质量小组；也可以是几个人一起去完成某个工作量很大的专项性工作，形成一个专项工作的作业单元，比如大型仓库的智能作业管理组、大型车间的智能加工中心管理组、森林无人机巡查小组等。

企业不同的经营层面和工作层面，需要有相应层面的协同单元按照相应的协同规则进行协同。

第三节　生态式组织协同作用的方式

协同作用的方式就是该协同层次的各个协同单元之间，以什么样的成果和什么样的方法共同作用，以取得更高一层的绩效和效能成果。

一、资本性协同作用的方式

资本性协同就是从资本增值的角度布局各经营板块的经营方法，协同作用的方式一是协助进行股权融资，二是协助进行创投孵化，三是提供资金进行股权投资，四是提供资金进行收购和并购，五是通过资本运作协助业务结构转化升级。

二、产业性协同作用的方式

产业性协同，就是企业经济体各个产业板块互相促进，实现整体的最好发展。其协同作用的方式一是人才和专有服务的输出，二是资本依据各产业的生命周期在产业间的内部转移，三是资金的互相支持，四是关键竞争时期的助攻支持。

三、经营性协同作用的方式

经营性协同就是通过产业板块内各业务性经营单元之间的协同，实现产业发展价值的最大化。经营性协同作用的方式因产业板块各业务间关联方式的不同而不同：

同一型的产业板块，其内部各个业务是一样的，协同作用的方式一是规模影响力的发展，二是资源和技能效能的低成本扩散，三是产品服务的调配与统筹。

相关型的产业板块，其内部各个业务之间有相同或相似的部分，但是属于不同的产品和服务，协同作用的方式一是资源和技能效能的低成本扩散，二是拓展更多的发展机会。

协同型的产业板块，其内部各个业务之间是上下游的供应关系，协同作用的方式一是平衡产业周期的波动，二是避免供应链威胁，三是生态式发展，四是拓展更多的发展机会。

生态圈型的产业板块，其内部各个业务是整体综合价值的共同创造者，但彼此是独立经营又互相提供支撑和协助的，在经营上可以互相促进，在对价值生态圈的管控力上是互相竞争的。协同作用的方式一是互相提供资源，二是互相提供客户，三是互相提供便利等。

四、功能性协同的方式

功能性协同就是各项功能组合实现企业的经营目标，协同作用的方式一是突出最能让客户满意的功能，二是突出价值创造的边际效用最大的功能，三是采用能使市场竞争力最大的功能组合，四是采用战略发展潜力最大的功能组合，五是采用能使投入产出比最大的功能组合。

五、专业性协同作用的方式

专业性协同就是通过各个专业工作成果的组合实现企业经营所需要的功能，协同作用的方式主要是通过各自的专业成果，分别为一个或者多个预定的功能发挥自己的专业作用；或者多个专业的专业成果，共同实现一项或者多项功能。比如防火沙管理、灭火器管理、危险气体探测器、电源安全管理、明火安全管理、危险气体泄露的应急管理的专业工作共同发挥了防火灾功能。

六、工作作业性协同作用的方式

工作作业协同就是通过各类工作的开展取得专业性的工作成果，各类工作发挥协同作用的方式主要是作为工作程序或者作业规程中的一部分，没有这部分的工作，就无法取得专业的成果。比如试验量具的清洗，如果没有这一步的工作，试验的成果就不可能准确；再比如食品封装前的探针检验，如果没有这一步的工作，封装的食品中就容易混入金属物，对人体造成伤害。

第四节　组织协同类别与单元的变化

一、规模成长带来的变化

企业规模的成长就是在原来业务结构不变的情况下，区域范围、市场范围、产品线范围的成长。规模成长带来的变化是区域化业务组织的增加，即在更多的地区和区域设立相应的业务，在相应的地区设立具体的业务作业组织，新成立的业务作业组织内部会形成紧密的自协同关系，并在当地开展业务服务，而这种紧密协同型的职能服务作业工作也会在当地设立并配备相应的作业单元。但是另一种非紧密协同型的职能服务作业工作，只有当规模拓展得很大时，才会设立新的作业单元去承担大量增加的工作，但新设立的非紧密型职能服务作业单元不属于新成立的区域业务组织的内部作业单元，而是服务于多个区域业务组织。随着区域型业务组织的增加，原来服务于一个业务组织的作业单元，在工作量过大的情况下，会独立出来成立一个专门的服务单元以服务于更多的区域业务组织单元，如激励工作作业单元、工艺管理作业单元。而原来处在同一作业单元中的专项工作，也可能会独立出来成为一个作业单元并服务于各个区域的业务组织，比如仓储物流作业单元中的仓储专项工作。同时，随着区域业务组织的增加，协同类别就会在原来功能协同、专业职能协同、专项性工作协同、作业协同的基础上，衍生出经营性协同、产业性协同，甚至衍生出资本性协同。

二、业务结构相关多元化带来的变化

业务结构相关多元化就是利用原有业务的技术、生产设备和消费市场，去经营发展与之相近的产品服务和业务。业务相关多元化经营状态下，相近或者相同的专业职能是作为整体受到统一管理的，比如品牌建设、相同技术的研发、相同器件的生产（如家电遥控器）等。相关多元化后，经营专业性的效率体现在不同区域、不同行业、不同品牌的经营性业务组织中。不同行业的业务经营组织在专业职能的配备上有很大的独立性，在单一业务的情况下，会进行功能协同、专业职能协同、专项性工作协同、作业协同和经营性协同，而在相关多元化的情况下，业务经营协同单元之上，会增加产业协同单元，因此就会增加产业性协同、资本性协同乃至资产性协同。

三、业务结构协同多元化带来的变化

业务结构协同多元化就是按照供应链的关系，将企业经营的业务范围向供应链的上下游进行扩张，协同多元化的各个业务往往属于不同的行业，其在技术、品牌、生产、服务等方面没有太多的共享性，因此协同多元化集团只具有通用的专业职能，比如激励管理、融资管理、通用设备管理等，而这些通用职能也会形成独立的专业职能作业单元，服务于各个业务经营单元。企业采取协同式多元化经营时，其组织运营的协同方式和协同单元的类别同其产业协同经营的方式有关。由于资源的局限性和活力的集中性，在协同多元化的各个业务中，一般会有一个或几个主体的经营业务，这些业务规模都比较大，而且独立面对市场并具有一定的地位，其他的业务则是支持、辅助与孵化性的业务，虽然也独立经营，但是仍然以内部供应链关系为主。当一个企业从单一业务转向协同多元化时，其协同单元就在原来的功能或经营协同以下的所有协同单元基础上，增加了经营协同单元、产业协同单元、资本协同单元，其所有的经营业务以及整合的专业职能之间，也会产生提供专业职能服务的职能专业协同、提供产品或服务的功能性协同、共同推动产业发展的经营性协同、共同推进全产业发展的产业性协同、共同推动资本增值的资本性协同。

四、业务结构生态圈多元化带来的变化

产业的生态圈多元化是指一定区域范围内，产业类别的结构基本满足了企业生态群落的需求，即终端产品、主体配套、技术研发、融资、装备供给、人才服务、公共服务、信息服务等各个产业的相关联的主体业务都有相应的经营企业。这些业务的经营企业之间互相需要、各自发展、互相促进、共同提高，使整个区域内企业形成一个共同进化的生态群落。而在同一资本下业务结构的生态圈多元化，就是指各个业务经营单元之间既是独立经营的，又是互相促进、共同进化的。具体来讲就是每个业务经营单元发展一项或几项自己的绝对优势能力或职能，而不足的能力或职能由其他业务经营单元的绝

对优势能力或职能共享或者弥补；或者投资一个或几个可共享的绝对优势能力或职能单元，由各个业务经营单元共享使用，向外开拓业务和市场。

生态圈多元化和相关多元化、协同多元化不同。相关多元化只是对相同专业和资源的共享，是为了实现资源效能最大化；协同多元化是沿着产业链构建联合型企业，实现保证供给、优势独享和平抑产业链兴衰周期的作用；而生态圈多元化的作用是推动生态式循环进化式共进，循环的单元就是生态圈多元化业务中的每个业务经营单元，进化式共进的方式就是每个业务经营单元的提升会带动其他业务经营单元的提升，多个业务经营单元的提升就会带动每个业务经营单元多方面的提升。

因此，在同一资本下的生态圈多元化集团中，各个业务经营单元之间是经营性协同、产业化协同的关系，根据投资者的意愿偶尔也会有资本性协同和资产性协同的关系。

五、业务结构非相关多元化带来的变化

业务结构非相关多元化的集团企业，各个经营业务之间几乎没有关联性，都是独立经营，在相关的专业职能上也配置齐全。非相关多元化的集团企业中，每个产业经营单元内的协同关系和协同单元按照其业务关联关系设定；各个不相关的产业经营单元之间和通用职能之间，只存在专业职能协同、产业性协同、资本性协同和资产性协同关系。

六、经营策略调整带来的变化

企业经营策略的调整是指在同一业务结构体系下，经营效益的来源方式和竞争优势的结构发生了变化，比如从低价大批量到高价小批量，从产品跟随模仿时的低价策略到产品自行创新时的高价策略，从配件的外协到配件的自产等，这都是经营策略的调整变化。经营策略调整引起的组织运营的变化，主要体现为专业职能性能的变化：产品跟随模仿时采取的低价策略，对产品开发的要求不高，但是对制造和采购成本控制的要求高；而产品自行创新时制定的高价策略对产品的研发要求很高，当然对生产和采购的要求高，但比对技术的要求低一些。虽然有这样的变化，但是彼此之间的协同关系并没有发生变化，都是专业职能协同和功能性协同，可能协同的规则会发生一定的变化，比如新品的开发决策规则，可能会由市场人员的主导决策转向行业专

家的主导决策。但如果是从配件的外协到配件的自产这种调整变化，虽然其中的协同关系仍是专业职能协同和功能性协同，但由于组织内部中协同单元增加了配件的设计作业单元、生产作业单元，协同关系的数量也增加了一些，另外采购作业单元中增加了配件原料的采购工作，因此协同作业的内容也发生了变化。

第六章

组织生态式协同的运营体系

业务组织运营体系主要是指企业各方面业务和工作的运行与组织开展方式，其中包括需要开展的工作内容、需要达到的效能目标、工作分工的方法、工作与人员匹配的方法、各项工作开展的先后顺序、权限的分配与使用等。业务组织运营体系的布局与设计可以把各项工作按照一定的规则高效地组合起来，完成组织既定的发展目标。

生态式协同组织的业务运营内容和科层制组织的业务运营内容基本是一样的，但是生态式协同组织的性能定位和科层制组织是不同的，最大的不同就是每个人员工作的开展不是由上级管理的，而是按照规则和需要自行开展的，也就是常说的去中间层、去中心化。也就是说，生态式协同组织中工作的驱动方式、引导方式、绩效保证方式和科层制组织是完全不同的，后者基本上是由上级决定的，而前者是机制引导下的自我决定的。由于这一关键的不同，为了保证自主、积极、进取、协作、全局性、符合战略等工作效能要求，生态式协同组织形成了一套与科层制组织不同的机制模式匹配系统，见表6.1：

表 6.1　科层制组织和生态协同组织工作内容机制对比表

内容	工作形成机制	
	科层制组织	生态协同组织
工作目标	上级确定	机制引导的自行决定
绩效评定	上级评定	数据核算

内容	工作形成机制	
	科层制组织	生态协同组织
协作方法	上级审定	根据机制自行协商
工作创新	上级同意	根据价值规则自行决定
奖励激励	上级评定	根据价值规则核算
战略匹配	上级指挥	根据价值链功能自行匹配
工作分工	上级确定	根据区块链价值规则优化分工
工作单元	职能部门和岗位	作业单元
组建项目组	上级协商指派	自行协商组建

第一节　生态式协同组织运营体系的内容

从整体上来讲，虽然形式不同，但生态式协同组织也具备了所有组织应当具有的基本构成要素。而对于企业的生态式组织，其业务组织运营的内容主要包括以下一些方面。

一、确定成长与发展的形式

在现代商业经济体系中，人们发明创造了多种多样的经营模式和商贸形式，对于一个资本来讲，其实现增值的方式也是多种多样的，包括实业经营、股权投资、风险投资、证券投资、理财投资等。对于大型资本，如果把其资本增值的形式分拆、组合，就会有更多的资本经营和增值模式。当然资本的增值经营不一定非要以企业的形式进行，以个人理财的方式也可以。但是如果希望有大的发展，就必须以企业（法人）的方式进行经营。而以企业（法人）的方式进行经营，企业的成长与发展就是资本本身的形态转换与增值。

当然，任何一个现存的企业都有既定的经营模式，改变企业成长和发展模式也不是一件很容易的事。而且决定资本形态和增值方式、决定企业成长与发展形式的只能是资本的拥有者和企业的拥有者。即便企业是以生态式协同型组织的形式存在，除了所有者之外，其他人员都无权决定这个企业的成长与发展模式。但是有一点，就是企业的成长与发展模式会受生态式协同组织的持续渐变性改革的影响。当组织的经营运作模式通过持续渐变性改革调整为新的成长与发展模式时，所有者就不得不接受现实，有些所有者甚至会乐见其成。

二、确定企业的商业模式和战略定位

当以实体企业的方式决定资本的价值形态和增值方式时，就要按照实体企业的基本原理和规则运营。每一个实体企业都是处在一定的经济环境、产业环境和行业环境下的，为了价值增值的最大化，就要考虑企业的短期经营和长期发展之间的合理匹配，这就涉及企业"长远×全局"的系统布局，也就是商业模式、资本价值形态与经营战略。在"长远×全局"的格局中，整体事务是一种多维、交错、非线性、不可完全预测的发展进程，而且在各个进程阶段中，由于体系形势、各方力量和进程形式不同，企业方需要采取的策略和方式也不相同。

企业的商业模式和战略定位一般情况下也是由所有者决定的，但是生态式协同组织的一大优势就是自动适应外部环境、自动进行创新以提升竞争力，这种持续渐变性的业务升级和效能优化，使得企业不断进行自身资源积累和能力升级，从而进一步优化企业发展战略和商业模式。

三、确定一定阶段内的任务与目标

在企业经营发展的"长远×全局"格局中，整体事务是一种多维、交错、非线性、不可完全预测的发展进程，每个企业都无法一次性确定企业终生适用的商业模式和战略模式，只能在可预见的时间、环境范围内，尽最大的努力实现企业价值叠加（综合时间价值形式）增值的最大化。这就需要企业根据一定时间阶段内可预见的环境形势和自身的状态，确定该时间阶段内企业的任务、目标和策略，任务就是要做哪些事情、解决什么问题，目标就是做到什么程度，策略就是相应环境下自身行动、资源积累、力量提升、局势掌控的互动关系和模式。在该时间阶段的任务和目标完成后，整体环境的格局以及自身的状态都发生了变化，这样企业下一时间阶段任务和目标的高度、策略的强度就会获得提升。

四、确定功能的定位与形成方式

在既定的战略、任务目标、资源和策略下，生态式协同组织需要自行确定组织的功能定位和功能形成方式，组织功能定位就是需要实现哪些功能，这些功能实现了企业各个层面的经营目标；功能形成的形式就是如何形成所需要的功能。就是如何通过相关专业职能的协同来实现各类功能。

比如新品推出、质量、服务、资金保障、人才资源等，这些功能达到什么状态可以实现企业经营发展的目标。在既有的资源条件下，如何才能形成既定的功能，比如：资金不够的情况下，如何以股权激励的方式让人才发挥更大的作用；人才短缺的情况下，如何通过合作快速弥补新产品的短板；等等。

企业的资本经营层、产业经营层和业务经营层的运营分别需要不同的功能结构。资本经营和产业经营层涉及的功能结构包括两个方面：一是为实现资本经营和产业经营的成果整个业务体系需要具备的功能，二是资本经营层和产业经营层的组织需要具备的功能。

组织的各项功能之间的关系有多种状态，比如各项功能的关联性，就是各项功能之间如何协同来实现经营的效果；功能系统的顺序性，就是各项功能形成的先后顺序，以及各项功能之间生成的顺序关系；功能系统的优先性，就是各项功能对于企业经营的重要性和实现经营保障的顺序；还有功能系统的演变进化方式等。

五、确定组织的业务运行方式

在确定了组织的功能要求和布局之后，就需要确定组织的业务运行方式。组织的业务运行方式就是各个专业职能的安排与布局方式，其中也包含了作业单元的安排与布局方式。每一项功能都需要一个或多个的专业职能去完成，每个专业职能也可以为一个或多个的功能提供支持，通过统筹安排和布局，以最集约的方式布局生态式协同组织的运行。

比如为了实现对风投项目的有效考察，就需要对项目的商业前景、项目的发展进程、项目的核心成员、项目的估值预期、项目投资的可变现性进行合理的评估和评价。在这项业务中，功能是对风投项目的有效考察，功能要求是考察必须准确，使企业投资能够实现风险投资收益的最大化，这就要求开展项目商业发展进程分析、创业团队创业品质分析、项目估值成长分析、项目变现策略分析四个主要的专业职能工作。完成这四个专业职能工作需要运用不同的专业知识和思维模式，为了实现考察功能，这四个专业职能的作业单元应当如何安排是关键。如果把该功能扩大为找到最佳的风险投资项目，那就需要再加一个项目寻找的专业职能，以保证能够为企业找到更多的风险投资项目；如果把功能扩大为"完成一定数量的最佳风险项目投资"，就需要再加上风投项目投资的洽谈这一专业职能，以保证达成要求数量的风投项目投资。

六、运行规则管理

和科层制组织相比，上级领导的指挥管理在生态式协同组织中已经基本上不存在了，各个作业单元之间大量的协调、协作和协同均依据组织的运行规则自行开展，因此运行规则是生态式协同组织中最为重要的内容，是整个组织得以持续正常运行和升级的基本保障。

生态式协同组织的运行规则包括：经营发展的价值目标体系，具体内容有五年的发展价值目标体系、功能体系的定位、各专项职能工作与价值体系和功能体系的生成逻辑关系等；组织价值创造的分配体系，具体内容有价值创造的类别和明细、价值创造值的核算方法、价值创造值的兑现方法等；业务运行的决策模式，具体内容有确定各类业务的市场化模式、确定各业务离市场最近的作业单元、确定以离市场最近的作业单元为核心的基本决策模式；作业协同的实施模式，具体内容有临时改进项目组的组建方法、内部创客团队的运行方法、内部孵化器的运行方法、业务自行扩张的运行方法等。其他的还包括内部融资运行方法、内部合伙投资运行方法、价值区块链作业单元替换方法等。

七、信息体系管理

在生态式协同组织中，自主工作、自主协作、自主协同的关键是信息体系的管理，要让组织成员得到"各种自主"所需要的、足够的信息，要让组织成员能够在业务运营体系中有全面的认知、深刻的理解、系统的分析、整体的统筹、及时的应变、及时的改进、方向的稳定、行动的精准，只有实现了这些要求，再加上合理的分配机制，组织成员才能够自主、自动、自发地推进业务和工作的进展。

因此生态式协同组织需要构建基础信息数据库、职能绩效分析数据库、功能效果分析数据库、经营成效分析数据库等层面的数据信息体系，同时还要设计工作协调中交流沟通的平台体系，为组织成员构建全息的工作情境和景象，以此提升组织成员的工作效能。全息工作景象与碎片工作景象对工作效能的影响不同，如图6.1所示：

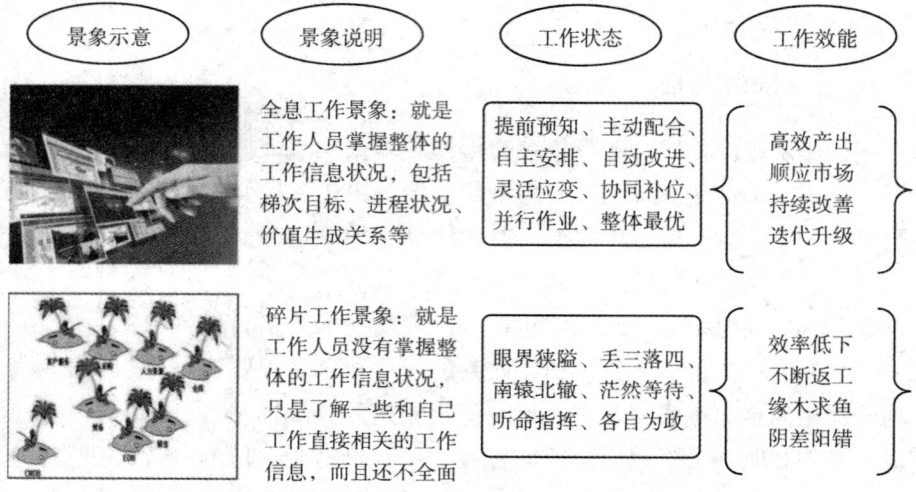

景象示意	景象说明	工作状态	工作效能
	全息工作景象：就是工作人员掌握整体的工作信息状况，包括梯次目标、进程状况、价值生成关系等	提前预知、主动配合、自主安排、自动改进、灵活应变、协同补位、并行作业、整体最优	高效产出顺应市场持续改善迭代升级
	碎片工作景象：就是工作人员没有掌握整体的工作信息状况，只是了解一些和自己工作直接相关的工作信息，而且还不全面	眼界狭隘、丢三落四、南辕北辙、茫然等待、听命指挥、各自为政	效率低下不断返工缘木求鱼阴差阳错

图6.1　工作景象对工作效能的影响

八、常规业务运营

常规业务的运营就是指企业在技术标准、供货关系、客户范围、需求、资源供给等相对比较稳定的前提下，为客户提供服务、创造价值等各项业务的运营。当技术标准、供货关系、客户范围、资源供给等要素发生突变时，就需要重新调整业务运营的状态，达成新的供给平衡，建立新的常规业务运营模式。

生态式协同组织要保证常规性业务的自主运营，包括订单管理、采购、设计、生产、发货、设备管理、技术服务、资金结算等。而其中发生的变动和波动，往往都是幅度微小的、涉及作业单元很少的甚至单个的作业单元就能应对解决的，而不是需要很多作业单元协同去解决的。比如交货时间的微调，由物流发货作业单元应对就可以了；某些器件的质量问题，由采购作业单元解决就可以了。

常规业务的运营运作，主要依靠的是机制体系的规则，而不是上级人员的行政指挥管理。

九、持续改善与深度创新

持续的改善包括专业作业水平的提高、协同效能的提高、功能的改善提高等。持续改善的方法包括价值区块链的换装与对接、内部改善项目组的建立、作业单元自行改善等。

深度创新包括运营模式的创新、技术体系的创新、效能模式的创新等。深度创新的实施方法包括创客体系的建立、持续的改善、功能协同单元的整体变革等。

十、业务的自行扩张

业务的自主扩张包括既有业务的规模化扩张、既有业务的相关多元化扩张、既有业务的协同多元化扩张、拓展新的产业等。生态式协同组织中建立的是业务的自行扩张机制，即业务的扩张是由组织成员自行推进的，而不是像科层制组织那样是由企业高层负责人决定并组织人员推进的。

生态式协同组织的运营体系中包含了业务的自行扩张内容，既有业务在安全的前提下，是能够进行自动、自主扩张的。

第二节　生态式协同组织运营体系的结构

一、经营层面的模式和结构

按照经营的专业化分工要求，生态式协同组织的业务运营组织结构总体上分为四层：资本经营层、产业经营层、业务经营层、作业运行层。这四个层面分别负责相应专业的具体工作。但是由于不同规模的企业所需要处理业务的内容不同，复杂度也不同，因此不同规模企业的生态式协同组织的具体结构也有很大的差别。在前面对生态式协同组织协同形式的介绍中，我们介绍了企业不同层面的协同需求与方式，而生态式协同组织的组织结构也是为了进行不同业务协同层面的区分而构建的。

大型企业的业务一般会涉及多个行业或者产业，在商业模式上也会有多元化的运行方式，而且资本性经营和实业性经营往往会结合开展，因此其经营性的生态式协同组织结构如图6.2所示。当然在具体的企业当中，不同形式的大型企业的经营性组织结构也不完全相同。比如产业链协同性集团、相关多元化集团、无关多元化集团，这些集团企业的经营性组织结构存在很大的不同。

在图6.2中的生态式协同经营性组织结构中，首先是资本经营层面的人员，这个层面的人员以资本增值的思维来进行经营。各种形态和业态的经营状态都是资本增值的一种具体形式，要根据资本增值最大的原则确定资本的具体经营形态。在此基础上，资本运作是实现企业各种资本经营形态转换和布局调整最主要的方法。

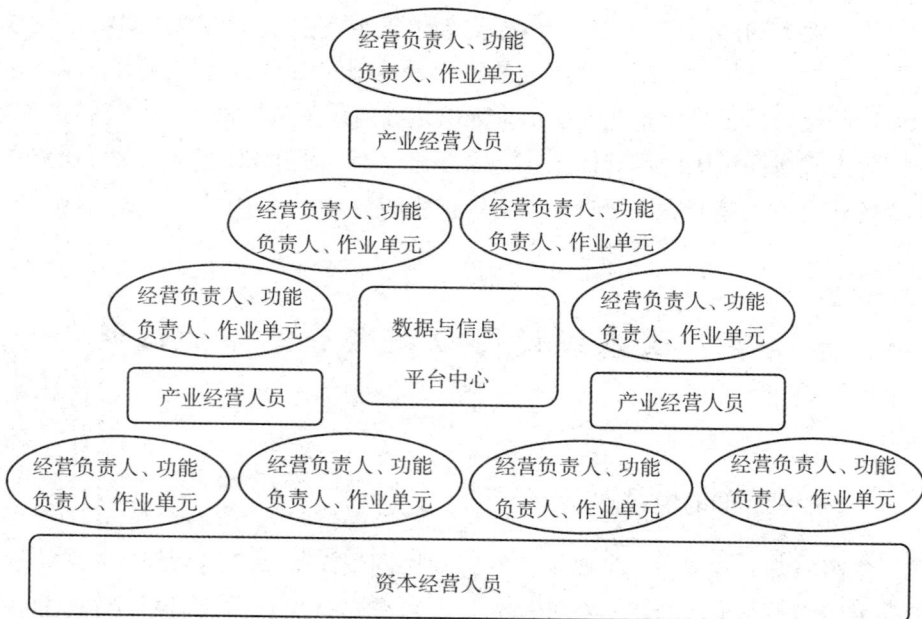

图6.2　大型企业生态协同型组织的三级组成结构

其次是产业经营层面的人员，其负责的是具体业务板块的经营管理。这些业务板块可能是实业，也可能是服务业，更可能是多项业务的组合。其管理的具体业务经营单元可能只有一个，比如研发中心，也可能有多个。这个层面的经营管理就是根据资本经营层对所负责业务经营板块的价值定位，负责该业务板块的经营效益和业务成长，以具体产品和服务的系统最优整合运营为主，一般不涉及资本运作的方式和方法。

最后是业务经营层面的人员，其负责的是某项具体业务的经营管理。这个业务可能是具有完整职能结构（产供销技全面）和彻底市场化的，也可能是不具有完整职能结构和部分市场化的。这个层面的经营管理就是根据产业经营层面的价值定位和模式定位，负责该项业务的经营效益和业务增长，以具体产品和服务的运营为主。

对于中型规模的企业来讲，由于其整体的规模不是很大，涉及业务的种类也不是很多，其资本的经营就是业务的经营，在具体的经营操作上仍然是以各类具体业务的系统最优整合运营为主，偶尔会采用一些资本运作方面的方法。因此对于此类企业来讲，其资本经营层和产业经营层或者产业经营层和业务经营层是混在一起的，其中以资本经营层和产业经营层混在一起的居多。有些更小规模的企业，甚至是三者混在一起的。中型企业经营性的生态式协同组织结构如图 6.3 所示。

在这个生态式协同经营性组织结构中，首先是产业与资本经营层人员。这个层次的人员本质上是负责整个企业的资本增值经营。但是这类企业在企业生态中的影响力不是很大，资源实力也不是很大，因此需要在具体涉足的业务上下大力气。这类企业的资本增值经营事实上就是业务增值经营。因此其产业与资本经营人员重点关注的是通过各类具体业务的系统最优整合运营实现企业价值增值的最大化。

其次是业务经营层面的人员，其负责的也是某项具体业务的经营管理。

而对于小型规模的生态式协同企业组织（300 人以下）来讲，由于其规模比较小，业务种类非常单一，经营中需要处理的事项也不是很复杂，因此其经营性的生态式协同组织结构就是由经营负责人、功能负责人和作业单元三个层面组成的，如图 6.4 所示。

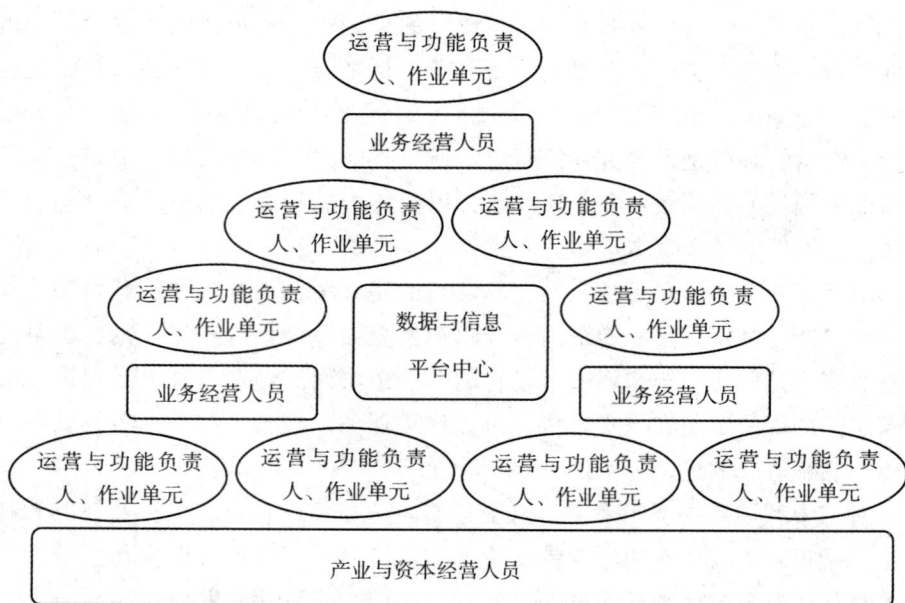

图6.3　中型企业生态协同型组织的三级组成结构

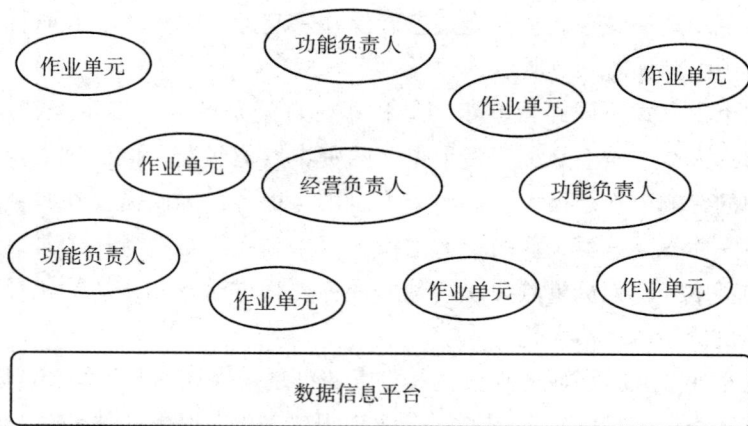

图6.4　小型企业生态协同型组织的三级组成结构

　　这些层面的人员负责的就是单一业务的具体经营和管理。

　　在大型和中型企业业务经营层面的组织结构中，也包括功能负责人和作业单元两个层面，但是从经营的范畴上讲，这两个层面的组织组成不是大型和中型生态式协同组织的重点。

二、各层级的组织结构

1. 资本经营层

在企业的经营管理中，从资本经营的角度来讲，资本经营层要做的事情主要包括以下几方面：

一是要判断资本增值的方式形态，包括已有的企业和需要纳入的企业。这要分析每个经营单位的经营价值和资本价值，在一定的经营规划期内，哪种资本增值的价值大就采取哪种方式。而这需要对产业战略管理、经营价值管理、资本价值管理进行相应的评估和决策。

二是要从整体资本增值的角度分析各个经营单元应当采取什么样的布局措施，是购入补充还是出售回笼资金，是投资建设还是引入资本。

三是要管理好各级的经营人才，为各种操作做好人才的管理。

四是要在操作过程中规避商业风险，合理安排资金资源并确保资金的充足。

在这样的定位下，资本经营层的组织结构如图 6.5 所示。

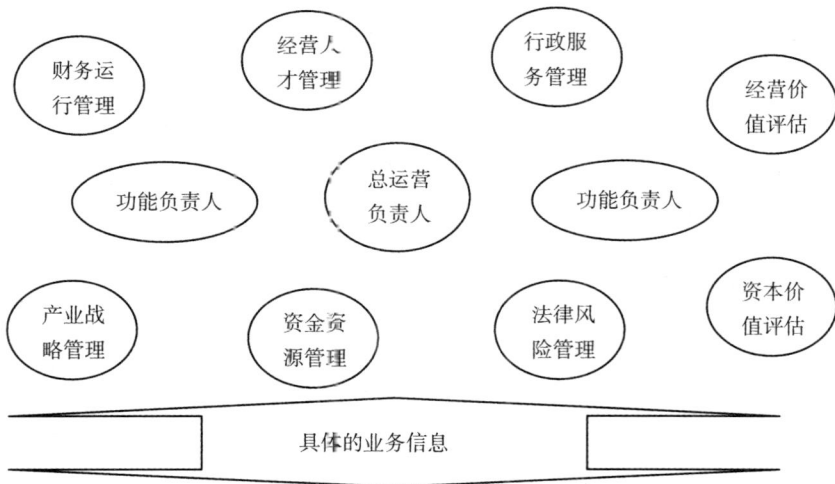

图 6.5 生态协同型组织资本经营层的组织结构

2. 产业经营层

产业经营就是通过具体产品和服务的经营管理以及相关业务的增长实现企业的增值。产业经营层需要做的事情有以下几个方面：

一是要评估和判断产业板块的发展格局和未来趋势，并结合企业自身的条件和资源情况，制定相应的产业发展战略和业务运营战略。

二是要根据企业运营系统最优的原则，结合产业板块中各个业务的性质和关联关系，合理规划整个产业板块的具体经营模式和业务运营模式，并布局产业板块内部各专业之间的协同关系以及生态式协同组织的模式。

三是要科学管理产业板块内的经营人才和关键人才，以满足产业板块发展对人才的需求。在生态式协同组织模式下，由于经营性人才和关键人才具有稀缺性，此类人才的管理和科层制组织模式下有很多相同的地方，包括培养、劳动关系确定、选拔标准等，但是一般人才管理和科层制组织模式有很大的差别。

四是为了产业板块的长远发展和整体价值的最大化，要对那些和产业板块成长发展密切相关的战略性资源进行科学的管理，以实现产业板块的资源增值，并储备后续的发展动力，这包括技术储备、人才储备和组织效能提升等。

基于以上的定位，产业经营层的组织结构如图 6.6 所示。

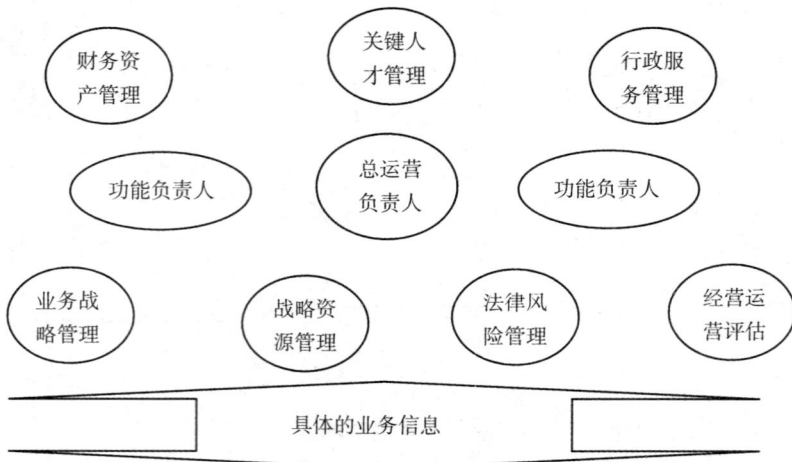

图 6.6　生态协同型组织产业经营层的组织结构

生态式协同——智能时代的企业组织管理

3. 业务经营层

业务经营层所在大型公司的体系布局和业务管控方式的不同，导致其具体业务经营单元的定位也不相同，比如采购是否完全下放、市场品牌是否统筹管理等。但是如果从一个独立经营单元的角度讲，其主要的工作内容如下：

做好本地区和本业务范围内的市场研究、确定好经营的策略和定位、不断适应外部环境的变化、做好客户的产品服务供应、不断改善和提高作业水平和运行效率、实现效益目标和推动业务的发展、处理好所在地区的社区关系、做好所在地区的形象塑造和品牌推广等。

在这样的定位下，业务经营层的组织结构如图6.7所示。

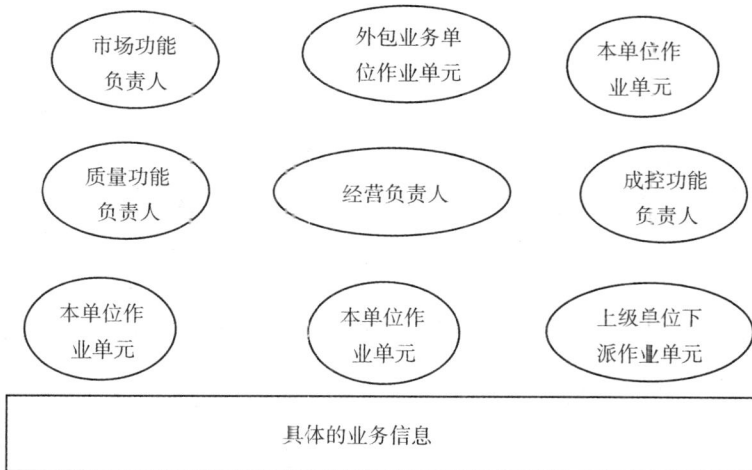

图 6.7　生态协同型组织业务经营层的组织结构

4. 产业与资本经营层

中型企业的生态式协同组织中由于资本经营层和产业经营层是整合在一起的，因此这一层级需要开展的工作就是资本经营层和产业经营层的工作，但是以产业经营层的工作内容为主，其组织结构如图6.8所示。

5. 作业单元层

按照生态式协同组织的基本原理，作业单元就是一些能够独立完成专业职能的工作单元，它们按照企业的相关规定和作业标准开展自己的工作。为

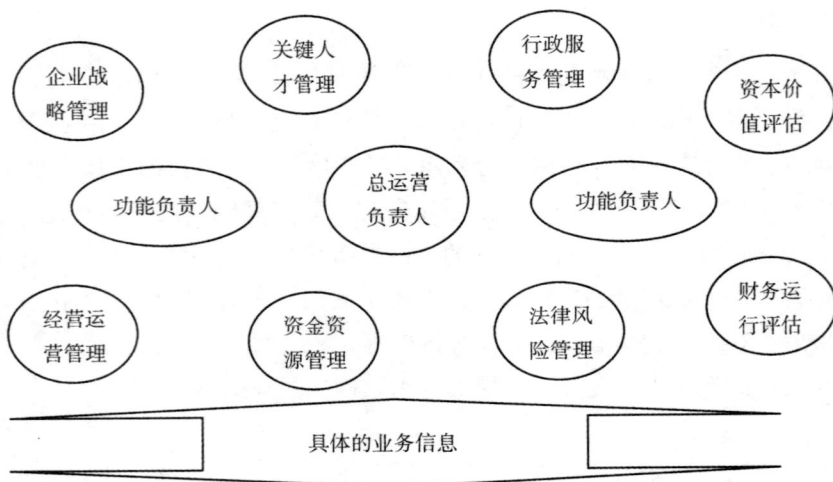

图 6.8　生态协同型组织产业与资本经营层的组织结构

了便于开展工作，作业单元分为个体作业单元、专业组作业单元、协同组作业单元。个体作业单元就是一个人形成的作业单元；专业组作业单元就是由3~7个专业技能同类但不同级的个人组成的作业单元；协同组作业单元就是由合作紧密、协调频繁的3~7个专业技能不同类但是同级的个人组成的作业单元。作业单元没有上级，只有彼此间的协商与合作。作业单元层的组织结构如图6.9所示。

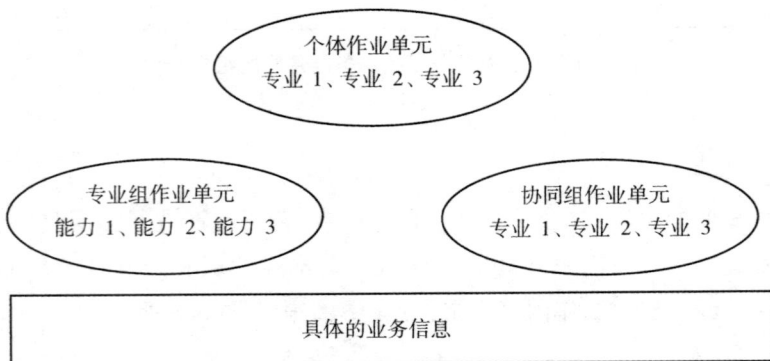

图 6.9　生态协同型组织作业单元层的组织结构

作为一个开放的经营性组织，生态式协同组织最大的特点就是一直处于动态的平衡状态，就是从某个短期的阶段（季度）来看，企业业务组织整体上讲是静态的，但是其中的某些部分却是一直在优化、调整、改变着的，观察的时段一延长（比如一年），其业务组织在整体上讲就是动态的，一直在变化着的。

三、工作与人员的匹配方式

由于需要保持组织动态的持续改进，在生态式协同组织中，工作与人的匹配不能按照定岗定编的方式来确定，因为那样就会固化组织的运营状态，使组织变得僵化、多熵、反应迟钝，而是要根据个人或者作业单元创造价值的能力来进行工作配置和职责配置。

按照生态式协同组织的原理，在具体的工作运行当中，需要通过对工作进行不断的改进优化，逐步实现整个组织的进化。工作的优化和改进带来的结果多种多样，主要包括：

一是某一作业单元工作的改进，合并了另一工作单元的工作，使另一个工作单元没有了存在的必要性。

二是某几个作业单元自动组合成一个新的作业单元，形成新的工作作业模式，使整个的工作运行模式发生了变化，进而导致相关联作业单元的工作方式发生了变化。

三是某一作业单元工作的改进，使企业某项功能的品质和生成布局发生了变化，进而使得一些工作单元没有了存在的必要性。

四是因为更强能力的人员的加入，该人员承担了原来需要多人承担的、需要不断沟通协调的多项工作，这样，原来的一些作业单元就可以简化、合并甚至取消了。

在这样的组织运行模式下，就不能采取定岗定编这样僵化、固化的人与工作的匹配方式，而是需要采取灵活变动的、以个人价值创造能力为主体的人与工作的匹配方式。

定岗定编模式下的工作与人的匹配方式，一旦岗位的职责确定了，就会长期不变。职位空缺时也会按照岗位责任和任职资格要求去招聘，招不到合适的就会导致薪酬、绩效、能力的整体匹配出现矛盾，进而影响人员的工作满意度、人员晋升、留人用人。而且定岗定编采取的是以岗位价值评估为主的薪酬体系模式。在这种模式下，每个岗位的价值是在企业整体价值下按照比例系数分配的，这样企业整体的价值总量就是固定的，不符合万物互联状态下企业价值持续升值的现实。

在以人的价值创造能力为核心的工作与人的匹配模式下，为了简单有效地衡量每个人或者作业单元的价值，采取的方法主要有两大类：一是按照创造的价值增值给予相应的激励兑现，二是根据承担职责的价值额度划定职能职级制，按职能职级给予相应的薪酬。职级的设定是没有上限的。

在生态式协同组织中，一个重要的概念就是"专业"。所有的人员都在完成自己承担的专业之内的职责，包括企业的总裁、董事等。这个组织中没有行政等级，只有专业定位。权力也是根据专业的要求来确定的，而不是根据个人的地位等级来确定的。

由于移动互联网以及物联网的兴起，在生态式协同组织中，只要精力和能力足够，每个作业单元都可以是多元化的角色，都可以承担多元化的任务，不是像以前那样在定岗的时候要把能力性质和作业方法性质相近的工作合并为一个岗位，而是可以把不同能力性质和作业方法性质的工作整合在一个人员身上。在未来智能化环境下，特别是由于 3D 打印技术的兴起，像泰勒科学管理中制针作业的分工工序已经不会再由人来承担了，甚至是已经不会再出现了。现在和将来需要由人处理的工作，基本上都是整合分析、判断和体系统筹性的事项，这类工作事项进行过度的工作细分反而不是好事，因为人们在进行分析、判断和决策时，需要更多的场景和信息，以便得出正确的评估和判断。

四、作业单元间的协调与衔接

在生态式协同组织中，每个经营层面都是由相应的作业单元来进行具体工作的运作的。而每个层面的作业单元之间也会根据工作的需要进行直接的交流与沟通。无论哪个经营层面的作业单元，彼此之间都是可以直接协调和衔接工作的，甚至可以根据工作的需要组成临时的项目组或者工作组，去解决相应的问题，实现相应的目标。

但是多个作业单元协同解决一项具体问题的时候，在没有科层制组织中上级领导的指派和安排的情况下，就会出现以下几个问题：

一是谁来发起解决问题的动议，并召集相关的作业单元参与进来。

二是如果相关的作业单元并不打算参与的话，那谁来鼓励其积极参与进来。

三是如何防止有的作业单元，特别是那些具有冒险精神的作业单元，随意或者胡乱地发起解决问题的动议。

在生态式协同组织中，首先是通过价值增值效益的分享这种利益的驱动提升各类作业单元价值创造的参与热情的；其次对于常规性的工作要求，就按照常规性的薪酬兑现的方法予以考核兑现。但是由谁来考核呢？自然是由万物互联下的大数据来考核评价，以及由组织中的功能负责人通过功能的实现情况来进行衡量。

由于同时设置了个体改进和整体协同改进两类激励措施，对于任何一个需要协同改进的工作事项，发起者可以首先联络相关的作业单元共同协作进行改进，当然这也涉及彼此的收益分配，能争取多少作业单元加入就由多少作业单元共同开展。即便没有别的作业单元愿意参加改进工作，发起者也可以独自进行相关的改进工作，因为在工作的改进上没有设置任何的边界和限制。

另外，由于协作改进的方式多种多样，在项目制无法实施的情况下，也可以采取协同的方式。最终，在功能负责人的协调下，整体的协同改进工作必然能够实施下去。

五、决策体系和机制

在生态式协同组织中，各类业务决策分为经营层面、功能层面和专业职能作业单元的协同层面。无论是资本经营层、产业经营层还是业务经营层，都存在着为经营层面、功能层面和专业职能作业单元的协同层面。当然有的企业里资本经营层和产业经营层都是很弱的，主体只有业务经营层。

在企业资本经营、产业经营、业务经营三个经营层面里，经营定位、功能定位都是由经营负责人和功能负责人共同商讨确定的，专业职能作业单元在功能中的作用是由各个功能负责人按照既定的价值定位共同协商确定的，目的是防止作业单元只顾自己的功能定位，保证在完成功能的同时避免过多的耗费，以精益化地实现功能定位。经营负责人和功能负责人的收益都和企业经营效益直接挂钩。

专业职能作业单元在开展专业职能工作、完成功能成效的时候也会出现意见不一致，这个时候就要以市场导向为原则，以满足客户的需求为主，以企业价值目标体系下的价值创造最大化为原则，同时以综合绩效分配为牵引，实现自主协商、自主决策。在遵循市场与客户导向的基本原则下，根据不同的决策内容，采取的具体做法也不一样。短期的作业以客户的订单需求为主，中短期的产品开发以市场需求周期和竞品的动向为主，中期的业务模式以行业和产业的演变为主，长期的商业模式和基础技术开发以技术革命性创新走势为主。

更具体地讲，订单交付、扩张市场和产品改进的相关决策可以由作业单元按照作业规则和客户导向协同进行决定；新产品开发、业务运营组织、短期综合效益的决策可以由功能负责人和经营负责人按照经营需要进行决定；基础技术研发、产业投资、五年期发展、应对体系竞争的决策可以由产业经营层和资本经营层按照整体战略需要进行决定。

六、跨作业单元自主协同创新的机制

跨作业单元自主协同创新是指由多个作业单元共同协作实现的创新，包括产品的创新、技术的创新、运营模式的创新、功能的创新等。跨作业单元自主协同创新的实现需要解决几个方面的问题：一是能不能认同、是不是理解、愿不愿意参加；二是价值增值效益如何分配；三是具体的工作怎么开展。

跨作业单元自主协同创新的范围可大可小，小的可以只有两个作业单元，大的可以有七八个作业单元，小的进行小创新快创新，大的进行大创新慢创新。跨作业单元协同创新应该遵循自愿的原则，愿意参与的就参与，不愿意的也不强迫。创新当然首先要有发起者，发起者召唤相关的作业单元探讨协商，最后确定跨作业单元自主协同创新的任务目标、任务分工、分配方法、协调机制等。

价值分配方法，一般都是要按照贡献的大小来确定，但是贡献大小的评定往往也难以达成一致意见，因此可以先按照作业单元既定的价值评价系数来确定，这样也可以引导组织成员尽最大的努力改进自己作业单元的工作，提升自己作业单元的价值比重。同时，作为管理价值的分配可以将价值增值收益的10%~15%分配给发起者和组织者。

跨作业单元自主协同创新的工作开展方式，可以按照项目制的方式，作业单元除了各自完成自己的常规性工作之外，还要按照商定的目标进程完成

自己所承担的任务，以便和其他的任务成果合并成为最终的目标成果。在工作开展的过程中，需要在企业的业务交流平台上建立项目工作交流群，并建立创新工作实施备案，以便录入企业价值成果归属记录系统以及企业价值增值核算系统，以确认价值成果的归属，保护组织成员的劳动成果和内部专利版权。

七、资源投入的机制

对于比较重大的改善和深度创新项目，有时候需要投入一定的资源，比如临时外聘人才、购买一定的技术专利等。怎样确定和获取预期的资源？在生态式协同组织中，可以根据改善与创新项目的大小决定投入资金与资源的多少。可以用业务合伙人的方式获取资源，由参与者和企业共同进行投资，投资的多少决定了价值增值部分的分配额度。价值增值的部分，除去企业既有资源分红外，剩下的按照参与人员的劳动付出（这部分没有工资）、参与人员的资源投入、企业的资源投入三部分进行相应的分配，其中劳动付出占50%，剩余部分按照资源出资的多少确定比例与额度。

当然，也存在组织成员邀请外部的人员参与，组织成员个人投入的资金从其他人那里众筹得来的情况。对于这种情况，一是需要众筹人员向企业公开，其次是要向参与众筹的人员说明风险，以免影响企业信誉和品牌。

八、重大矛盾冲突的解决机制

重大的矛盾往往指企业在经营定位和功能定位方面的冲突，这些冲突可以由各个经营层面的经营负责人解决影响。在作业单元的协同层面，重大的矛盾冲突往往发生在价值增值巨大，但是需要跨作业单元协同创新的事项上。由于这样的事项价值巨大，各个方面都不愿意妥协，同时也不愿意放弃。而从企业利益的角度，这类创新如果放弃不做的话损失也会很大。在这种情况下，就需要经营负责人、功能负责人参与进来，从经营定位的角度和功能定位的角度对跨作业单元的协同创新问题予以解决。

生态式协同组织通过以上分层次的经营协同与作业协同模式，保证了整体运营的持续正确、持续动力、持续改进。

第三节　生态式协同组织的运营方式

按照我们对生态式协同组织的设计，整个企业组织按照经营层面分为资本经营层、产业经营层、业务经营层、业务功能负责，每个层面都包含具体的作业单元。在这样的划分下，企业各个具体运营层面的运营方式都是不同的。

一、资市经营层的运营方式

资本经营层的核心作用就是确定企业资本增值形态的布局，并将这种布局进行落地实施，以实现资本增值的最大化。

资本增值的形态包括实业经营、资本运作、风险投资、债券、（大宗物资）商业贸易等。每一种资本增值的形式涵盖的内容都很广泛，绝大部分都以具体业务经营的方式存在。

为了实现资本增值的最大化，资本经营层需要具备的功能就是，准确判断各个产业板块的业务经营价值增值状况和资本运营价值增值状况，募集足够的资源去贯彻实施产业板块资本的增值，按照既定的设想和规划完成业务经营操作和资本运营操作。为了实现这些功能，资本经营层人员要完成以下工作作业：

（1）在社会经济环境下，了解整个社会价值与资本增值的过程和循环体系，弄清楚社会价值与资本循环链的构成。

（2）要完成自身资本增值形态的分析和研究，以确定合理性与不合理性。

（3）要完成对自身资本增值形态进行转换可行性的分析和研究。

（4）要最终确定自身资本增值应采取的形态。

（5）要保持在资本增值形态转换方面的能力、渠道与方法。

（6）对于需要进行资本增值形态进行转换的业务，组织实施并操作完成。

（7）构建并维护资本增值形态转换需要的资源和关系。

根据以上的任务职责，资本经营层人员需要形成几个独立的作业单元，分别负责社会经济体系研究、产业发展研究、业务板块战略发展研究、资本运作体系研究、产业与业务经营人才管理研究、资本资金资源管理、基本的财务行政管理等内容。这些内容根据企业业务的范围包含了相应的经济体（国家、地区、联盟），作业单元可以是企业内部人员，也可以是外部战略合作的机构或者人员。

在具体的运作上，各个作业单元分别负责完成自己的工作任务并出具工作成果。资本经营层的负责人根据各方面的研究以及自身的条件和资源，最终确定资本增值的形态，包括需要并购什么业务，需要出售什么业务，需要将哪些事业资本转换成证券资本等。一旦做出决定之后，就由相应的作业单元去实施。

二、产业经营层的运营方式

产业经营层的核心作用是通过产业经营的方式，实现本部分资本增值的最大化。产业板块化集团的构成形式包括一致化集团、多元化相关集团、产业链协同多元化集团、非相关多元化集团、平台化业务发展集团、商业模式协同化集团等。

为了通过产业经营的方式实现资本增值的最大化，产业经营层需要具备的功能包括：认清产业发展趋势、制定正确的产业板块发展战略和发展模式、引入经营管理人才、合理设置与产业业务结构匹配的产业经营模式、构建科学合理的运营体系。其对应的工作内容如下：

（1）对产业的社会前景进行研究。

（2）对产业的发展趋势进行研究。

（3）确定产业的发展战略与效能、价值模式。

（4）确定产业板块中各个业务的协同发展关系。

（5）市场层次的转换与移动。

（6）产业链的延伸与扩张。

（7）既定业务的扩张与垄断。

（8）产品与服务通过创新占据利润高峰期。

（9）跟上产业发展趋势占据产业高态势。

（10）通过竞争淘汰对手。

在以上的职责定位之下，产业经营层人员需要组成以下独立开展工作的作业单元，即产业发展研究、企业发展战略规划、企业经营性人才管理、企业财务资金管理、企业经营绩效与效能管理等。这些内容根据产业板块的经营定位，其业务范围可能在一个国家内，也可能是跨国家的。

在具体的运营上，各个作业单元需要进行产业研究与分析、战略规划与各业务经营单元的经营定位、制定业务扩展与延展策略等。在此基础上，产业板块负责人要做出决策，并由相应的人员落地实施。

三、业务经营层的运营方式

业务经营层就是具体负责某类产品和服务的业务经营单位，其提供的产品和服务可能在大范围内销售，也可能在一个区域内销售。

业务经营层是具有经营性质的最基础的层级。

业务经营层里面的经营负责人、功能负责人、全部的作业单元构成了业务经营的生态式协同组织，他们分别负责业务经营层面不同经营专业的内容。经营负责人的经营专业是分析业务经营所处的整体环境，制定相应的经营策略和措施，并以此来满足市场和客户的需要，形成卓越的市场竞争力，推动经营利润上升和业务的不断扩张。功能负责人的经营专业是根据经营负责人确定的经营策略和市场策略，一方面要共同商讨企业的何种功能定位可以实现既定的经营策略和市场策略；另一方面需要确定各个职能的专业工作需要做到什么程度，才能够协同形成所需要的功能；此外还要督导各个作业单元的作业运作，以保证相应功能的实现。

生产制造型的业务经营单位的目的是实现资本增值的最大化。因此该单位需要短期内实现当期利润，长期内积累战略资源、协同产业扩张等，同时还要保证不破坏社会价值，比如不危害社会安全、环保、健康等。因此其主要的功能包括客户订单交付功能、产品产出功能、质量保证功能、成本控制功能、安全环保保障功能、劳动保护功能、物资管理储运功能、知识管理功能、创新改进功能、运营效能管理功能、业务拓展扩张功能等。这些功能的具体实现由企业的各个作业单元承担。为了便于整体的统筹，我们将上述的基础功能，整合成几个综合功能，如供应链功能、客户市场功能、组织运营效能功能、扩张发展功能等。功能负责人的作用不是去实现功能，而是统筹策划，系统地设置作业单元，促进各项功能的完成。为了便于决策，功能负责人的数量不能太多，对于一个350人左右的企业，3~5人就足够了。

供应链功能就是保证如何向市场和客户及时可靠地提供产品和服务，涉及的专业职能和作业单元包括采购、外协、设备、工艺、仓储、质量、运输、生产、安全、工艺生产创新等；客户市场功能包括品牌、宣传、渠道、电商、社群、公关宣传、投标竞标、自媒体、激励政策、定价、产品改进、沟通管理等；组织效能功能包括人员管理、区块链价值增值单元更替管理、运营与作业价值管理、组织管理、后勤行政管理、财务管理、计量管理、环保管理、劳动保障管理；扩张发展功能包括技术创新、并购、合作、业务拓展等。一般情况下，业务经营单元的经营负责人负责整体的运营管理并且负责扩张发展功能，其他三个功能各有一个功能负责人负责。

在作业单元的层面上，根据企业经营的需要和功能的定位，设置相应的作业单元承担相应的工作和职责。

供应链功能体系具体包含了采购作业单元、物流运输作业单元、仓储管理作业单元、工艺管理作业单元、设备维护与操作作业单元、搬运装卸作业单元（智能化环境下为设备操作）、外部协作管理作业单元、质量管理作业单元、配方设计作业单元、安全体系作业单元等。

市场客户功能体系具体包含的作业单元有：各类场景资源开发的作业单元（包括微信群、电商平台、线下实体店、各类场景活动作业单元、线上游览体验设计作业单元等）、媒体公关作业单元、解决方案框架设计与沟通作业单元、商务投标作业单元、客户应用服务作业单元、客户互动平台管理作业单元（使用方法交流区、产品设计交流区、体验感受交流区、技术指导交流区、问题反馈交流区、客户问题有奖回答区、投诉管理区等）、自媒体管理作业单元（公众号、网站、博客、搜索引擎、专业交流区、专业灌水平台、抖音等短视频平台、相关知识交互平台等）、客户特殊专业服务作业单元等。

组织效能功能体系具体包含的作业单元有：分配核算作业单元、劳动政策管理作业单元、区块链价值增值替换管理作业单元、会计作业单元、出纳管理作业单元、后勤管理作业单元（具体操作均外包）、融资管理作业单元、人才能力管理作业单元、信息体系管理作业单元等。

在扩张发展功能体系下，由于其需要解决的主要问题是新市场的前景考察、自身资源和能力分析、具体的实施与操作，这些工作可以由已有的功能负责人和作业单元完成，比如产业经营层也会开展产业发展趋势的研究与分析，因此不需要设置新的作业单元。

业务经营单元负责人与功能负责人，根据市场竞争情况、原料供应情况、物流保障情况、自身工艺设备生产的性能状态以及"价本利"互动的测算结果，确定客户订单交货规则、市场定价规则、原料供货规则、（第三方）仓储物流服务规则、外协单位合作规则、技术质量价格数量服务之间的最优协同规则等，并确定内部关键职能的作业绩效要求，包括产品改进能力、生产质量保障、设备状况维护、配方工艺保障等。在此基础上，市场客户功能负责人确定客户开发对象、渠道代理政策、价格实施政策、投标政策、技术服务政策、市场人员（包括自主经营体）激励政策等内容；供应链功能负责人根据既定的客户订单交付规则、供应商供货规则、（第三方）仓储物流服务规则、外协单位合作规则等，规划确定各个相关作业单元的基准绩效指标等；组织效能功能负责人确定各类激励政策、区块链增值作业单元替换方法、各类价值增值的核算方法与兑现方法、各类辅助作业的绩效核算方法、数据结构模式与信息流动方式等。

任何一个作业单元都可以承担多项、多类别的工作，比如可以同时承担总账会计、成本会计、税务管理的工作；也可以同时承担成本会计、价值增值核算、分配核算的工作。

同一种工作可能涵盖多种内容，如采购工作有很多具体的采购内容，各种采购内容的采购方法和采购模式也不相同。这种情况下，不同类别的采购可以由不同的人员承担，形成不同的采购作业单元。在智能化采购模式下，采购服务作业单元的主要作用就是收集归类供货商信息、组织制定洽谈规范和定价标准，其他的都可以交给相关专业职能的人员，比如技术指标的确定、验收的评价等，因此在工作量不是很大的情况下，采购工作也可以由一个作业单元承担。

四、数据信息系统的模式和结构

生态式协同组织的运营要求和模式，对其信息系统的构建有特定的要求。

生态式协同组织系统的信息系统主要分为几大类，包括即时状态基础数据库、运营效能数据库、即时状态运营效能数据库、经营效能数据库、常规工作运行沟通传递系统、专题工作沟通信息系统、临时工作沟通系统、客户互动沟通系统、经营与发展目标价值展示系统等。

即时状态基础数据库，记录的是企业每个时间段的状态，包括物资状态、资金状态、人员状态、工作成果状态、设备状态、客户状态、供应商状态、第三方服务（物流、保安）状态、消耗状态（水电气等）、外部经济数据及行业数据、客户的建议、客户使用问题、主要竞品的价格、客户订单数据、作业单元（区块链价值创造单元）信息数据、各作业单元的效能数据及价值分配结构数据等。这些基础的数据以实际发生的数量记录在数据库中，并根据实际的情况及时地发生变动，并记录每类数据存储的时间和日期。基础数据由各个作业单元根据工作成果录入，或者由电子工作单据进行自动的生成。

运营效能数据库，指企业整体运营状况的数据库。在基础数据库之上，可以定期整理生成体现企业运营状态的数据库，运营状态包括人均产值、人均产值增长率、人均净利润、人均净利润增长率、设备停机率、客户问题反馈时间、客户改进需求的成效比、客户改进需要的达成率、设备故障率、废品率、返工率、客户投诉率、客户退货率、客户流失率、服务返修率、价本利比、业务进程的作业单元占用时间比等。这些运营数据可以很好地反映企业整体运营的状态，并反映出影响企业运营效能的作业单元和绩效内容。这个数据库是一个单独的数据库，它需要存储企业很多年的运营效能数据，然后通过这些运营数据可以为企业的运营改善找到足够多的入手点。运营效能数据库根据设定的程序自动生成。

即时状态运营效能数据库，本身算不上是一个数据库，而应当是一个运算程序。就是在基础数据的基础上，整合计算出即时状态下的运营效能数据，将其存储到运营效能数据库中。由于运营效能数据库长期存储的数据至少是以月度为周期的数据，对于企业具体工作中需要以周为单位或者以半月为单位来进行运营效能数据分析的情况，就需要依据即时状态下的基础数据进行计算。各个作业单元均可以根据基础数据得出自己需要的运营效能数据，并根据得到的数据进行工作的分析和改善。当需要即时状态运营效能数据时，需求者只需输入相应的效能指示、时间段、单位范围等字段，就可以直接得到相应的数据，而不需要自己去收集整理基础数据后再进行计算。

经营效能数据库，主要是体现的是企业经营成果与各方面职能以及功能系统之间的关系，比如企业价格和销量之间的关系、价本利之间的关系、质量与利润之间的关系、服务与利润的关系、采购价格与质量的关系、资金投入与产品创新成果的关系、宣传费用与整体利润的关系、人员分配与利润之间的关系等。这类数据是以季度为时间单位进行统计核算的，并且根据设定的程序自动生成。

常规工作运行沟通传递系统，这个沟通系统就是常规工作的沟通传递系统，是按照业务流程以及作业单元之间的工作关系设置的，主要用于各作业单元间资料的传输、数据的传输、主体工作进程的关联展示、主体工作目标及绩效完成情况的展示、重点督促作业单元的展示、主体工作事项的告知等。

专题工作沟通信息系统，就是对于常规性的专题工作，由相关的参与人员共同组成一个全景沟通群，随时随地地对常规专题工作中出现的问题和变化进行交流、协商并确定解决方法。专题工作沟通信息系统可能有很多个，比如订单评审、客户产品改善、产品创意研发、采购工作管理等。

临时工作沟通系统，就是为了完成一个临时的工作事项，由参与人员临时组成的沟通交流平台，比如跨作业单元的改善群、企业某新产品开发的交流群、专项任务沟通群等。

客户互动沟通系统，就是和客户保持常规性交流与沟通的信息平台，除了公众号、网站、博客等自媒体平台外，还有使用体验交流群、客户建议通道、智能客户自设计创意平台、VR 体验平台、客户定制的自设计平台等。

发展价值、经营绩效、作业效能目标展示系统，就是将企业的年度经营目标、三年和五年发展的结果目标、功能目标、专业职能效能要求等各方面的指标，形成一个平衡记分卡与 OKR 形式结合的实现进程表，将发展的整体价值要求、功能定位要求、专业职能的效能要求按照彼此的生成关系形成一个进程网络并展示出来，同时把各个专业职能的作业单元每个阶段的价值效能也展示在这个网络体系中，形成一个发展路径电子地图，让所有的人员都看得到自己工作与最终发展目标的价值逻辑关系，并明白自己的价值创造状态以及相应的改进空间。对于所有类型和规模的企业来讲，其生态式协同组织下信息沟通体系的布局都是遵循上述基本结构的，只是不同形态的企业在体系结构上有所差别而已。

对于资本经营层人员，为了确定最佳的资本增值方式，需要明确下属经营单元的经营价值特性，而经营价值特性更多地取决于外部大环境，包括产业的发展周期、经济的演化周期、社会的技术周期以及外部的交易机遇，内部各个经营板块的状态反而更容易获知。因此在这个层面上，信息内容更多的是对外部资本经营环境的收集、整理和分析，而内部经营板块的信息有经营效能数据和重点资源数据就可以了，外部信息的种类和数量要远多于内部信息。

对于产业经营层人员，为了确定整个产业板块的发展战略方向、各业务彼此间的发展协同关系、内部各个业务和各项资源内容的组合匹配方式，并在实际中确保各类战略的贯彻实施，需要掌握产业发展趋势、竞争者的发展态势、各个业务单元的经营状况、整个产业板块的资源状况以及分布状况等方面的信息。因此产业经营层人员需要的信息中，内部信息主要是各个业务单元的运营功能和经营效能、主要资源的状况（人才、资金、市场）、重要资源的积累（技术、新产品）、各专业职能的价值普及性、整个板块的改善创新效能状况等，外部信息主要是竞争者状况、产业政策、行业生态、品牌口碑、客户意见反馈、产业技术趋势等。内外部信息在种类和数量上是比较均等的。

对于业务经营层人员，为了使所负责的业务经营单元能够获取最大的经营效益和价值积累，需要随时掌握各项工作的运行状态、各项功能的完成情况、分管区块市场的客户情况与竞品情况、经营资源配给情况、人员工作状态与业务运行状态等。因此其对于业务经营单元的内部信息需要及时、全面的掌握，至少要对各个作业单元和专业职能状况层面的信息有全方位的了解，包括作业单元工作成效、运营功能、经营效能、运营偏差、全部资源状况、供应链资金链实时状态、客户的价值满足状况、信息沟通系统状况、企业文化氛围与人员心理状态等，外部的信息主要是客户价值满足状态、客户变动情况、竞争者经营措施、区块社区生态等。内部信息在种类和数量上比外部信息多很多。

对于业务经营层的功能层人员来讲，其工作主要是为了能够更好地界定各项功能的态势和定位。因此他们需要了解的外部信息有竞争者的功能态势状况、功能成效收益等，内部信息需要了解的是功能态势现状、客户对产品与服务的需求、和功能有关作业单元的实时作业状态、功能变化对经营效能的影响等。信息需求仍然是以内部信息为主。

具体的作业单元主要是为了能够更好地开展工作，包括确定如何与他人协同配合、如何改进自己的工作、如何调整变化等。因此其需要的信息主要是内部具体的作业信息，包括功能对工作目标的要求、协作的作业要求、专业职能的发展趋势、客户需求的变化等。信息需求主要是内部信息。

以上的信息系统结构形成了生态式协同组织的全景沟通信息系统，通过该信息系统和激励系统的结合，员工就可以自行设定进取性目标、自主开展工作、自主协同、自主推进。

该信息系统的数据来源一是物联网监测数据，如温度、转速、物资状态等；二是人工手持终端输入数据；三是公共数据；四是收集的大数据，如生产记录、客户反馈、摄像头收集、Wi-Fi收集等；五是生成数据，比如成品率等。

五、工作操作的模式和方法

在生态式协同组织模式下，由于组织运营的专业化效能属性逐渐代替了职权化管控属性，因此科层制组织模式下以职权化管控为基础的很多工作方法会变得不适用了。很多职能管理工作的主要作用是根据整体功能的设置做好职能服务的工作。对于那些集团企业的下属单位来讲，工作当然要满足集团的既定功能和下属单位自身的既定功能。比如作业单元的职能薪酬管理工作一方面要实现集团对下属单位的价值性质定位和战略效能要求，另一方面要结合下属单位具体的情况确定相应的职能内容和职能薪酬。那么在具体工作的实施过程中，就需要由集团方面相应的负责人、职能薪酬管理作业单元人员和下属单位的经营负责人共同协商、参与该项工作。另外，一个职能薪酬管理作业单元可能不仅是负责一个下属单位，而是同时负责多个下属单位。

当然，对于一个单一的经营企业来讲，其职能薪酬作业单元只对该企业的运营功能（主要是激励功能）负责。有些集团公司由于规模比较大，其激励功能的管理工作，可能分为多个分配作业单元，每个作业单元负责几个下属经营单位，并同时运用薪酬、股权期权、合伙人等各种激励措施实现激励功能。但也有些集团，会针对每种激励模式建立不同的作业单元，根据集团整体激励功能的定位，同时负责所有下属经营单位某一个激励措施的开展与实施。而对于单一业务的经营企业来讲，其激励作业单元就是根据企业确定的激励功能定位，统筹运用各种激励措施，去实现所需要的激励功能，如图6.10所示。

在这样的工作操作模式下，每个作业单元都要面对多个方面的功能需求，一是组织层面的，从资本经营、产业经营到业务经营的功能需求；二是价值

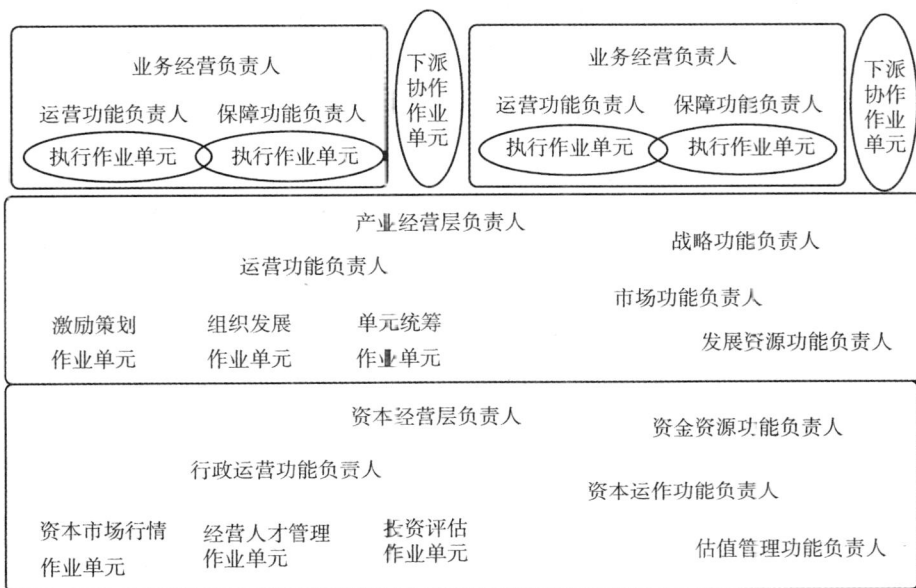

图 6.10　生态式协同组织的工作作业匹配

结构层面的，包括短期经营效能、中期战略资源积累、长期的产业发展等。每个作业单元必须根据各种功能的要求，判断、统筹、整合出最优的功能实现方法，并从专业的角度上实现多方面功能的需要和要求。

在工作的开展过程中，生态式协同组织将基本实现同步化和专业职能转化的全景沟通，就是在沟通的过程中，让参与其中的作业单元能够同步全任务场景的沟通，从相关作业单元自己的专业职能出发理解和转化任务的整体需求。在科层制组织中，由于职权等级的存在以及专业职能板块的业务划分方法，工作的流程是串联式的，如图 6.11 所示的付款申请的审批流程，需要反复单线沟通和确认，耗时长，而且容易产生分歧。

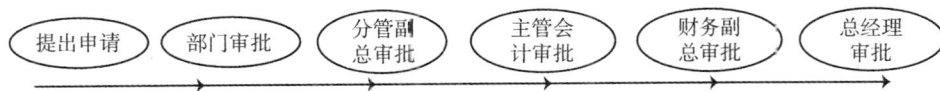

图 6.11　传统的付款申请流程

但是在生态式协同组织的全景信息沟通体系下，相关人员对于全局的要求、各自的定位、信息的了解和掌握都是同步、同时、同样的，因此大家都能够做出自己的判断和决策。比如客户的产品配方调整，在科层制组织模式下往往采取如图 6.12 所示的流程模式：

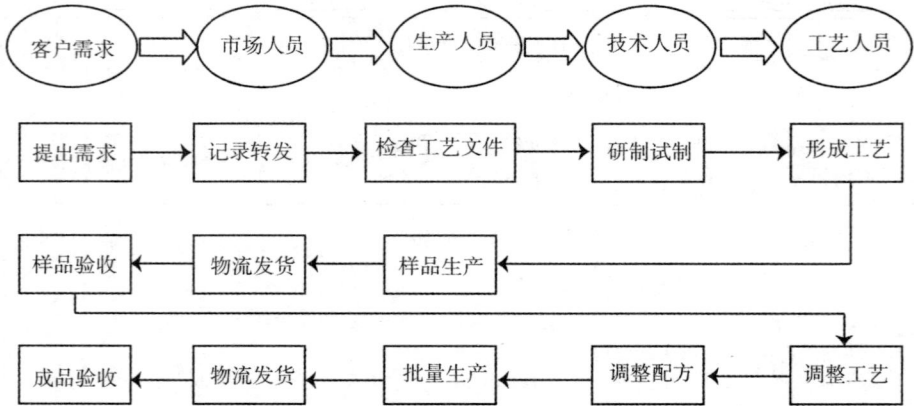

图 6.12　传统的产品配方调整流程

上述工作的各个环节之间是彼此独立按照串联式工作的，联系的方式就是信息单据的传递以及技术文件的传递。这种情况下很容易出现几个典型问题：

一是市场人员对客户更改配方的需求无法从技术的层面上去理解，只是机械地记录客户的要求后转达给生产部门，生产部门如果没有接触过同类产品生产工艺文件的话，再转给技术人员进行研发。在这个过程中，客户方传递需求信息的方式是客户技术人员传给采购人员，采购人员再传给市场人员，最后传给生产方的技术人员。这个过程中容易出现对真实需求的了解不透彻、重要信息的遗漏、语言描述的差异、理解方式的差异等。这些问题往往导致技术人员费了九牛二虎之力试制出来样品，但将样品发给客户之后，客户技术人员说这不是他们要的，需要返工，如此重复几遍，浪费人力物力财力。

二是在工艺设计的过程中，工艺人员对企业当前设备的运行状况不是很了解，根据自己的想法设计了工艺，结果生产现场实现不了。如此反复几遍，不但费工、费力，客户还不满意。

但是在全景化沟通体系下，由于沟通的全面、同步、彻底，工作的开展就会非常高效、顺利，如图 6.13 所示。

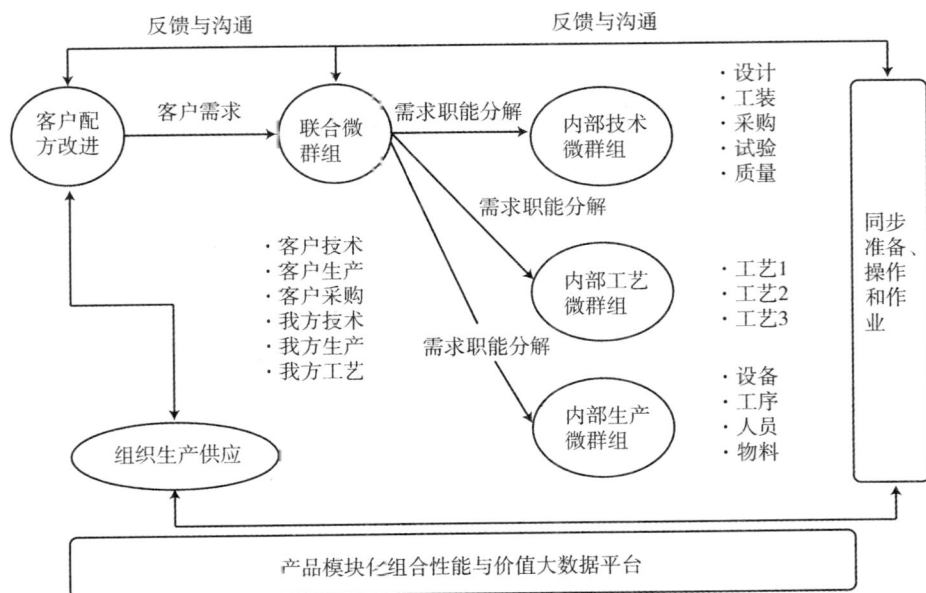

图 6.13 全景沟通模式下的产品配方调整流程

在这样的沟通方式下，每个环节的人员一方面可以了解工作的整体内容，将自己专业职能和作业单元需要开展的工作与其他专业职能和作业单元的工作系统联系起来，以便提前预设协同配合的方法；另一方面可以从自己专业职能的角度和自己具体工作开展的角度去理解工作的要求和需求，这样从一开始就获得了自己开展工作所需要的全部信息，增强工作可实施性，使工作的具体开展更加贴近客户的真实需要。

比如第一个环节，通过双方相关人员共同群交流的方式，从客户的使用功效、质量技术指标、使用中整体配比关系、准备使用的其他配比原料性能、使用的工艺方法、使用过程中质量性能的影响因素等多个方面进行交流，这样就能使企业各专业职能的参与人员从工艺设计、技术研发、物料需求、质量标准、生产方式等各个角度了解整体工作内容，并形成实际操作的作业思路。在和客户沟通清楚之后，企业内部再根据彼此的专业职能分工以及协同合作的关系建立内部的工作协调群组，仍然采取全景式的沟通方法，让参与的每个成员都能够全方位理解任务的要求和作业模式，更能够理解自己的专业职能作业与其他专业职能作业间的关系和匹配方式。这样在内部的各个工作群组中，各个专业职能的作业单元所有的工作就能协同匹配进行。

在具体的工作中，大家的意见可能不一致。在与客户的交流沟通阶段，要以客户的需求为导向，出现不同意见时，要以满足客户的根本需要为前提，各个方面的专业职能人员必须为此竭尽全力（文化、激励、价值区块链替换保证），根据客户实际更改的要求，控制供货的数量、价格、质量与企业效益之间的合理关系，协商之后最终确定服务的商务模式。在内部的协同作业过程中，首先要满足客户的需求，包括供货时间、供货质量、供货数量等；其次是要实现业务效益的最大化，就是该供货合约的价值最大化，包括毛利、技术积累、使用经验积累等，这就需要在成本控制、生产工艺、物料使用方面进行统筹与规划。

因此，当大家的意见不一致时，最基本的原则是以满足客户需求为导向，要尽最大的努力在技术、物资供应、工艺安排、人员配备等方面满足客户需求。

对于不同的经营层面和不同的专业职能工作，其需求方的界定会有不同的方式。业务经营层的需求方确定方式就是倒推以终端客户为核心的供应链和价值链，并结合企业确定的功能定位，通过双向的需求确定需求方，所以这个需求方不是某个个人和单位，而是一种综合的需求。其中科技研发，仍然以终端客户的需求为主，但是这个需求不是短期的，而是未来3~5年及以上的时间段。当然在通过终端客户需求确定需求方的过程中，要考虑技术发展和竞争者的措施等。对于资本经营层来讲，在职能作业单元的协作中出现不同意见时，确定作业协同方式的决策方法仍然是以需求为导向。这个需求一方面要有真实性和有效性，另一方面指的就是资本方。前者是指收集的信息和进行的分析必须是真实的，且能有效反映经济和产业态势的，后者是指保证资本方资本增值的最大化，其实也就是为资本经营层负责人提供最佳的分析、判断和决策的支持。对于产业经营层来讲，在职能作业单元的协作中出现不同意见时，确定作业协同方式决策的需求一方面要有真实性和有效性，另一方面就是指产业业务板块的价值。前者是指对产业板块内外部收集的信息和分析必须是真实的，且能有效反映经济态势和经营状况，后者是指必须保证产业板块经营价值的最大化，其实也就是引导整个产业板块的经营运作在短期效益、长期发展、资源积累等方面实现综合价值最大化，这个定位的具体内容是由产业经营层的经营负责人和功能负责人确定的。

第四节　生态式协同组织的战略模式

生态式协同组织的战略管理模式与科层制组织的战略管理有很大的差别。

战略管理包含了长期战略方向与方针、中期战略目标与策略、短期战略实施计划与绩效管理三个方面。长期一般指十年以上，长期战略主要是针对经济环境走势以及产业发展走势来确定企业的产业与业务发展方向，比如新能源汽车就是汽车产业的发展方向、智能制造就是装备制造业的发展方向；中期就是三年左右的时间，中期战略要根据当前的发展趋势，分析可预见的三年内应当完成的阶段性战略事项，毕竟新能源汽车和智能制造不是一蹴而就的，而是一步步发展完成的，要根据其具体的演变节奏，来布局企业自身业务内容调整的节奏、步调与方法；短期一般指一年，短期战略就是为了完成可预见的三年目标，在更可预见的一年内都应完成什么绩效内容。在每个以一年为周期的工作计划中，企业可以根据对三年趋势的判断进行优化，通过一年工作绩效的调整来弥补实现三年策略过程中出现的失误与不足；同样，企业可以根据对十年趋势的判断进行优化，通过三年策略目标的调整来保持企业发展不偏离十年策略的目标。

在传统的科层制组织模式中，战略的长、中、短期内容都是由企业的高层领导来确定的，高层领导把确定的战略内容分解成季度和月度绩效的目标下达给各个部门和人员来执行。

但是在生态式协同组织中，经营层面的负责人多负责确定三年或者两年的战略策略和目标，具体的实施过程由生态式协同组织自行推进和纠偏。生态式协同组织按照不同的激励方式，引导组织的进化方向和发展发现，进而引导业务发展模式。至于具体的绩效内容和指标是否符合趋势和竞争发展的需要，则完全由市场导向的决策机制来决定。

同时在具体的作业运行过程中，根据外部环境的变化、内部资源的增减、组织能力的优化，整个经营层面的战略也会随之调整，比如某个下属经营单元战略资源的增加，可能会使其从资本经营层调换到产业经营层。

第七章

生态式协同组织绩效结构与价值衡量

　　和所有的组织一样，生态式协同组织也是有任务目标、需要绩效的，而且需要的是更高水准的绩效。生态式协同组织的绩效分为两个方面：一方面是常规业务运营的绩效，包括为客户正常地提供产品、服务等；另一方面更为重要的是企业整个体系的价值增值，包括运营效能的增值、技术创新的增值、市场地位的增值、发展潜力的增值等，综合来讲就是企业整体社会价值的增值。本书的第二章阐述了企业价值的结构和组成内容，和传统的科层制组织以经营效益和作业任务为主体的价值内容不同，企业生态式组织的价值包含的内容更加广泛，而且基于生态式协同组织的根本目的，需要按照各种企业发展与成长的模式确定生态式协同组织的价值内涵。

　　在科层制组织中，岗位人员的绩效通常是由"上级确定"的，而且上级根据"所确定"绩效的完成情况确定岗位人员的收入和升迁。但生态式协同组织是一种自动、自主的组织，在确定了组织整体价值内涵和目标之后，每个作业单元还可以自动自主地去完成更多的价值绩效，不同于科层制组织中"完成上级没安排的绩效没有奖励"的情况，在生态式协同组织中完成的每个价值绩效都有相对应的价值分配和增值分配方法，这样就形成了共创、共享的命运共同体机制和正和性博弈机制。因此生态式协同组织中的成员都是自主地去完成绩效、去创造更多的价值，实现整个组织的帕累托最优，而不是等待上级的指派与确认，事实上在生态式组织中也不存在科层制组织中那样的行政类上级。因此生态式协同组织中对价值创造的激励也是自动的，只要是价值创造的事实发生了，就会有相应的激励，这也要求生态式协同组织要制定相对全面、严格、细致的价值增值核算方法。

生态式协同组织中的价值创造的类别多种多样，只要是能够推动企业的经营效益增长和发展成长的都是企业鼓励的内容，当然在不同的阶段价值重点不同，企业对各类价值创造的激励方法也不相同。

针对企业不同经营层次的价值协同内容和目标，企业也需要规定相应的价值创造绩效。前面说过，由于生态式协同组织的自主工作、自动升级和自主协同，其价值绩效不是像科层制组织那样主要用于上级对下级的管理，而是用于界定并核算各个层面作业单元创造的价值额度以及确定价值增值分配的具体方法，因此其价值绩效的最终结果不是上级评价打分得来的，而是根据既定的规则、标准和公式自动核算出来的，当然这其中需要相应的作业人员进行数据的整理和匹配。

第一节　生态式协同组织价值绩效的确定原理

生态式协同组织的价值绩效管理以个体自主的努力进取、整体自主的协同协作为动力，以企业总价值目标为导向，参照企业的价值链、业务链和绩效关联方式，以个人了解自己的绩效结果和企业价值总目标的关联方式为前提，这就要求绩效的管理方法必须使组织、个人清楚，如何将自己的工作绩效和企业的经营与发展结合在一起。在科层制管理下，绩效的确定和评价往往是由公司或者上级来做的。在生态式协同组织下，为了让作业单元能够自主确定工作绩效，就需要让他们知道自己做的事情和企业效益以及企业发展之间的直接联系。虽然生态式协同组织的协同关系只有几个层级，但是我们仍然要使作业单元的绩效结果同企业效益和发展的联系更加直观、可视化。

为了将具体的作业绩效能够同企业的效益绩效和发展绩效匹配起来，各个作业单元的绩效是从职能专业层面计算的，而且其绩效必须是和整体功能相关联的。

价值绩效的内容是和企业的价值结构直接关联的，每个价值绩效的形成都和企业的价值内容关联，企业常见的各类价值量化的原则性方法如下：

一、企业资产

（1）硬件资产，包括设备、物业、土地、现金、债券、库存、应收账款、应付账款、贷款、股权资产等，其价值具体以当时的标准市场现值或标准财会方法计算确定成本值、库存值，计量单位为元。

（2）无形资产，其中的品牌资产、专利技术资产的价值按照当时的标准评估方法进行评估核算，计量单位为元；行业资质、专业资质的价值按照企业取得该资质需要付出的成本价值计算，包括硬件、人员招聘，再加上从头争取取得资质时段内预期取得的效益等（因为从头争取的话就没有预期的利润），计量单位为元；政府扶持定位等的价值按照扶持的方式，资金扶持的按照资助金额计算，政策扶持的按照政策扶持创造的效益计算，称谓支持（如高新技术企业）的按照品牌无形资产计算，计量单位为元；客户资源价值按照企业取得该客户资源需要付出与隐形效益损失的成本价值计算，包括人工时间累积成本、硬件的投入、前期小样制作等的投入，再加上从头争取客户时段内取得的预期利润等（因为从头争取的话就没有预期的利润），计量单位为元。

（3）经营体系资产，包括销售渠道、研发体系、技术平台、人才队伍结构等的价值，按照建立相应体系需要付出的成本价值计算，包括硬件、人工、其他投入，以及该体系在建立成型期间内预期创造的隐形效益额度等（因为从头建立的话就没有预期的利润）。计量单位为元。

二、当前的盈利情况

（1）现金流，主要是指净流入现金流的情况，其价值按照一定时间计量段内（每年）当期现金流增加的现值带来的相应利润增加值计算，计量单位为元。

（2）净利润率，按照一定时间段内（如计量起点之后的一年）利润的增加值计算，计量单位为元。

（3）利润周期阶段，是一个时间概念，是指产品或业务盈利能力的生命周期阶段，其价值可以直接用一定时间段内的利润率进行表示，或者直接归入到年度利润额中。从企业人员价值创造的角度看，通过对产品改进可以改变产品的利润周期阶段，使衰落期的产品变成高成长期的产品，这个价值就以产品生命周期调整后一定时间段内（比如一年）新增加的利润额度计算，计量单位为元。

三、企业的成长情况

（1）新产品储备、新技术储备的价值内涵分为两部分：一是风险投资行业标准化的价值现值估值核算结果，这其中包括了实现该新产品新技术储备需要投入的成本价值，主要有人工成本、设备成本、物料成本、设备折旧成本、外部购买资料成本等；二是该新产品、新技术投入市场形成的品牌影响价值，按照品牌无形资产评估计算，这其中包括对股价的影响、对企业估值的影响、对人才招聘的影响、对客户购买意愿的影响等。计量单位为元。

（2）正在孵化的新业务，其价值分为两部分：一是风险投资行业标准化的价值现值估值核算结果，其中包括了该新业务孵化投入的成本，主要有人工成本、设备成本、物料成本、设备折旧成本、外部购买资料成本等；二是该新业务吸引风险投资带来的估值增值收益，主要是出让部分股权预计吸引的风险投资金额减去该股权的已有投资的差额，再乘以自己留下股权份额所占的比例。计量单位为元。

（3）增值融资信用的价值，具体的计算方法是，先求出增加的融资信用额度，再求出一段时间内（一年）该额度在常规市场融资和在非常规市场融资所需支付利息的差额，就是增值融资信用的价值。计量单位为元。

（4）风险投资估值预期增值的价值，按照风险投资现值估值的增加额计算。计量单位为元。

（5）组织效能和运营效率提升的增值，按照其一定时间段内（如一年内）带来的具体效益增值额计算，比如减少成本带来的收益、减少损失带来的收益、效率增加导致完成任务数量增加带来的收益等。计量单位为元。

（6）业务功能完整性价值的增值也包括两个部分：一是按照一段时间内，该业务外包支出与自运行支出的差额；二是新功能增加后的一段时间段内，因效率、效能增加带来的效益增加额。两部分相加就是企业新功能建立带来的价值增值额。计量单位为元。

（7）变革进化能力的价值主要体现为企业顺应市场环境变化和减熵赋能两个方面的能力，这是企业并购时需要重点考虑的内容。从并购者的角度看，更看重的是被并购对象在并购后，快速调整自己的状态与并购方整体企业协同创造价值的能力，因此组织变革进化能力的价值体现在两个方面：一是由现状转变为预期状态的花费成本，包括调整期内的无效支出、额外支出等，这部分价值是负值；二是其在激活后的一定时间段内整体价值增值的额度，包括资源的、组织功能的价值等。两部分相加就是变革进化能力的价值增值。计量单位为元。

但是从企业内部人员创造价值增值的角度看，其通过提升组织变革进化能力所实现的价值，等同于其实现组织变革进化能力提升时所负责的专业职能创造的专业价值增值。

（8）业务周期定位者企业业务所处产业和行业的发展周期阶段，处在发育期、成长期、转型期、衰落期的投入产出收益是不一样的。从价值创造的角度讲，如果企业人员能够将企业处于转型阶段的业务转化为处于成长期的业务，将会给企业带来很大的价值增值，当然具体的做法包括资本运作、新产业孵化、合资合作等。其价值增值的核算方法主要包括两部分：一是将旧业务转为新业务所花费成本的差值，资本运作方法下就是将企业出售的收入减去新业务建成的支出；二是在一定时期内，新业务的经营效益与旧业务经营效益的差值。两部分相加就是业务周期定位调整带来的价值增值。如果采用价值期权的方式，就是将新业务建成后，在五年内（价值阶段的时长最长为五年）效益增值的总额作为价值增加值，而用于对比的旧业务效益基准，按照旧业务被替换前三年效益的平均值并按照一定比例的递减计算。计量单位为元。

第二节　生态式协同组织价值绩效的构成内容

在企业具体的经营管理工作中，价值绩效的最终结果体现为以下六个方面：

一是经营业绩，即企业财务核算期内的经营利润，经营利润是一级绩效指标，经营利润上升的二级绩效指标包括：销售额的增加、成本的降低、运行效率的提高、资源效能的提升；影响这些绩效指标的三级指标包括工艺的改进、专业工作效率的提高、采购价格的降低、单位产出边际效益的提升、投入产出效能的提升、客户满意度的提升、产品性价比的提升、采购性价比的提升、新市场的开发、政策扶持资金等。

二是资源储备，即可以让企业未来发展更好的资源储备，包括技术专利的储备、融资能力的提升、新产品的储备、新基础技术的储备、新项目的储备、品牌价值的提升、政策支持与扶持、人才资源的储备等。

三是经营体系资产的增加，主要包括研发体系的健全与深化、营销体系的健全与深化、投资体系的健全与深化、风控体系的健全与深化、供应链体系的精益化健全与深化、人才养成体系的健全与深化等。

四是业务结构体系性的增加，主要包括全产业链业务的有效布局、相关多元发展的有效布局、机遇性业务的有效布局、商业业态的有效协同布局、生态圈主导体系的有效布局等。

五是组织发展能力的增加，包括组织效能的提升、变革能力的提升、凝聚力的提升、协同性的提升、生态性的提升、自发展能力的提升、自组织自进化能力的提升等。

六是业务体系价值的增加，就是指企业的产业和业务结构进行了扩张、重组、优化和升级，比如多元化扩张、生态圈化扩张、商业业态扩张等。这种情况下不仅仅是企业销售额和利润额的增加（经营顺利的话），企业本身经营的潜能和估值都会呈非线性增长。

当然从企业的角度来讲，每个专业职能所完成的提升型绩效成果，有些给企业带来的收益是一次性的获利，比如一个质量有缺陷产品的修复、一次促销的成功等；而有些是改善后持续性的获利，比如产品生产中工艺质量问题的排除、产品设计的优化改造、新产品的成功研发与推出等。

对于企业各项的专业职能，其价值绩效的构成内容如下：

1. 生产制造

生产制造过程的本质是输出合格的产品和服务，在这个过程中，需要实现产品功能、控制成本、保证质量、减少资产占用等。对于生产制造单位来讲，其可以提升的空间包括：

（1）提升质量水平，具体指标为外观、耐用性、性能稳定性、使用体验性、售后维修数量、售后退货率等，具体价值为客户满意度、销量增加、价格提升、返修费用降低、退货费用降低、提高销售价格等带来的效益增加，还有一部分品牌信誉的增加。

（2）降低质量成本，具体指标为废品减少、减少质量问题中采取的保障措施（如减少过程检验人数）、减少质量保障装备、降低原料器件的质量要求等，具体的价值为质量成本降低带来的企业效益的增加。

（3）减少在制品库存，具体指标为生产用库存的降低，包括原料器件、中间在制品、生产用器具等，具体的价值为相应物资资本金额相应的利息或投资收益价值。

（4）减少生产辅料的消耗，具体指标为包装物、铺垫物、托载物、工装器具的使用数量，具体的价值为相应费用降低带来的企业效益的增加。

（5）有效利用设备和装备，具体的指标为开工设备的产能利用率，具体的价值为减少设备无效能的消耗和耗损，具体方式为改善设备使用折旧与空转费用耗损、频繁更换品种导致的设备效率降低、设备性能不好导致的质量成本增加以及合同履约率的降低等方面。

（6）研发新工艺技术，具体指标为生产环节的减少、生产方法的便利性、生产消耗的降低、生产原料器件消耗的降低、生产装备使用的减少等，具体的价值为生产时间的减少及因此带来生产效率的提升、生产消耗减少带来的效益增加、生产质量提升带来的效益增加等。

（7）创造高难度生产工艺，具体指标为能生产高难度的和其他企业生产不出来的产品、能生产必须采购和进口的配件，具体价值为生产高难度产品带来的额外利润、工艺的知识专利权（包括投资收益、转让收益、代工收益等）、代替采购和进口配件降低费用的收益、形成独有优势带来的竞争收益。

（8）实现即时性生产，所谓的即时性生产，就是尽量缩短产品生产决策与生产交货之间的时间间隔，这其中要求的生产作业能力包括设计的可生产性、质量保证体系、客户订单需求的准确性、设备工装的完好维护、供应商的良好协作关系、高效的生产协同协调、快速换模方法。即时生产中包含的价值意义一是减少库存和在制品对资金的占用，二是减少人员和设备的等待时间，三是减少过期无效产品造成的损失，四是减少无效劳动和返工，五是提升客户满意度带来的订单增加和毛利提高等。

（9）输出生产团队，具体指标包括生产线外包、托管其他单位的生产线、利用闲余工时代工生产、为新建立的工厂派人（不影响原有的生产）、为其他企业新生产线提供顾问服务等，具体价值包括节省的猎头费、磨合期的耗损费（半年期的废品、利润）、托管与外包实现的营收等。

（10）设备维护保养，具体指标为设备的故障率，具体的价值为设备故障导致的损失、同期设备折旧的下降（具体为使用年限的增加）等。

2. 技术研发

技术研发最终的目标是设计出符合市场客户需求的产品和服务，在让客户喜欢产品的同时，要实现成本控制、研发速度快、可衍生性、可持续性、研发资源的高效产出、便于生产运输等。其提升型绩效包括：

（1）产品设计的改进，具体指标包括性能的改进、使用的便利、运输的便利、功能的集成化、向客户端生产环节的延伸、生产的便利、原料器件的改进、外观的美化。具体的价值为成本降低带来的效益、客户认可带来的销量和效益、生产便利带来的效率提高和成本降低、运输便利带来的损失减少和运费降低和装卸时间减少、企业竞争力的提升、产业整合力的提升、企业业务拓展力的提升等。

（2）客户服务的改进，具体指标包括客户服务方法的改进、客户服务技术的改进、客户服务的及时高效、客户服务的便利性、客户服务范围的增加等，具体的价值为客户满意带来的订单、客户服务成本降低带来的效益、客户信任带来的技术改进建议、客户推荐带来的市场收益、服务的产业化等。

（3）基础技术的开发，具体指标包括各项基础技术的开发，具体价值包括企业新业务发展方向、各类技术奖项带来的政策支持、各类技术奖项带来的品牌效益、专利转让使用带来的收入、专有技术推动新业务的发展、自行供给带来的采购成本的降低、专有技术带来竞争力的提升等。

（4）研发管理体系的优化，具体的指标为创新技术产出数量、单位资金投入产出比、创新技术的人均产出量、研发周期的缩短，具体的价值为同样投入带来更多的研发产出、新品推出的速度带来的竞争力的提升、新品推出的高频率带来的产品高成长周期的高利润等。

（5）共享技术平台的建立，具体的指标为技术平台的共享技术数量、技术平台的共享产品范围、技术平台的可借鉴性、技术平台的创新灵活性、技术平台创新的便利性、技术平台创新的异化性，具体的价值为平台新产出产品的收益效益、平台的专利转让收益、平台的新单位嫁接使用收益、产品创新成本降低带来的收益等。

（6）创造性产品的开发，具体的指标为突破现有技术体系结构的产品创新，具体价值为企业整体品牌竞争力的提升、企业整体技术体系换代升级带来的新业务市场收益、企业创造性产品带来的市场收益、企业整体发展的态势格局升级等。

3. 工艺设计

工艺设计是把产品的设计方案转化成生产方案的过程，工艺对于生产的价值意义包含准确实现、质量保障、安全保障、减少物料浪费、方便快捷、符合即时生产要求、工装与装备容易获得等。其提升型绩效包括：

（1）工艺改进，具体的指标包括工艺的整合、工艺的速率匹配、工艺的顺序调整、工艺的装备替换等，具体的价值包括生产效率提高带来的收益、质量损失降低带来的收益、生产消耗降低带来的收益、产品性能改进带来的市场收益、产品竞争力提升带来的市场收益等。

（2）工艺创新，具体的指标包括能生产独有的高难度产品，具体的价值包括自行生产带来采购成本降低的收益、独家产品市场竞争优势带来的收益、独家产品带来的新业务创客发展的收益、独家产品工艺带来的专利转让使用收益、独家产品工艺带来的收并购增值收益等。

4. 物流仓储

物流仓储对于企业来讲是很重要的一项职能，往往也是成本占比较高的一项职能工作。其提升型绩效包括：

（1）安全管理，具体的指标包括物资的存储性耗损降低、积压性耗损降低，具体的价值为耗损降低带来的效益。

（2）第三方费用，具体的指标包括单位运输费用的减少、费用支付方式的优化，具体的价值为费用降低带来的效益。

（3）线路规划，具体的指标为在同样运输量下，物流运输公里数的降低，具体的价值为运输费用降低带来的效益。

（4）仓储布局规划，具体的指标为整体运输吨·公里数的降低、仓储费用的降低，具体的价值为费用降低带来的效益。

（5）物流方式规划，具体的指标包括整运与零担、直运与返回捎货的合理搭配，具体的价值为费用降低带来的效益。

（6）车辆调配，具体的指标为车辆供应及时性、客户货物运送的及时性，具体的价值为客户满意度带来的续单、车辆利用率提高带来的效益。

5. 采购供应

采购工作是企业供应链中的关键一环，是各种类型企业花费支出最大的一项专业职能。其提升型绩效包括：

（1）价格谈判，具体的指标为同等供货条件下，供货价格的优化或降低，具体的价值为物资采购成本降低带来的效益。

（2）质量保障，就是采购中不合格品的减少，具体指标为质量批次合格率的提升，具体的价值为产成品相关质量问题降低带来的质量成本效益、客户交货期保障带来的时间成本降低的效益、客户满意交货期带来的续单效益。

（3）按时供货，就是按照企业需求即时供货，具体指标为按照需求及时供货，没有拖延、没有提前，具体的价值为客户交货期保障带来的时间成本降低的效益、客户满意交货期带来的续单效益、供应商即时交货给企业即时生产带来的全部效益。

（4）品类优化，具体的指标包括不断更替使用性价比更高的物资，包括质量更好、价格更低、生产应用更便利、最终产品性能更佳的物资，具体的价值包括质量保障、谈判价格、产品设计改进所产生的所有价值。

（5）期货化操作，具体指标为在价格低峰买入存储、价格高峰卖出获利的次数，具体的价值是因此带来的成本降低收益和销售价差收益。

6. 市场客户管理

在万物互联环境下，市场客户管理的内涵和传统科层制组织模式下客户管理的内涵完全不同，而且客户管理的具体职能也分散在各个不同的作业单元之中。但为了使我们的阐述更有实际意义，我们这里的市场客户管理主要指市场客户与企业之间沟通互动、传播认知的管理。其提升型绩效包括：

（1）趋势预测与结构分析，具体指标为购买影响因素的准确预知、购买方式的准确预知、消费心理的准确预知、消费功能需要的准确预知、购买对比心理的准确预知、外部刺激对购买影响的准确预知等。具体预测的方法包括大数据分析、客户参与产品设计、定制化的 3D 打印趋势跟踪等。具体的价值为客户群体选择准确、信息传送内容准确、信息传送方式准确、互动模式准确、渠道结构布局准确带来的销售效能提高。

（2）信息互动，具体指标为市场客户反馈回来的市场信息、需求信息、竞品信息、行业信息的内容数量和结构，具体的价值为企业对行业的了解、客户与企业亲密度增加、发现企业自身存在的不足带来的效益。

（3）客户体验，具体指标为客户了解企业的过程中感受到的便利性、即时性、深入性、好感度、愉悦性、知识性，以及使用产品服务过程中的舒适程度及满意程度，具体的价值为客户认同与亲近感带来的品牌价值和销量的增加。

（4）市场公关，具体指标为公共信息渠道（平台、博客、灌水空间等）有关公司负面信息数量的减少和滞留时长的减少，具体的价值是降低负面信息影响带来的品牌价值和销量的增加。

（5）队伍建设，具体的指标为销售队伍的销售渠道形式的正确性、队伍的战斗力、队伍的专业化水平、队伍的协作性等，具体的价值为销量的增长和销售毛利的提高。

（6）品牌管理，具体的指标为品牌的广泛认知、品牌的内涵意义结构、品牌的抗冲击性、品牌的层次等级（产品、技术、行业、社会价值）等，具体的价值为销量和销售毛利的持续增长、新业务拓展的便利性、新市场拓展的便利性、对人才的吸引力、投资价值的提升等。

（7）传播管理，具体的指标为传播方式的多样化、传播内容的深刻化、传播时间的实时化、传播效果的再转发化，具体的价值为企业品牌价值和销量的增加、企业社会影响力的增加、企业投资价值的增加。

7. 作业单元管理/人力管理

生态式协同组织，由于其业务运营模式的特点，可能会根据业务发展的需要和组织布局的需要同相关人员在法律上形成多种形式的业务合作方式，包括股权合伙人、业务合伙人、全日制劳动合同关系、非全日制劳动合同关系、劳务关系、商务关系等，所有的合作方式都是以作业单元和价值增值区块链的模式进行业务作业运作的。而且各种形式上的合作都需要引进人员并进行相应的管理。其提升型绩效包括：

（1）人力供给，具体的指标为更多合格人才的供给，具体的价值为相应作业单元价值创造力的提升和创造的效益价值增加值。

（2）人员能力，具体指标为整体能力的提升、企业内部知识获取能力的提升量、作业单元新能力的更新效率等，具体的价值为相应作业单元价值创造力的提升和创造的效益价值增加值。

（3）人员意识，具体指标为相应人员的生态式协同意识和理念的认同指数、自主提升绩效的意愿值、自主协同提升绩效的意愿值，具体的价值为相应作业单元创造的效益价值增加值。

（4）组织能力，具体指标为组织投入产出比的变化，包括人均产值、管理人员与生产人员的比例、人均创新指数、人均利润、人均成本利润等，具体的价值为单位投入产出的增加值。

（5）变革机制，具体的内容与人员意识相同，但要考虑范围的增加，具体价值为生态式协同效能提升创造的效益增加值。

（6）人力品牌，具体指标为招聘人数与应聘人数的比例，具体的价值为招工成本降低带来的收益和人力供给选择空间扩大带来的价值。

8. 资本资金管理

资本资金管理包括融资和资金的使用两个方面，资本资金管理在资金的使用中，有很大的效能空间潜力。其提升型绩效包括：

（1）资金供给，具体指标为需求资金的保障额度、资金融资的成本，具体的价值为资金保障和低融资成本带来的直接收益。

（2）资金使用，具体指标为资金周转率的提高，具体的价值为不影响业务开展的前提下资金占用的减少。

9. 质量管理

质量管理是企业经营管理的核心工作之一，卓越的质量管理体系可以为企业创造巨大的效益。由于影响质量的因素很多，因此质量管理的效益提升空间比较大。其提升型绩效包括：

（1）质量投诉对形象的影响，具体的指标为客户因为质量问题投诉的减少、客户因为质量问题退货的减少、客户因为质量问题索赔的减少、上门为客户提供质量售后服务次数的减少、因质量问题返厂修理次数的减少，具体的价值为客户满意度提高带来的新订单、质量事故损失减少带来的收益、质量故障维修节约人工带来的其他工作增值。

（2）生产过程质量问题，具体指标包括合格率的提高、返工率的减少、废品率的降低、边角料比例的降低等，具体的价值为因损失减少带来的企业收益、因效率提高带来的更多收益等。

（3）质量维护过程成本，具体指标包括质量维护工装的减少、质量维护加工工序的减少、质量维护的人工减少、维护质量检验工序的减少，具体的价值为因减少耗费带来的收益、因效率提高带来的更多收益等。

10. 信息系统管理

前面提到了，生态式协同组织有效运营的关键是建立全景式的信息沟通系统，其中专项工作沟通群组和临时工作沟通群组属于纯粹的工作协商沟通场景，而基础信息数据库、运营功能数据库、经营效能数据库等信息系统主要是数据录入及功能性数据生成系统。前者虽然也需要一定的布局设计和建设，但由作业参与人员自行组成并进行交流沟通就可以了，而后者则需要系统化的布局、搭建和维护。其提升型绩效包括：

（1）维护成本，具体指标为故障率的降低、升级和再开发费用的降低、数据维护人员成本的减少等，具体的价值为维护成本降低带来的收益。

（2）明晰度，具体指标为能完整获得所需信息的人员数、对自我工作整体要求明晰的人员数、对自我工作与协作单元匹配关系明晰的人员数，具体的价值为个人工作效率提高带来的收益、作业单元之间协作效率提高带来的收益。

（3）信息体系完整性，具体指标为功能性生成数据的数量、可自行完成计算的数据种类、沟通时间的缩短、决策失误的减少等，具体的价值为沟通效率和决策效率提高带来的时间收益，表现为整体所节约的时间段中实现的经营收益。

（4）安全性，具体指标为外协数据的减少、信息权限不合理数量的减少、错误信息数量的减少等，具体的价值为信息安全损失减少带来的收益。

11. 财务管理

（1）税务筹划，具体指标为依法进行税务缴纳的方式，具体的价值为税务依法合理筹划带来的效益。

（2）资金调度运用，具体的指标为在不影响使用的前提下，运营资金减少的额度，具体的价值为节约资金的利息收益、节省资金开展其他业务带来的预期收益。

（3）效益空间，具体指标为发现的效益空间，比如成本的降低空间和效益的挖掘空间，具体的价值为成本降低和效益挖掘带来的收益。

（4）资产运用效能，具体指标为资产的运用效率，比如资产闲置时间的减少，具体的价值为减少闲置资产产生的利息。

（5）风险控制，具体指标为财务违规数量和耗损的降低，具体价值为降低成本和耗损带来的收益。

（6）业务投资评估，包括技术改造、设备装备投资等。具体的指标为投资效能价值分析，具体的价值为分析对科学决策的指导性，以及因此带来的投资收益值。

（7）闲余资金利用，具体的指标为闲余资金的资本化运作，具体价值为闲余资金的运作收益。

12. 投资与资本运作管理

（1）投资收益溢价，具体指标为固定资本的投资收益率，具体的价值为固定资本的投资收益超出预期的额度。

（2）投资股权估值，具体指标为股权投资中，单位资本代表股权的额度。具体的价值为单位资本代表的股权超出预期的额度。

13. 设备管理

（1）设备良好率，具体的指标为设备即时可用率，具体价值为减少耽误产量损失带来的收益、客户交单满意带来的续单收益。

（2）设备折损速率，具体指标为设备的定期实际折损值，具体价值为设备定期实际折损值减少带来的收益。

14. 产业经营体系规划

产业经营体系包括产业发展战略定位、各业务的发展协同关系、内部业务运营的模式、关键资源和职能的布局与管理等。其提升型绩效包括：

（1）战略发展协同提升，具体指标为企业业务发展的速度加快、整体的经营效益提升，具体的价值为企业的规模、效益、整体价值增长速度加快。

（2）运营效率的提升，具体指标为人均产值的提升、人均效益的提升等，具体价值为企业效益的提高、资源累积数量的提升。

（3）资源效能的提升，具体指标为平均资源产出的提升、资源效能适用性的提升等，具体价值为该资源对企业效益贡献率的提高。

（4）知识技能效能提升，具体指标为企业知识技能的分享、共享普及性与衍生数量的提高，具体价值为因充分地解决问题而带来的企业收益。

（5）资源积累产出率提升，具体指标为企业战略资源积累的速度和数量，具体价值为企业实现战略发展目标的速度加快。

15. 专业职能产业化管理

专业职能产业化管理就是以激励的方法，激励企业人员将公司具有的优势技术、优势生产工艺、优势设备管理方法、优势管理方法等，以创客的方式发展成为企业新的产业模块。其提升型绩效包括：

（1）申请产业立项的数量，具体指标就是向企业申请将某项专业职能发展成企业的创客型业务，并启动相应的激励机制、投资机制、业务运营机制、管理管控机制等。具体的价值为增加企业新产业的成长机遇、培养和发现企业的经营型人才、形成经营运作管理的氛围。

（2）实现产业立项的数量，具体指标为满足审查条件并立项为创客型业务的数量，并切实启动相应的激励机制、投资机制、业务运营机制、管理管控机制，具体的价值为加快了企业产业孵化的进程，拓展了发展空间，也培养了更多的经营人才。

（3）获得风险投资的数量，具体指标为通过审查满足吸引风险投资的条件，并且达成了投资协议，具体的价值为加快了企业产业孵化的进程，拓展了发展空间，开始通过资本运作实现资本的增值。

16. 组织功能体系规划管理

组织功能体系规划的作用是为了实现经营与发展目标，在既定资源下科学匹配各个功能，其价值来源一是通过功能组合实现经营与发展目标，二是通过功能相关作业单元的合理定位，使作业单元在同时完成多项功能时更加集约、高效、低成本。其提升型绩效包括：

（1）功能更加符合经营策略与发展战略定位，具体的指标为同一规模资源投入下，企业竞争力变得更强、企业既定目标实现得更好、企业既定战略资源积累得更多等。具体的价值为企业投资收益率的提高、企业资产收益率的提高、企业战略目标实现的提速等。

（2）功能的实现方法更加集成，具体指标为完成功能的辅助性职能变少（而更多的是由主体业务链直接完成）、每个作业单元可以同时对更多的功能发挥作用、有些功能可以由更少的作业单元来实现。具体的价值为降低实现功能的成本而获得的收益、提高功能实现的效率带来的收益。

第三节　各类别绩效贡献的体现方法

在生态式协同组织中，为了使价值绩效管理真正发挥作用，并能够保证生态式协同组织实现自主、自动、自发的运行，所有的价值绩效成果必须转化为能够用货币进行表示的量化结果。为了便于进行货币化的量化计量，并"建立基于价值链和业务链的绩效目标体系"，生态式协同组织在改进、提升方面的绩效主要是对几大企业价值要素的贡献。由于价值绩效目标纷繁复杂，对于实在无法用货币方式进行量化计量的价值绩效指标，就使用和货币化量化计量具有同等衡量标准的企业价值系数。

在传统的科层制组织中，对于任何一个岗位和人员的绩效、任何类别的绩效，其传统的衡量方法是将工作的完成情况以及个人工作的表现情况相结合，那种模式下的绩效考核方法往往是由管理者进行考核、确定、核算及兑现。但是在生态式协同组织中，没有了上级管理者，绩效的衡量与考核也不是由上级管理者进行评定，采取的是自动的、公认的衡量与考核方式，并在此基础上进行核算和兑现。为了实现生态式协同，让人们自愿、自觉、自动地协作、提高和改进，就必须实现绩效的自动结算和兑现，这就要求要把绩效的成果和最终的经营成果挂钩起来，这样才能保证人们对利益的分配没有分歧、没有异议，进而自愿接受、自觉遵守。而实现这个结果的前提是专业职能绩效必须是以统一的方式标准同企业的效益以及发展前景相关联起来的，而且也必须体现出对企业效益的贡献和企业发展的前景贡献。这不仅仅是为了使各类绩效直接和企业的经营发展效果挂钩，更重要的是以这种方式将各个作业单元的工作成果和最终的效益效果联系起来，使各个作业单元能够明白自己的工作绩效与企业经营成果的关联，从而使用区块链价值创造增值对各个作业单元进行激励。

企业的效益用利润来衡量，而利润又可以通过成本的降低、销量的增加、价格的提升等来提高。企业未来发展的空间我们用发展景气指数来衡量。

1. 作业单元绩效的效益衡量模式

各个作业单元的工作绩效，有些是可以直接和企业的效益，也就是利润相挂钩的，并且可以直接由企业效益推算出来，我们称之为效益型绩效，比如销售、生产、物流、采购、仓储、技术设计、设备管理等作业单元的绩效。这些作业单元的工作基本上都是和企业的经营生产的产出直接挂钩的。一方面，这些作业单元的工作成果是完成了相应的产出任务、相应环节的工作，比如说生产的数量、销售的数量、运输仓储的数量、技术指导的数量、采购原料的数量等，没有这些工作的绩效，就无法完成最终的销售额与经营利润。这些作业单元的工作，需要花费一定的费用、时间等完成。另一方面，这些作业单元还可以改进自己承担的工作，通过改善工作，可以实现更少的时间、更少的费用、更高的质量、更高的收入、更大的形象影响力、更少的税收。这样在完成既定工作要求的同时，还能为企业整体创造更多的价值和效益。

而像财务资产管理类、人力资源管理类、行政后勤类、审计督查类、档案管理类的工作，其具体的工作内容和企业一定时期内的效益产出没有直接联系。这类工作量和企业效益产出之间不是线性关系，比如档案管理、审计督查，其工作量并不是和企业的销售额成正比关系的，我们称之为专业职能绩效。在企业常规的效益产出之下，仍然可以将此类作业单元的专业职能绩效成果按照某种价值系数和主体作业单元的绩效成果形成比例进行计算。这种价值系数的初值是在作业单元刚开始履行职责时的分配额度，并按照开始的额度获得价值分配（薪酬、劳务费、契约收入等），后期作业单元在工作改进中创造的更多效益，再由本作业单元按照既定的方法分配享受。

对于各作业单元的工作及其绩效，按照价值系数进行相应的衡量与分配，第一步是要划分清楚资本和人力在企业价值创造中的比例关系；其次才是划分清楚各类人力价值创造额度在企业整体价值创造额度中的比例关系。

2. 企业发展景气指数

企业发展景气指数主要是指企业进一步、大范围、高层次发展的可能性，这具体包括发展空间、需要的资源投入和业务成长空间。如果考虑到市场竞争性，企业发展景气指数是指在同类企业或者在整个企业生态体系的相应生态圈中，一个企业未来发展的能力，如果再考虑到可行性，就专指在未来（滚动）五年的发展能力，也就是说，作业单元实现的专业职能绩效，取决于其对企业未来（滚动）五年发展能力的作用和贡献。

企业的发展空间是指企业发展的方向的多少，具体体现在企业以下几个方面，这些都是企业实现成长、不断壮大自身实力的具体方式：

（1）既有业务的良性扩张：就是指现有的产品、服务或者商业模式，在区域上、产品线上、客户层次上、对其他产品支撑上的改进和扩张。

（2）新型业务的良性扩张：这主要是指公司业务在协同产业链上的、相关多元化上的、非相关多元化上的扩张，也就是对新产业能够有效介入和发展。

（3）企业商业模式的升级：就是指公司除了实物或服务的实业经营这一商业模式外，还发展衍生出资本运作、技术合作、资源经营等多种商业模式。

（4）企业盈利效能的升级：就是指企业的运营效率、变化反应速度、精益化程度等方面有了相应的提升和提高。

而需要的资源投入是指从开展建设到实现良性循环发展所需要的资源投入。所谓的良性循环发展就是指企业在产品技术、市场运作、现金流循环、供应链管理、关键职能服务等方面能够自行造血、自身循环的发展。

业务成长空间指在同样的投入下，某一发展方向上企业业务在既定时间内成长发展的速度，也就是指业务整体价值发展的速度，包括利润、品牌、市场规模、资源积累等。

企业发展景气指数就是在发展空间、需要的投入和业务成长空间三方面的综合指数。当然企业无论想要从哪个方面实现发展，就必须具有相应的条件，企业具备的条件越好、越充足，克服环境困难和抓住机遇的能力就越强，企业具备的条件越差、越不足，克服环境困难和抓住机遇的能力就越弱。

因此要把决定企业发展景气指数的三个方面转化为代表企业自身条件和能力的指标。以下五个方面的发展势能指标可以代表影响企业发展景气指数的内部条件和能力，即资源积累程度、组织效能整体状态、经营体系资产、职能性体系资产、新业务层次与类别的发展演进等。我们可以看出，这五个发展势能指标都不是常规性的作业运行绩效，比如编制财务报表、保证档案的完好与方便查阅等，而是增值型的绩效，比如财务报表的内容让各级作业单元的协同决策更加有效、档案信息查询时自动搜索和匹配让解决问题的能力实现了综合提升等。

各个专业职能绩效和企业发展景气相挂钩，具体表现为该专业职能绩效通过这五个发展势能指标为企业的发展景气做出了贡献。

（1）企业发展资源的积累。企业发展资源是指对企业进一步成长发展有帮助的资源，这包括：

1）技术储备，就是使企业可以通过产品升级、沿产业链延伸、专项行业技术产业化、扩大产品线、技术专利服务转让与合作等方式进行战略扩张发展的产品技术、生产工艺、装备改造的技术储备。

2）融资信用，就是指公司获取资金和资本的信用，这涉及银行贷款、供应链金融、融资租赁、企业债券发行、战略投资介入等融资渠道。

3）行业声誉，就是指公司在行业、产业乃至整个经济环境中的声誉，包括企业的品牌、社会形象、影响力等，这对企业新业务的拓张、战略投资的引入、外部合作者的召集有积极影响。

4）人才资源，就是指通过招聘、培训、工作锻炼等方式，使公司人才的能力结构更加多元化，可以为企业跨行业发展提供相应的人才保障。

（2）组织效能的提升，就是指企业组织运营中各方面能力的提升，这主要包括：

1）质量保障能力，就是指在成本不提高、效率不降低的前提下，保障企业产品和服务质量的能力，包括一次合格率、产品故障率、产品稳定运行周期等。

2）成本管控能力，就是指在质量不降低、效率不降低的前提下，降低企业整体运营成本的能力，包括直接成本、费用成本、返工成本、质量成本、原材料利用率等。

3）决策效能，就是指企业各类关键决策的正确性和即时性，包括投资决策、用人决策、组织决策、战略决策等。

4）作业运行效率，就是指在不增加成本的前提下，提高企业整体作业运行的效率，包括减少返工、减少拖拉、减少等待、减少推诿、减少研究次数、减少无效作业等。

5）客户满意度，就是指在不增加成本、不降低效率的前提下，提升客户和消费者满意度的能力。

6）柔性应变能力，就是指提高企业对外部环境变化时的应变能力、适应能力、保持经营效能的能力。

7）生态进化（变革）能力，就是指企业调整自身的组织运营模式，以保证自身能够减熵赋能、顺应环境，满足经营体系的需要。

企业组织效能的提升往往是通过作业技巧、独家工艺、信息管理、运行流程、工作方法等方面的改进来实现的。

（3）经营体系资产的增加，就是指企业各类行业、各类性质的经营经验和管理能力的提升，主要包括：

1）跨行业投资经验，就是指企业获得了系统、完整的跨行业投资经验，其中包括行业的发展规律、风险判断、选项模式等。

2）跨行业经营经验，就是指企业获得了其他行业经营管理的关键、重要经验和方法，包括竞争规律、广场规律、投入与回报期、行业演进规律等。

3）跨行业市场经验，就是指企业获得了其他行业市场开发的关键方法，并能够快速获取市场资源。

（4）职能性体系资产增加，就是指在没有不必要浪费的前提下，企业拥有了更多的职能管理能力，这包括拥有了企业原来没有职能中的部分职能或者全部职能，比如企业原来没有国际融资职能，如果现在有了就是职能性体系资产增加了。

（5）企业业务层次与类别发育演进，就是指企业拥有了发展新业务的可能性和基础，就是在技术、产品、市场、生产、供应链等相应环节中开拓了新业务。

企业发展的景气指数就是以上五个方面的有机组合，其中资源积累和组织效能是最重要的。企业未来五年的发展景气指数就是由企业以上五个方面的综合势能系数和同类企业中前五位平均水平的比值来表示，比值越大代表企业未来五年的发展景气越好，比值越小代表企业未来 5 年的发展景气越一般。

第四节　可兑现绩效的衡量与核算方法

要想建立生态式协同组织，就必须对组织中作业单元和个人的各类绩效进行有效的衡量与核算。

资源积累程度、组织效能整体状态、经营体系资产、职能性体系资产、新业务层次与类别的发育演进五个发展势能指标形成的企业综合发展势能系数就代表了企业的发展景气指数，具体的量化方法是对每个方面的发展势能系数进行加权求和。每个方面的势能系数是由企业在该方面各组成要素势能的数值与同类企业中规模前五位企业同类要素势能平均水平的比值来表示的，即：

每个方面的势能系数＝∑（每个方面势能各组成要素的势能数值÷前五位企业平均水平的势能数值×权重系数）

这样就得出企业五个方面的势能系数。五个方面势能系数的加权值，就是企业整体的发展势能系数，也就是企业发展景气指数的值，如下式所示：

企业发展景气指数＝资源积累程度势能系数×25%＋组织效能的整体状态

势能系数×20%+新业务层次与类别的发育状态势能系数×20%+经营体系资产势能系数×25%+职能性体系资产势能系数×10%

当然，每个企业的权重值并不是完全一样的。

我们的主要目的是衡量生态式协同组织中各个作业单元的专业职能绩效对企业发展景气指数贡献的大小，以便更好地进行价值增值的衡量和分配，所以我们更关注的是作业单元的专业职能绩效对企业发展景气指数增加值的影响。在具体的贡献计算中，主要是依据作业单元创造升级的专业职能绩效所产生的五个发展势能指标增加值，计算出其对企业发展景气指贡献的增加值，这个增加值就是作业单元的实际贡献值。

所以，各作业单元的专业职能绩效对于企业发展景气指数增加值的贡献就是指在以上五个方面产生的增加值贡献，再按照上述的加权方法就可以计算出某一作业单元对企业发展景气指数增加值的贡献。

同行业前五名企业发展势能指标的平均值，由于各企业信息保密，往往无法得到有用的信息和数据。但是如果注意日常信息的收集和分析，还是能得到有价值的信息的，就像当年日本通过我国大庆油田第一口油井的照片，就能分析出我国石油工业的信息一样。

不同专业的作业单元，其专业职能绩效内容不一样，对企业发展景气的五个发展势能指标的影响也不一样。根据这五个方面的发展势能指标，再加上效益型绩效的各类指标，就可以对所有作业单元的组织价值创造贡献进行衡量，真正体现命运共同体组织中每个成员的价值，也就可以有效构建生态式协同组织的动力系统。

作业单元每一个具体的专业职能绩效对公司发展景气指数增加值的贡献的具体衡量核算步骤如下：

第一步：确定作业单元专业职能绩效的额度。企业可以自行制定专业职能绩效的价值贡献衡量体系，按照其对五个发展势能指标的影响分出级别，每个级别对应一定的分值。比如某一专业职能绩效对五个指标中的资源积累程度的影响，见表7.1：

表 7.1 专业职能绩效资源积累程度分值表

企业发展资源的积累							
技术产品储备		融资信用积累		行业声誉		人才资源	
状况	分值	状况	分值	状况	分值	状况	分值

等级和分值，按照企业的发展战略和发展进程，依据对关键成功要素的影响程度进行设定。比如技术产品储备，可以分为弥补型1、2、3级，优先型1、2、3级，领先型1、2、3级，碾压型1、2、3级等，这其中包括了技术产品比行业其他企业"好"的范围和程度，也就是有多少个方面好，每个方面好到什么程度。等级和分值多少的设定，主要考虑企业自身在发展势能积累方面的需求以及因此准备采取的激励策略，需求迫切就多设，需求不迫切就少设，这就是机制的作用。

第二步：在确定了专业职能绩效的贡献分值后，再按照计算公式，确定其对企业发展景气的贡献值。将每个作业单元所有增值型专业职能绩效的企业发展景气指数贡献值计算出来，就是其综合的企业发展景气指数贡献值。当然企业也可以不参照同行业的其他企业，只是根据自己企业发展势能建设的需要，设定相应的企业发展势能贡献分值，根据作业单元的完成情况直接进行评价并为该作业单元赋予相应的分值。

第三步：进行价值分配核算，可以参照薪点工资制的方法，为每一个企业发展景气指数贡献值赋予一定的价值分配权限，可以是奖金、干股认购期权或者项目毛利分配期权等，最终按照核算的结果进行季度或年度兑现。

各类专业职能对企业发展势能和景气的作用是不一样的。

按照价值链的作用方法，各专业职能绩效对于企业发展景气的作用可以分为核心推进型、基本保障型和外围辅助型三种。

核心推进型：核心推进型处于公司价值链的主体位置，这些专业职能的工作是形成产品和服务的关键，这些工作的改进和提高可以直接提升企业的盈利能力、市场竞争力和未来的发展潜力。

基本保障型：基本保障型的专业职能对于企业来讲是必不可少的，包括国家的硬性要求、企业经营的必备等，但是这些专业职能并不直接生成产品和服务，其工作的改进对于企业的发展和效益推动比较有限，一般只能使成本、效率、安全等方面有所提高，对于公司的产品、服务、资本增值、客户体验等关键的竞争力因素不产生重要的作用。

外围辅助型：外围辅助型的专业职能对于企业来讲是可有可无的，很大程度上都是可以外包的专业职能，其对价值链的主体增值作用不明显。

当然，不同行业的企业，核心推进型的内容也不一样，比如在制造业，技术、生产和营销都是核心推进型的专业职能，而在融资租赁企业里，市场、放租、产品设计才是核心推进型的专业职能。

比如行政办公室如果只管理后勤工作的话就是外围辅助型的，但是如果涉及市场危机公关、企业文化建设、房地产公司的前期拿地等工作的话，就成了核心推进型和基本保障型的了。

在设定专业职能绩效的企业发展势能贡献分值时，要综合衡量各职业职能绩效的性质和对企业发展势能与景气的作用。

由于企业规模有大也有小，同样的一项专业绩效结果对大企业和小企业的影响也许是不一样的。那么该如何确定一项专业职能绩效结果对于企业发展景气指数影响的大小呢？专业职能绩效对企业发展景气指数的影响与企业规模的大小有什么关系呢？

同样的一项专业职能绩效成果，对于不同规模企业已有的资源、能力和体量来讲，所占的比例是不一样的，对于不同规模企业的意义也是不一样的。但是我们认为，无论是大企业还是小企业，一项专业职能绩效成果本身存在的绝对价值是一样的。虽然相对于大企业来讲，一项专业职能绩效成果在数量上可能微不足道，但这项专业职能绩效成果也可能为大企业创造出很大的价值。

因此我们基本的结论是，在核算一项专业职能绩效成果对企业发展景气指数的影响价值时，不考虑企业规模的大小，只考虑其本身创造价值的大小。

每个企业在战略方向的选择上是不完全一样的，同样的一项专业绩效成果对不同战略选择的企业的影响也是不一样的。那么该如何确定一项专业职能绩效成果对于不同战略选择企业发展景气指数影响的大小呢？专业职能绩效成果对企业发展景气指数的影响与企业发展战略是什么关系呢？

　　我们认为，一项专业职能绩效成果的价值是需要和企业的战略选择相匹配的，而且这一点也比较容易做到。因为企业的战略选择当中就包含了业务方向、竞争优势、组织效能定位、商业模式等方面的内容。企业在确定了自身的战略选择之后，一项专业职能绩效成果是否符合企业战略的选择就是一目了然的了。而且企业在设定一定时期内（比如滚动五年）的增值型专业职能绩效贡献分值时，一定会根据企业既定时期内（比如滚动五年）企业战略发展和价值创造的需要来设定，在增值型专业职能绩效指标的选取以及每一项增值型专业职能绩效分值大小的设定上更是如此。

第八章

生态式协同组织的动力体系

生态式协同组织的动力体系是指推动企业组织实现生态式协同状态下运营和演化的动力系统。就是说要构建什么样的动力机制，才能使企业组织的生态式协同状态得以保持、强化，而不是衰减、消退和变得混乱。当然，实现企业组织生态式协同状态的主体仍然是组织当中的人，因此要挖掘人性当中能够使人保持生态式协同状态的因素，并克服使人脱离生态式协同组织状态而进入非合作性博弈状态的因素。这就需要弄清楚人们脱离生态式协同组织状态而进入非合作性博弈状态的因素和发生形式。

人与环境是互相影响的。人是环境的产物，我们可以通过对环境的改造来影响人；同时人反过来可以改造环境，并且人也是环境的组成部分。

组织中人的思维与行为是其自然本性社会化演变的结果，在管理上要通过对组织环境和人积极互动关系的塑造，激发人们不断自我内生生态式协同组织行为的意愿，进而形成高价值创造效能的组织运营体系。

由于信息通信技术和智能化的发展，社会处在一种变革的时期。人们常说起混沌和秩序之间的关系，比如在企业的组织及管理上，有人认为基层人员的行为应当保持高度的秩序，而高层人员的行为应当保持一种混沌的状态。其本意是基层人员的生产作业工作，需要用标准化、规范化和制度化的方式保证其专业作业效率和整体协作效果，而高层由于需要面对多变的环境和客户需求，要保持随机性以应对变化。这是有一定的道理的。

但我们认为其局限性在于：一是仍然是在科层制组织模式下考虑这个问题，其基本的思维逻辑框架还是传统的；二是对于秩序与混沌状态的理解和定义不全面，秩序的内涵不仅仅是标准、规范和制度，内心和思维感知上的默契是一种更高级的秩序。我们研究的生态式协同组织的秩序与传统的科层制组织秩序的实现方式有很大的差别，因此保证其秩序的动力系统也与传统科层制组织有很大的差异。

第一节　动力体系的必要性和目标

生态式协同组织动力体系的目标就是推动组织中的人们自觉按照生态式协同组织的运营要求去努力、去行动，这其中包括各种在企业经营发展过程中需要企业人员去实现的目标和做出的行为。

所谓的业务自主运营是指，各项业务的开展不像科层制组织那样由公司各级负责人层层推动，而是根据功能层级，由相关功能单元和作业单元自行协调、协同完成。企业人员自主的工作并不能保证企业业务的自主运营，因为个人的自主努力未必在目标上和企业的发展一致，只有自主的协同工作才能保证企业业务的自主运营。

一、自主与协同

我们希望企业所有的人员都能够自主地开展工作，这种自主不是完成基础工作就可以了。这里所说的自主包含以下几个方面：一是要有较高的目标定位和绩效要求；二是要有不断进取、不断提升的目标追求；三是要为完成这些目标持续地努力；四是为了完成这些目标会想方设法、绞尽脑汁。

在完成工作目标的过程中，每个人不是仅仅考虑自己的工作，而是自动地眼观全局、前后接棒、左右联手，自主地去协同、去协作。这表现在工作目标的设定上、工作时间的安排上、工作方法的协调上等。

二、自主协同满足客户

满足客户的需求主要体现在以下几个方面：一是既定订单的保障；二是订单的临时改动；三是产品服务的整体改进，也就是新产品的开发；四是产品服务现场的服务；五是产品服务的升级换代。按照常规程序化的作业完成上述的目标倒不是很难的事情，但这些工作开展的过程中，难免会出现很多意想不到的变动，这就需要各个专业职能的作业单元互相协调和统一匹配。另外，在满足客户需求的同时，又不能过多地影响企业的效益和效能，因此就需要各个专业职能的作业单元通过提升自身的工作效率和整体的运作效能来满足客户的需求。

三、自主改进作业水平

即便不是为了满足客户的需求，各个专业职能的作业单元也能够自动自发地提升作业水平。作业水平的提升包括：通过专业化水平的提升实现工作成果价值创造、通过作业的精益化减少不必要的浪费、通过内容的集约化提升成果的质量层次、通过内容形式的优化使其融入协同体系、通过功能体系的协同布局提升企业的整体经营水平。

四、自主协同进行创新

创新的范围广泛、内容多样，而且在很大程度上受个人认知能力和专业水平的影响。在实际的工作中，自主协同并进行创新的条件和要求是很高的。在生态式协同组织中，自主协同创新的内涵包括：根据企业的发展共同确定创新的方向和目标、共同商定彼此在创新中的角色定位、共同商定并接受创新项目的效益分配、共同商定调整方案以适应创新实施过程中发生的变化等。

上述这些有关创新的工作内容都具有很大的挑战性，对任何一个团队来讲都是较难实现的。在生态式协同组织中，创新团队的组团方式，一是一方有创新的意愿和想法，去说服其他单元共同组成创新团队；二是大家都发现了创新的潜力空间，一拍即合并组成创新团队；三是根据功能层面的需要和倡议，共同组成相应的创新团队。

五、自主协同提高组织体系效能

组织体系效能就是指组织运营体系的价值创造效能，提高组织体系的效能属于创新的一种形式，并且是难度比较高的一种创新形式。单个作业单元工作改进本身也可以提升组织运营体系的价值创造效能，而且还不影响组织的正常运营，但是这只是作业技术细节方面的局部改进。如果某个作业单元的作业改进需要在整体作业模式方面进行系统的改进和提升，就必然会影响到相关联作业单元的作业模式和方法，为了继续保持整体的协同性，其他的作业单元也需要随之进行相应的优化和调整，这样的话就需要其他单元愿意接受因该作业单元作业模式变化而给自己带来的变化要求。

组织体系效能的提高并不是指企业组织运营体系全部都需要改变，其可以是某方面功能状态的提高，比如质量保障、成本控制、飞屏控制等，也可以是某类专业职能状态的提高，比如人才激励效果的提高、物流运作效率的提高、研发立项准确度的提高等。两个及两个以上作业单元的自主协同改进就能提高组织体系效能。比如物流作业单元单独的改进可以降低吨·公里的运输费用，生产、技术、物流、采购、客户服务共同改进可以大幅度降低整个产品的生产成本，但需要提高吨·公里的运输费用以保证整体目标的实现，这种情况下就需要物流作业单元重新调整自己的作业方法。

六、自主协同适应环境变化

这里所说的外部环境变化是指短期的变化，而不是长期的变化，其中包括政府政策的变化、主要竞争者政策的变化、区域市场竞争环境的变化、新产品的推出、产业链结构的突变等。任何企业都必须面对这些变化并做出快速的反应，这就需要企业各个作业单元之间的协同调整。在生态式协同组织中，面对竞争对手价格政策的变化，只需要功能管理层以上的人员做出应对决策就可以了。但是像竞争对手推出新产品这样的变化，则需要产、供、销、技等多个方面的作业单元协同协作才能予以应对。

七、自主协同孵化新产业

孵化新产业并不是一件容易的事情，特别是对企业内部来讲。企业内部孵化的新产品往往是和企业原有的经营业务有很大关联性的。比如将企业原有的设备维护技术孵化成对外提供的设备技术服务，或者将企业原有产品的自用零配件孵化成对外提供的零配件，又或者将企业内部的边角料孵化成为对外提供的原料等。虽然这种新孵化的业务和企业有一定的关联性，但是新孵化业务的经营管理模式却完全不同于原有企业的业务，而且两者往往在客户资源上也不能共享。

企业内部孵化新业务的最大阻力是参与孵化的相关人员如何同时进行原有工作和新业务孵化工作，最重要的是新业务孵化人员如何拿到自己生活需要的基本工资。在这样的情况下，对于那些有创新能力和市场能力、一定时间内能保障生活的人员，可以以低底薪和高提成乃至股权激励的方式，让这些人员去进行新业务的孵化与运作，比如通过代理加工的方式实现产品的生产，并自行推广和销售。

当然还有另外一种孵化新业务的方式，就是企业内部的某些人员具有和现有业务完全没有关联性的业务经营能力并开展相关的业务孵化，企业将资金投入一个非相关的行业业务，这种风险会更大。

八、自主协同业务扩张

业务的扩张就是指原有业务在区域、客户群体和产品线品种上的扩张，比如进入新的地区市场、开始服务新的客户群体、为同一客户提供更多的产品选择等。由于互联网的兴起，业务扩张的方式也和以前不一样了。原本的业务扩张需要开展以下方面的工作：一是要关注相应区域的客户，与之进行沟通和接触；二是要根据相应区域和客户群体准备与之需求匹配的产品和服务；三是要构建相应的物流渠道以及服务机构。电商的兴起使得区域上的扩张不再具有特别明显的意义，关键是要针对相应的场景资源（以区域划分或者以爱好、职业、人际关系划分）建立相应的团队运营和管理。

在这样的情况下，一是需要团队中的客户体验感知沟通人员开始面向相应的客户群体建立推广模式和采取相应的工作方法，并启动相应的工作，其中重要的是建立企业和客户之间的体验感知互动体系、体验感知触点和互动模式；二是产品服务创意人员提供能够满足相关客户需求的产品服务；三是相关的支撑性专业职能作业单元给予相应的保障，比如沟通宣传策划、盈亏平衡点测算、核算账目的建立、外部区块链作业单元的引入及链接、物流运输的延伸、前期投入的资金和资源等。如何让这些工作自主、良性地发生，是生态式协同组织动力系统需要解决的问题。

自主业务协同扩张的具体形式包括：一是通过原有的营销拓展进入新市场，这就要求相应的生产、配货和物流运输能够协同匹配，一般情况下扩大数量就可以了；二是在新区域内设立独立的业务经营单元，这需要产业经营层从产业发展和业务经营协同的角度来决定，协同的方法就是从原有的业务经营单元中分离出来一个业务经营单元负责新区域市场的经营与管理。

九、自主协同业务升级

业务的升级是指在原有业务的基础上，进行业务的一致性、相关性和协同性扩张，比如向高端客户群体的扩张、进行产业链的延伸扩张、进行具有相同技术基底或者品牌基底的相关业务扩张、向同一客户群体提供更多的且和原有产品服务相协同匹配的服务产品等。

业务升级实际上也是新业务的投资和培育，只是这种新业务可以使用原有业务的部分资源。在进行以上形式的业务升级时，需要开展的工作包括：一是要明确发展战略，确定服务的客户、提供的产品服务、竞争的方式等；二是要建立创业计划和发展路径图，如资金来源、业务进展计划等；三是要优化团队、规范机制、协同运作；四是各业务之间要系统整合、分合有序、效能最大。

和自主协同业务扩张不同，自主协同业务升级中的新业务已经不属于原有业务的范畴了，而是一项新的业务内容。生态式协同组织中原有作业单元的专业能力可能无法满足业务升级对各项专业职能工作的要求，虽然有些作业单元在能力上能够满足其需要，但是由于风险太大或者可能长期见不到收益，因此原有的作业单元很可能不愿意参与到这种业务升级的工作中来。那么相关的创业团队就需要从外部引进人员或者招募人员，甚至其他的资源也需要从外部招募。

第二节　动力体系的基础和内容

一、动力体系的人性基础

动力体系的人性基础就是指促使人们积极行动的自然本能反应模式、善恶取舍道德机制、组织行为模式、行为动机机理、行动动力模式等。在这些基本的人性基础之上，如何构建组织运行机制，才能实现生态式协同组织的运行与演进升级，进而形成命运共同体式的企业发展成长模式？

现代文明社会中，特别是在物质比较发达的情况下，人们在保持基本本能的前提下，在道德水准、专业水平、职业化程度和敬业方面都有了很大的提高，而且自主意识也有所提高。但是依据生物社会群体的基本原理，在统一的社会规则下，惰性、为自己着想、贪婪、攀比、喜欢不劳而获、焦灼、从自身利益出发、心怀怨气等这些背离社会组织性的基本人性仍然会存在，并且在社会因失去外在强力管控而陷入混乱的情况下，这些基本人性会暴露无遗。

但是从另一个方面看，随着社会物质水平和信息透明化程度的提高，整体人文精神也在向更高的层次发展：人们的专业知识水平越来越高、人们的见识视野和思维范围越来越广阔、人们运用信息化工具（包括智能手机和设备）完成任务的能力越来越强、整体的社会文明水平和道德水平不断提高、社会对不良行为以及个人征信水平的监管也不断提升、人们更愿意在工作中以受人尊敬的方式体现自己的价值（而不是侵占、盗窃、鹊巢鸠占式的）、人们更愿意以自我的方式去实现整体的协同和配合。

基于现代社会中人性的特点，在构建现代组织的动力体系时，就要考虑这些人性的特点，明确需要尊重的、需要克服的、需要发扬的、需要抑制的特点，并通过科学合理的机制实现生态式协同组织建设的目标。

二、动力体系的状态模式

动力体系的状态模式，就是指在整个的企业组织中，保持一种推动力，推动每个成员积极自主地开展工作、创造更多的价值，这种积极自主性体现在工作的多个方面。这种积极自主性的存在，使得企业的经营发展呈现一种生态化的状态、自主进化的状态，也就是说，企业可以随着环境的变化和自我升级的要求自主自动地进行调整、升级、发展。这种调整包括产品与服务的调整、业务结构的调整、专业职能作业状态的调整、职能运行功能结构的调整、组织运营模式与效能的调整、企业商业模式的调整、企业运行管理机制的调整等。

企业组织的这种适应性调整包含对业务运行的适应性调整、对自身成长的适应性调整和对外部环境变化的适应性调整，并且其适应性调整本身就能够推动企业的成长和升级。

对业务运行的适应性调整包括客户订单的调整、客户技术指标的调整、供应商类别的调整、政府政策的调整、市场竞争格局的调整、产业链价值结构的调整、内部装备情况的调整、运行顺序的调整等。

对自身成长的适应性调整包括单一业务企业规模的从小到大、中型企业业务的从单一到多元、中型单一业务企业成长为大型企业、大型企业的业务从单一到多元、从单一商业形态发展成为多样化的商业形态等。

对外部经营环境变化的适应性调整包括行业及产业技术完善与改进创新和对消费者自身的变化（包括品牌意识）、社会商业模式的变化、行业竞争格局的变化（如集中化）、产业链格局的变化、产品周期的变化、行业周期的变化、产业周期的变化、经济周期的变化等的适应性调整。

任何一个长寿命企业都必然经历过经济周期，经营企业也必须要知道经济周期的一般规律。常见的经济周期理论有四个，见表8.1：

表8.1　各类经济周期理论的特点

经济周期理论	周期跨度	驱动因素
康德拉季耶夫周期（康波周期）	40~60年（长周期）	技术创新革命
库兹涅茨周期	15~25年（中长周期）	房地产建筑业周期（金融）
朱格拉周期	8~10年（中周期）	设备更替资本投资
基钦周期	2~4年（短周期）	库存投资变化

康波理论认为科学技术是生产力发展的动力，因此生产力发展的周期由科学技术的发展决定。40~60年的长周期，可分为繁荣、衰退、萧条、回升四个阶段：以创新性技术变革为起点，前20年左右是繁荣期，在此期间新技术不断颠覆，经济快速发展；接着进入约5~10年的衰退期，经济增速明显放缓；衰退期之后的10~15年是萧条期，经济缺乏增长动力；最后进入10~15年回升期，孕育下一次重大技术创新。

基钦周期认为，当经济开始边际回暖时，市场需求上升，但是企业生产来不及对销售增加做出反应，从而呈现出"被动去库存"的状态；随着经济开始明显转暖，市场需求的持续上升带来积极预期，企业于是加大生产，进入"主动补库存"阶段；经过繁荣顶点后经济开始边际变差，需求逐渐下滑，但企业还来不及收缩生产，从而导致企业"被动补库存"；当经济明显变差后，企业预期消极并开始压缩生产，进入"主动去库存"阶段；随着下一轮经济形势逐步回暖，需求再度回升，经济又进入新的一轮基钦周期中。

朱格拉周期和库兹涅茨周期都是和装备、物产的更新、更换投资相关联的。

此外还有熊彼特周期和体制释放周期。熊彼特周期是以技术创新为基础研究经济周期运动的理论。熊彼特认为，每一个长周期包括 6 个中周期，每一个中周期包括三个短周期。短周期约为 40 个月，中周期为 9~10 年，长周期为 48~60 年。他以重大的创新为标志，划分了三个长周期。体制释放周期，也称社会转型周期，此周期约为 30 年，是指社会体制变化促使社会生产力极大释放的成长周期，日本"二战"后的经济发展、"亚洲四小龙"20 世纪以经济增长方式转型为主和社会形态转型为辅带来的快速增长、我国改革开放带来的经济快速增长都体现了经济增长的体制释放周期。

在现实的经济环境中，以上的经济周期都是存在的，只不过各个周期存在互相重叠的情况。

企业自身的成长要和经济周期的发展规律相适应，才能实现企业的长期发展，也就是将产业周期、经济周期结合起来，根据产业周期和经济周期的走势，将资本增值的方式和资本的形态进行调整、优化、布局，合理地规避经济衰落期、为经济繁荣期做准备，实现价值增值的最大化。而生态式协同组织希望能够推动企业发展与经济周期的自动适应。

为了保证企业的业务组织运营能够以上述的生态式状态运转和演化，就需要动力系统来保持其动力。这个动力系统本身是多功能的，能够实现生态式组织的多种业务目标和生态进化的演化目标。对于多种业务目标来讲，就是需要人的工作动机以及工作行为模式都是多元的。由于各个专业职能作业单元的专业作用不同，其工作动机以及工作行为模式的多元化方式也是不一样的。各个专业职能作业单元以自己的专业功能为中心，尽力向外围延展，以多元化的工作动力和工作行为模式去完成众多作业单元节点多样化的业务目标。除此之外，在组织的生态式转型进化上，由于转型进化的具体内容不一、目标不同，因此最终转型进化的结果也不一样。但是无论如何，由于是在开放式的系统体系下，并且以全景式的方式进行内外信息与能量的交换，生态式协同系统的各个作业单元以及各经营层级的决策者都能够同时、同量、同频、全息化地接触到内外部的信息，并据此判断出需要进行的转型和进化，这包括了转型进化的宗旨、导向以及对自身转型变化的要求。但是由于各个作业单元都需要进行对应的转型和进化，并且此过程不能过于混乱，这就需要根据具体的实际情境，确定转型进化的重点方向和内容，比如技术升级、产业链定位变化等，由相应的专业职能作业单元作为引领进行相应的转型进化。

因此，根据以上的生态式协同组织的性能要求，动力系统的状态模式应当能够激励其中的人员产生相应的工作动机和工作行为。根据各类任务的发生频次、难易程度、完成机制等，设置相应的动力触发机制，作业单元的动力布局如图 8.1 所示：

图 8.1　生态式协同体组织中作业单元的动力布局

三、动力体系的结构

根据生态式协同组织对作业单元制定的不同目标，设置相应的动力机制。由于各类人员的工作性质、价值空间和专业方向并不相同，其需要的动力机制也不完全相同，因此企业整体的动力机制也要针对企业内部不同价值创造能力的人员来设置，以确保相应人员发挥出其全部的价值创造力。企业生态式协同组织的动力系统结构主要包含以下几个方面：

（1）业务常规运作动力，就是推动常规产品和服务的设计、采购、生产、交付整个过程的运营与运作。这个动力包括各作业单元做好自己的专业工作，该生产的生产、该采购的采购、该运输的运输、该服务的服务，这期间还要进行商务的洽谈、不确定性的沟通协调、各项功能指标的保证等。这项动力的发生周期为一日。

（2）专项职能作业提高动力，就是作业单元提高自己工作的专业水平，其价值是专业工作能够加快目标的实现、投入更少的资源实现目标、工作方法更容易被传播和借鉴、同样付出创造的价值影响更加多元化、工作成果让更多的作业单元受益、更能提高企业的效益和收益、更加提升客户的满意度和信任感。这项动力主要是激励各个作业单元自行、独立改进自身工作并创造上述的价值，其发生的周期为一季度或者半年。

（3）协同升级运行效能的动力，就是相关联的作业单元，自行协同与协作，通过彼此的协商、研究，并确定各自的作用、分工和目标，同时调整和改进以实现所在业务运行体系整体效能的提升。业务运行体系可以是客户管理、技术专利管理，也可以是资料档案管理、物资安全管理等。整体的效能可以是实现更高的目标、更好地实现目标、最少的投入和浪费、价值影响更加多元化、更能提高企业的效益和收益、更加提升客户的满意度和信任感等。这类动力一般不是由一个作业单元完成，也不是由很多的作业单元完成，会由关系比较紧密（频繁与大工作比重）的作业单元共同协作完成，其发生的周期一般以年为单位。

（4）协同提升业务功能的动力，就是和某项功能相关的所有的或者是大部分的作业单元，自行协同与协作，通过彼此协商、研究的方式确定各自的作用、分工和目标，同时调整、匹配、改进自己的工作，以实现该项功能效能的整体提升。功能可以是质量保障、安全保障、设备管理、新产品开发、对外部的感知、判断决策、风险与控制等。功能效能就是同样投入下更好的功能、同样功能下更好的客户价值感知、同样的功能下更少的投入、同样的功能下更高的效率。这样的动力发生周期为一般以年为单位。

（5）协同提升企业发展景气指数的动力，就是一个或者几个作业单元，以提升企业未来（五年内）发展景气指数为目标，自行协同与协作，在彼此协商、研究并确定各自的作用、分工和目标的前提下，通过完成某些任务或者实现某些目标的方式，提升企业未来发展景气指数的动力。这样的动力发生周期为一般以季度或半年为单位。

（6）新产品和新技术研发动力，就是推动技术作业单元或者联合其他的作业单元，共同交流、协商，明确目标和各自的责任后，共同完成新产品和新技术的开发，并取得实际的效果。这既可以是已有产品的改良、改进、升级或者拼接创新，也可以是全新产品的研发，更可以是公司某方面基础技术的研发与创新，包括产品技术、工艺技术、工装技术等。这类动力的发生周期一般以半年、年或者更长的时段为单位。

（7）应对客户需求变化的动力，就是指对客户需求的变化能够及时地反应并给予回馈。这种需求包含技术指标、交付周期、价格浮动、现场服务、购买方式等多种情况。反应的方式由一个作业单元完成或由多个作业单元共同完成。这种反应不是无原则的回应，而是在创造更多共赢价值的基础上进行的反应与回馈。这类动力的发生周期一般以年为单位，但是对于变更内容多或者范围大的客户需求，这种动力发生的周期会更长一些。

（8）构建最优运营系统的动力，就是指整个的生态协同组织，会根据所处环境的情况和特点，各个作业单元之间会自主地通过协调和匹配，调整自己的专业职能水平和定位，使整个运营系统的功能结构达到最优，包括最佳的业务策略、投入产出的最大化等，这需要运营组织的各个功能做好彼此间的匹配和各作业单元做好衔接定位。这样的调整和变化一般不是一蹴而就的，而是逐步调整到位的。在传统的科层制组织系统中，这样的调整和变化需要由高层领导组织推动完成，但是在生态式协同系统中，各个作业单元在全景式信息系统中均可以看到整体环境的变化，并能明白整个组织需要的变化，进而知晓本作业单元需要的专业职能定位。如果做不到，那么这个作业单元就要被外部的区块链作业单元给替换掉。这样的动力以年或者更长的时段为时间单位。

（9）应对市场环境变化的动力。市场环境的变化包括竞争者策略的变化、行业发展成长周期变化、短经济周期变化、消费环境变化等。应对这种变化不能靠跟随策略，必须要靠对市场发展规律的深刻把握和具有前瞻性的预测，借助引领市场的策略才可以在激烈的竞争中脱颖而出。这需要多个作业单元协同努力去实现，这类动力一般需要时时对市场给予必要的关注和研究，并做好准备，在实施中以年或者更长的时段为时间单位。

（10）应对行业和产业环境变化的动力。行业与产业环境的变化包括国家的政策、产业的跨界组合、产业的发展成长周期变化、经济周期的变化、社会环境的变化、产业技术革命等。对行业与产业环境变化的应对并不是在一时一刻中完成的，而是经过一定时间的转型变革才能完成的，具体的方法包括产品的更新换代、投资新建项目、资本运作、运营体系重建等，这些工作的完成一般需要 2~3 年的时间。此类动力以 5~10 年为时间单位。

（11）常规业务扩张动力，就是由某一部分人员组成一个新的经营团队，这个经营团队依托公司既有的业务和资源去开拓公司新的市场空间，新的市场空间既可以是新的地理区域，也可以是新的消费群体，或者是以新的渠道模式去争夺既有的市场和客户群体。这类动力需要新的经营团队具有创业精神和能力。此类动力要保持着随时生发的可能。

（12）协同多元化扩张的动力，就是由某一部分人员组成一个新的经营团队，这个经营团队依托企业的既有业务，将企业原来从外部购买的产业链内容或者公司既有的技术、工艺，自行发展成为一个独立经营的产业。具体方法是让其先为企业自身提供服务，经过一定的孵化和培育后，发展成为对外独立经营的业务。此类动力要保持随时生发的可能。

（13）相关多元化扩张的动力，就是由某一部分人员组成一个新的经营团队，这个经营团队利用公司已有的技术、工艺、市场等资源，去发展和既有业务不同但又有很强关联性的业务，并将之发展成为企业新的业务板块和经营单元。此类动力要保持随时生发的可能。

（14）产业结构升级的动力，就是按照产业链经营价值协同的原则进行各类业务扩张的动力，其包含常规业务扩张、产业链扩张、相关化扩张等内容，但是在具体的运作上不是为了发展一个新的企业业务，而是要建立企业协同化价值的产业结构，以实现资本价值业务布局和具体业务经营价值的最大化。此类动力要保持随时生发的可能。

（15）产业孵化的动力，就是依据产业发展的趋势，企业中的一部分人，自愿专职或兼职去孵化一些代表产业未来的业务，为企业未来依据产业经济发展演变的规律淘汰旧产业、发展新产业做准备。孵化的业务绝大部分情况下是和旧业务具有同类社会功能的业务，比如通信类、交通类、健康类、视频类、零售类等，也可能是和旧业务具有同类技术衍生轨道的业务，比如智能控制技术、软件技术等。产业孵化往往是顺应行业、产业、技术创新的趋势，保证企业的业务结构能够跟上趋势的发展。产业孵化的动力是所有动力当中要求最高的，因为产业孵化的成功率低、难度大、时间长，很少有人敢于冒险并坚持下去。此类动力要保持可持续、持久生发的可能。

对于生态式协同组织所需要的以上动力内容，由于思维关注点、需要的信息类别和整合构架方法、决策判断立足点均不相同，因此需要生态式协同组织中不同层面、不同特质的人员来完成，这就需要在作业单元层、功能层、经营层、产业层、资本层各个层面上进行合理的动力形式和生发机制的匹配。

当然，所有动力系统的落地运行一定是在作业单元层面上进行的。

四、组织熵的形成机制与破除模式

按照一般的组织规律，任何一种组织形态、运行模式和管理方法，都有其适用的环境，但当其所在的环境发生变化时，这种形态方法就不再适用于新的环境，并导致效能减弱、效率低下、产出落后等。而任何一群人，在既定的组织形态、运行模式和管理方法之下，随着时间的推移也会变得缺乏激情、顽固保守、维护既得利益、画地为牢、自以为是、视野狭隘、惰性十足、懒散安逸、抗拒改变等，这样组织就失去了发展的动力。这就是常说的熵理论。熵增缘起于人性和机制环境适应性两个方面，无论对于一个政权还是对于一个企业，都是无法避免的问题。历史上破除组织熵的基本方法是革命，比如封建社会国家的政权更替，近代文明中和平破除熵的方式是民主选举，包括政府领导的民主选举、企业股东大会或者董事会的推选等，这就使得组织熵在未达到矛盾激化、必须革命的程度上就会因为新任领导者的新思维而得到了抑制和破除。

组织熵的抑制和破除主要包括人的更换、机制的更换、商业模式的更换、价值模式的更换等方面。

在生态式协同组织中，大积量的组织熵却可以通过进化的方式实现规避（不是破除），这就是系统论、纳什平衡理论和耗散自组织理论的原理。

系统论是研究系统的结构组成、运行机制、动态交互、维系动力、演变规律以及彼此间的关系，并对其功能效能进行科学描述的科学。系统论的基本思想是把研究和处理的对象看作一个整体系统来对待。系统论的主要任务就是以系统为对象，从整体出发来研究系统整体和组成系统整体各要素的相互关系，从本质上说明其结构、功能、运行和动态，以把握系统整体并达到最优的目标。系统论的意义在于，让我们掌握组织系统的存在因缘、功能机制、动力来源和进化方法，并指导我们如何入手构建生态式协同组织。

纳什平衡（Nash Equilibrium），又称为非合作博弈均衡，是博弈论的一个重要术语，是由约翰·纳什提出的。在一个博弈过程中，无论对方的策略选择如何，当事人一方都会选择某个确定的策略，则该策略被称作支配性策略。如果两个博弈的当事人的策略组合分别构成各自的支配性策略，那么这个组合就被定义为纳什平衡。纳什平衡中每个博弈者的平衡策略都是为了达到自己期望收益的最大值，与此同时，其他所有博弈者也遵循这样的策略。在生态式协同组织中，每个作业单元的行为模式基本上就是遵循纳什平衡的。纳什平衡的意义在于，在构建生态式协同组织的过程中，人们组织行为的基本规律有一个基础性的定型，在这个定型之下，虽然人们的组织行为规律会出现很多不稳定、情绪化、突发性的情况，但是整体上看都是符合纳什平衡的。

耗散理论，即耗散结构理论或耗散自组织理论，是研究远离平衡态的开放系统从无序到有序的演化规律的一种理论。耗散结构是指处在远离平衡态的复杂系统在外界能量流或物质流的维持下，通过自组织形成的一种新的有序结构。"耗散"一词起源于拉丁文，原意为消散，在这里强调组织与外界有能量和物质交流这一特性。耗散自组织理论的意义在于，组织可以自行形成秩序和价值创造能力。这为生态式协同组织提供了基本的理论基础，也让我们知道组织是可以自行成长和进化的。

将系统论、纳什平衡、耗散组织理论、帕累托最优理论、自组织理论以及其他的基本原理相结合，我们就可以依据这些基础的规律设置组织要素、能力和物质性质、运行规则，去保证人们形成一个可以自主创造价值、自主进化、自主发展的生态式协同组织。基本的原则就是，在生态式协同组织中，要保持组织与外界的人员、思想、技能、机制、方法、目标、积极性、信息、认知，甚至是资金、业务的交流与互换，并用组织特有的价值匹配结构、能量引流方法和业务运营通道，实现企业价值创造的最大化和超竞化，同时用相应的组织规则引导组织成员自主推动组织的成长和进化。

五、组织动力的现实与布局

从成效的角度讲，组织动力包括组织能力和组织意愿两个方面。意愿是愿不愿意，能力是行不行，两个方面结合才能出色完成工作。组织能力要求相应的成员必须要有足够的能力，具备完成生态式协同相应任务目标的知识和技能，并且根据能力的情况来设置协同的作业单元，能力大的就可以设置个人为单元，能力小的就要设置作业小组为协同单元；组织意愿就是要有足够的意愿，这个意愿不只是一时一刻的意愿，而是包含了高度耐心、吃苦耐劳、拼搏进取、协作意识、创新探索等积极意愿。

事实上总有那么一部分人是喜欢不劳而获的，而且喜欢用一些不光彩的方法去获取个人的利益。在一个组织中，滥竽充数、浑水摸鱼的现象总是存在，而且大部分人们愿意把发生的过错推诿给别人、把功劳揽给自己。在传统的科层制组织中，上级具有相当大的权力决定下属的利益，但由于上级的个人局限性，因此揽功推过、浑水摸鱼的现象时常出现，这就极大打击了组织整体的积极性，进一步导致有能力的人离开并降低了组织的能力。生态式协同组织中，不是由上级来决定一个人的利益结果，而是个人根据企业机制自己决定最终的结果，这种机制就是让有能力、有意愿的人更有发挥空间、收益更多、更有发展前景。

为了保障生态式协同组织中人们的能力和意愿，就需要采取相应的措施、方法和机制，而且这种措施、方法和机制还应当是激发型的，而不是维系型的：前者是激发每一个成员为了成就感、快乐感和受益感而自愿自主地优化和升级组织动力，而不是像后者那样以外力的形式让成员为了服从命令、不失去工作、不受到损害、保持基本组织接纳而不得不维持一定的工作动力。

1. 人员能力的保障与释放

保持企业人员持久的组织能力，需要解决几个方面的问题：一是如何提高组织当下的能力，让更有能力的人来承担企业作业单元的工作和职责；二是随着企业业务内容和专业要求的变化，能够有充足的人才补充进来满足这种变化；三是如何让企业组织能够在各个经营和作业层次上保持相应的能力。

要想实现上述的能力目标，首要的就是要实现组织成员的进阶替换，所谓进阶替换就是通过一定的机制让更有能力的人进入到企业负责相应的工作，让更多的已有成员不断提高自己并把工作做得更好；其次是激发释放各个层次的能力，具体方法就是建立相应的机制，让各个层次人员的能力都有发挥释放的空间。

2. 积极性的保障和释放

积极性就是人们做好工作的意愿，在万物互联的全息智能社会，人们的积极性整体上看提高了很多。积极性的保障与释放其一就是留住有积极性的人员，淘汰那些不思进取、本质上没有积极性的人员，这一点通过人员能力的保障与释放机制就可以解决；其二是建立各种满足个人释放积极性的利益机制，包括保持常规工作的积极性、不断改善专业工作的积极性、和他人协作改善工作的积极性、推动业务扩张的积极性、进行深度创新的积极性等；

其三是减少让人们的积极性无法释放的障碍，例如信息不足、目标过低、上级不理解导致的行政限制、同事不理解导致的集体压制等；其四是尽量提供让人们能够做好工作的各种条件，包括信息、工具、学习资源、交流平台、授权等。

3. 不良情绪与氛围的改善

人是有感情的生命体，自然会有情绪。有些人由于原生家庭或者个人的成长经历，多多少少会有一些负面情绪和不良习惯。在组织处于困难期或者业绩低潮期的时候，这类负面情绪和不良习惯很容易显露出来并受到强化，在人群中传播和扩散。如果这种情绪和工作积极性、工作难度、低工作成效、群体性心理习惯糅合起来并造成恶性循环，就会对组织的运行动力造成极大的破坏。因此要对组织的不良情绪与氛围进行实时的监察和管控，防止负面情绪的扩散。

4. 人性光辉的发扬

生态式协同组织是建立在人性的光辉之上的，包括事业心和成就感、生命能量的不安分、公平公正意识、自我文明社会尊严（非丛林社会尊严）、通过价值创造获取回报、集体与公众意识等。而这些人性的特点在万物互联的全息智能社会得到充分发扬，这也是生态式协同组织在当今以及以后的社会中更容易形成的原因。

因此在生态式协同组织中，一方面需要建立相应的机制抑制人性的恶，比如工作信息区块链、信息记录系统可以避免成绩侵占、偷奸耍滑的发生；另一方面要建立发扬人性光辉的机制，比如良好的企业文化、激励机制等。

第三节　动力体系的塑造方法

一、基于企业整体价值的激励

激励体系是企业运行动力系统最核心的生成机制。生态式协同组织的激励体系，根本目标是形成利于激发企业整体价值创造的动力体系。企业的整体价值包含了前述的多种情况。由于企业各种类别价值创造的专业、创造的方式、创造的时间周期、创造的协同方式、创造的外部环境等均不相同，需要设计相应的激励方法组合体系，使各种类别价值的创造动力都有相应的激励方法予以支撑，也使生态式协同组织组成人员的各种价值创造行为都有相应的激励方法予以匹配。

二、基础性薪酬激励

1. 基本内涵

基础性薪酬激励就是为了保障常规业务的日常运营而设立的薪酬机制。常见的基础性薪酬激励的方法包括岗位绩效薪酬、职能职级薪酬、生产计件薪酬、市场提成薪酬等。在生态式协同组织中，工作与人匹配的基本方式不是定岗定编制的，而是根据个人或者作业单元的能力来进行工作配置的。配置的基本原则是，在常规性业务运营的状态下，每个个人或者作业单元所选择的工作分量是其能力所能承担的，并且还能有一定的时间参与工作的改进和提高。在这样的基本前提之下，基础性薪酬激励的核心方法是职能性薪酬。所谓的职能性薪酬，就是根据个人或者作业单元承担工作任务的多少和整体价值的大小来确定个人的基础薪酬，而其承担的工作任务既是自身能胜任的，也能让个人能力得到充分发挥。个人或作业单元选择的工作，可能是同一类的工作，也可能不是同一类的工作；可能是横向跨职级体系的工作，也可能是纵向整合职级体系的工作。

2. 适用范围

职能性薪酬适用于所有常规性工作任务和专业职责的配置。即便是以计件工资和提成工资形式确定薪酬的作业单元，其本质上仍然是职能薪酬的模式，只是更换了不同的表现形式而已。

3. 技术方法

基本的方法就是根据法律、法规以及基本激励的需要，设置一些基础性的激励体系，包括岗位工资、职级工资、职能工资等，当然也包括以外包劳务费用为主的工资分配模式。对于不同类别的人员和作业单元，需要采取不同的方法和模式。比如可以按照作业单元能力的大小设置职级体系的基本薪酬制度，以鼓励相应的作业单元去承担更多的专业职能工作。

职级体系的设置是按照工作单元所承担任务的专业深度和专业广度两个方面来衡量的，比如专业的类别、专业的深度、思维的全局性，职级的逐步升高代表了工作专业深度的逐步加深和专业广度的逐步扩大。一个作业单元可以承担一项专业任务，也可以承担多项专业任务。

专业工作：是指某项专业性的工作，比如出纳、薪酬管理、绩效核算、勘探测量、预算估计、成本会计、促销策划等都是专业工作。

专业职能：是指由多项专业工作组合而成的、具有一定性能效果的职务功能，比如激励、人才培养、施工管理、核算管理、销售管理等功能，其中人才培养包括培训、轮岗、主题实践等专业工作，销售管理包括定价、促销、推广宣传、发货配送等专业工作。

根据职能的大小设定相应的职级，每个职能层级的基本要求如表 8.2 所示：

表 8.2　职能层级的划分方法示例

经理层	指能够负责某项或几项专业性工作的体系设计、统筹策划、技术研发等工作的开展；或者在多维度攻关性、人际艺术性、权变性工作方面具有很强的统筹推进能力；或者作为某些专业要求不高、重复性规律性都比较强的工作的总负责人，能指导他人开展工作
主管层	指能够独立负责某项或几项专业性工作的计划、协调、操作等事项；或者作为某些专业要求不高、重复性规律性都比较强的工作的行政负责人
操作层	指只能负责一些专业要求不高、重复性规律性都比较强的工作；或者在他人的指导、辅导下完成某些专项工作或者专业性工作的简单操作性部分
实习层	指在校学生到公司进行实习；或者刚毕业大学生到公司任职，公司在按照法规聘用的同时，设定一定时间的实习期。安排其到公司相应的单位和部门了解情况，与试用期不矛盾、不冲突。实习期发放实习工资

在生态式协同组织中，职能层级并不是行政权限的层级，高层级的并不是对低层级的有命令权和指挥权。层级仅代表能力和所能承担的任务大小。在作业单元中，对涉及单元整体的事项，职能层级高的有决策权。一旦决策定下来之后，作业单元的人员就各自去完成自己的任务，职能层级低的人员如果有不明白的，可以向高职能层级的人员请教，但不是请示。不请教又做不好工作的人员会被所在作业单元淘汰。

各个职能层级的职责和能力定位说明如表8.3所示：

表8.3 各职能层级的职责与能力说明示例

经理层	经理、高级经理	根据公司的定位，组织制定企业论坛工作管理规范；负责主持企业论坛的策划、实施、推广与经营工作；负责推进论坛关键工作的高层运作	本科及以上学历，具有主持、主导省市级以上的展览、论坛、峰会项目的经历；具有广泛的、高质量的社会资源
	副经理	配合经理组织推进企业论坛的实施工作，根据经理的安排负责相应板块的工作	本科及以上学历，具有参与主持、主导省市级以上的展览、论坛、峰会项目的经历，在其中起到关键作用
主管层	主管二级	根据经理的安排独立负责企业论坛的某些方面的专业工作	本科及以上学历，参与过大型的展览、论坛、峰会项目，并负责重要的板块工作
	主管一级	根据经理的安排，负责企业论坛某些方面的专项工作	本科及以上学历，有参与过大型的展览、论坛、峰会项目，并负责其中的专项工作

根据这些基本的要求，设定个人职能等级的评价打分方法，并根据评价打分的结果确定个人的初期职能等级，后期随着个人职能的提升，再重新进行评价并确定新的职能等级。个人职能等级评价如表8.4所示：

表8.4 个人职能等级评价表

战略管理		工作成果（50）			学历资质（15）			工作经验（35）			评价得分	职能等级
打分标准	状态	一般的多产业企业工作成果案例	较大的多产业企业工作成果案例	大型的多产业企业工作成果案例	本科211	硕士211	博士211	具有相近岗位任职经历	具有多产业企业同类任职经历	具有生态小镇同类任职经历		
	分值	1~6	8~13	16~20	1~4	6~10	13~15	1~4	6~10	13~15		
实际打分												

三、自主经营体激励

1. 基本内涵

自主经营体就是在企业内部，具有独立经营性质的作业单元，这类作业单元的经营市场和客户对象可以是企业外部的，也可以是企业内部的。在企业整体的业务发展规划之下，这类作业单元可以独立设计自己所提供的服务和产品，可以自行确定符合企业整体定位的价格（比如奢侈品企业就不能把价格定得太低），可以自行寻找外部的合作机构，可以自行向市场或者客户推广自己的产品和服务。当然，自主经营体在进行自主经营时需要依托企业的平台，包括职能服务、生产装备、技术资源、信息资源、资金资源等。

2. 适用范围

自主经营体激励方法主要适用于那些工作成果比较容易衡量、服务对象和客户需求足够多、专业工作开展的空间灵活多样、业务拓展空间比较大、需要以市场化导向发挥自主经营能力的专业职能和作业单元。而那些服务对象数量不多、业务拓展空间有限的专业职能和作业单元就不适合采取这种激励方法。

3. 技术方法

自主经营体激励的技术方法主要是，对一些既定的业务模式比如产品销售、住宅装修、软件设计、管理咨询、家政服务、律师服务等，采取各个作业单元自主经营的运营方式，包括自主服务客户、自主开发市场、自主维护客户等，根据业务的完成情况，按照一定的模式进行内部利润的核算与兑现，利润的核算方式以相对净利润为主，也就是自主经营体的业务收入减去其主体的运营成本费用，企业提供的公共职能服务费用不进行详细核算，只是在自主经营体和企业之间相对利润分配的比例上体现出来。

四、股权期权激励

1. 基本内涵

股权期权激励属于股权激励的一种，但并不是将股权直接给予被激励人员，而是将股权设定成一种期权。当相关人员完成约定的目标时，这种期权才可以行权。其行权的内容和方式按照事先约定的规则进行。

2. 适用范围

股权期权激励一般适用于对企业的经营发展具有重大价值的工作成果和绩效，按照事先约定的规则以及实际完成的情况给予相应的股权期权激励。由于涉及的因素比较多，这样的工作成果和绩效往往是分阶段界定的，随着完成难度的增加以及对企业经营发展价值的贡献增大，其股权期权的价值也在逐步增加。为了便于核算，股权期权激励往往涉及企业的整体股权，因而股权期权激励的适用绩效也往往是涉及企业整体经营成果方面的，比如企业效益的增长、企业股市市值的增长、企业重大的业务经营拓展、困难期经营目标的推进等。而股权期权激励的对象根据每个企业的具体情况和出发点不同，主要分为四个对象：一是企业经营的负责人，二是企业中层以上的人员，三是企业的全体人员，四是承担某类特殊任务和职责的人员。

3. 技术方法

股权期权激励是企业激励方法中力度比较大的一种，是独立于常规薪酬激励之外的激励方法。股权期权激励的实施不能破坏常规的薪酬激励，否则就会给被激励人员造成"转嫁企业经营风险"的感觉，这样不仅起不到激励的作用，反而会引起被激励人员的反感。如果一定要减少常规薪酬激励的额度而进行股权期权激励的话，那就需要加大股权期权激励的力度。既然涉及股权，那就必然和企业的利润分红结合起来，而无论是干股利润分红还是实股利润分红，都为被激励人提供了更多收入、更持久的个人收入来源和方式，因而对于被激励对象来讲也就具有更大的吸引力。

进行股权期权激励时，首先要确定激励的目标和激励的对象。激励的目标应当是关系到企业发展整体和全局的事项，比如利润的增长、整体经营进程的推进、整体经营格局的塑造等。而激励的对象则需要根据目标完成所需要的条件而定，当个别人员就能完成时，那激励对象就是个别人员，当需要全员的参与才能够完成时，那激励的对象就是企业全体人员。

其次是需要确定各个阶段需要完成的目标以及相应的股权期权兑现规则和方法。股权期权的兑现方式包括以下几种：

一是干股分红，就是常说的只有分红权没有投票权（没有进行工商变更注册）的股权激励。当达到这个阶段既定的目标之后，被激励人就可以按照先期的规定同法律意义上的股东一起进行利润分红，其分红的股权往往是各个股东按照比例均摊给予的。

二是干股分红加投资增值激励，就是在保持干股分红权不变的前提下，当达到这个阶段既定的目标之后，被激励人可以根据前期约定的额度，对企业的一些项目进行投资，并按照保本和最低固定收益的方式取得项目收益的分红，分红资金来源于项目的毛利润。

三是实股转化，就是当达到这个阶段既定的目标之后，被激励人就可以按照约定的额度，拥有企业真实的、工商变更注册股权，可以按照公司法的规定永久地持有股权，并且可以转让、继承、买卖等。拥有股权的额度按照前期约定的规则确定，股权由各个原有股东按比例出让，或按照股权增资的方式获得。但是根据激励的需要，这种股权在分配收益上可能会比其他的投资型股东低一些，比如每份股权的分配系数是其他投资型股东的 0.8 或 0.7 等，当完成进一步的目标后，才会享有和其他投资型股东相同的收益分配权。

以上三个股权期权激励的形式往往是一起使用的，按照层层递进的原则，根据约定目标实现的情况，每达到一个更高的目标，就兑现一个更大的、更高层次的股权期权激励。

除此之外，还有另外一种更为直接的一次性股权期权激励形式，就是当被激励者最后达到约定的目标后，企业按照事先约定的股权比例，一次性向个人兑现相应的股权利益，包括奖金、利润分红、真实股权等。

还有一个问题就是要确定好股权期权的额度，就是把多少股权拿出来进行激励的问题，当然一般的原则是难度越大，激励力度就越大。

最后是需要约定各种情况的处理方式，包括对外部环境的变化、目标超额完成、公司需要投入的资源、个人身体不适不再承担任务等突发情况的处置。

五、孵化器创投激励

1. 基本内涵

孵化器创投就是，企业内部人员利用公司的有关资源，以创业的方式孵化的新业务，在其孵化成果发展到一定阶段时，如果企业通过评估认为其具有良好的投资前景和发展前景，就可以通过注入资金或者增加扶持的方式，为该孵化业务提供更多的资源支持，使其能够快速发展到可以吸引外部战略投资的阶段，以提升该孵化业务的投资估值。

企业在注入资金或者增加扶持时，要给该孵化业务的创始人和负责人一定的股权或者期权激励，以激励他们继续努力推进业务的孵化进程，逐步实现下轮的外部融资或者是投资的有效退出。

2. 适用范围

孵化器创投激励适用于擅长资本运作的实业型企业。由于实业型企业内部会有很多实际性的产品、技术和服务，内部人员在日常的工作中就可以想办法将有发展潜力的产品、技术和服务打包形成孵化业务进行孵化经营。而丰富的资本运作经验和风险投资经验，可以使企业能够从资本运作的角度提升该孵化业务成功运作的概率。

3. 技术方法

孵化器创投激励技术方法的关键是对业务孵化可行性的评判、孵化业务投资价值的评估，以及对创始人和负责人激励措施的设计。

业务孵化可行性的评判和孵化业务投资价值的评估可以根据常规的风险投资方法进行。而创始人和负责人激励措施的设计，主要包括股权激励、外部风投投资额度期权激励、投资退出盈利期权激励等。股权激励就是将该孵化业务的一部分股权给予创始人和负责人，并按照公司法规范其职权；外部风投投资额度期权激励，就是按照该孵化业务吸引外部风险投资的额度进行兑现激励；投资退出盈利期权激励，就是按照企业对该孵化业务的投资在退出时盈利的额度进行兑现激励。

六、内部知识产权激励

1. 基本内涵

内部知识产权激励就是建立企业内部的知识产权管理体系，对于员工在个人职务中的创新、发明进行界定、分类及价值分析，确定其对于公司业务发展的作用和价值，并对相应的发明人员进行激励的方法。内部知识产权激励的目的是鼓励员工在常规工作之外利用闲余时间进行工作的改进和提升。

在企业内部，可以列为内部知识产权的内容包括更先进的工作方法、更好的工艺、更优秀的创意设计等。

内部专利是企业的一种激励方法，职务发明专利的所有权仍然是归属企业的，在进行专利申请注册时，其注册所有人仍然是企业。内部专利的发明人，在未经企业同意的情况下，不能将该内部专利转授给其他的机构使用。

2. 适用范围

内部知识产权激励适用于那些可以给企业的发展带来长期或者大范围正面影响的创新和发明人员。长期就是指对企业的效益和发展有比较长远的影响，比如一项工艺技术的改进，可以使企业的生产效率和成本控制率都得到大幅度的提高，而且这种提高是永久性的，由此带来的效益也是持久性的。再比如一项好的创意设计，可以应用到企业各类产品的设计中去，为企业带来长期的收益。大范围就是指可以被企业其他方面的人员借鉴和使用，能够推进多类工作的改进。

3. 技术方法

内部知识产权激励的具体技术方法包括产品专利费、专利购买费、专利股权化、专利合伙人化等。

产品专利费就是对于被列为专利的方法和技术，根据其在产品中的应用情况，在一定时期内，每一件使用该专利的产品，企业都支付一定的内部专利使用费，当该专利因过时或者被替代而不再使用时，企业也不再支付相应的专利费。

专利购买费是指被确定为企业内部专利的技术和方法，虽然短期内无法应用到具体的产品生产或工作中去，但是对于企业的未来发展有很大的裨益，因此企业以内部购买的方式，将此内部专利从发明者手里购买下来，作为储备资源，以备未来的发展使用。

专利股权化就是对于产业价值非常大的内部专利，可以以企业或者事业部的方式成立相应的业务经营单元，而该内部专利的创造者以专利技术入股的方式成为股东，共同经营发展该业务板块。

专利合伙人化就是对于那些具有产品化功能的内部专利，在不成立新经营板块的前提下，建立专项业务，让创意发明人作为业务合伙人参与到该业务的运营发展中。业务产生的毛利（利润）按照一定的比例分配给该内部专利所有人。

在企业里，每一个人员的追求、想法和擅长的专业各不相同，有些技术人员善于发明和创新，但是对于经营却一无所知甚至是心怀恐惧。他们更喜欢把看得见的利益抓在手旦，对于"虚无缥缈"的利润没有什么感觉，因此专利购买费更能激励他们。而那些具有经营能力的人员更喜欢专利股权化和专利合伙人化的激励方式。我们上述的方法为这些情况提供了相应的选择。

像技术研发管理方法、工程项目管理方法这一类的创新和创意，其主要的价值是改善企业相关方面的管理、提升企业相关方面的效率，对应的激励方法可以类比产品专利费，按照效益、效能提升的额度进行激励。

七、职能功能增值激励

1. 基本内涵

职能功能增值激励就是对于通过提升作业单元自身的专业职能工作水平或者通过协同作业改进了企业某方面的功能而为企业带来了价值增值，比如降低成本、提升质量水平、提升生产效率、提升交付成本等，给予相关作业单元和人员一定的激励和奖励。

2. 适用范围

职能功能增值激励的适用范围非常广泛，只要任何一个或几个作业单元通过共同的提升和改进，增强了企业价值创造的功能或者给企业带来了直接的效益增值，都可应用该激励。

3. 技术方法

职能功能增值激励的技术方法就是按照价值增值核算方法，将职能功能的增值转化为可以由企业效益增加值或者企业发展景气指数增加值进行衡量的货币化量化值，并按照一段时间内价值增加值的比例或者企业发展景气增加值的点数效益值作为激励分配给相应的作业单元和人员。

八、流程整体功能绩效激励

1. 基本内涵

流程整体功能绩效激励就是根据业务流程最终绩效成果的实现与改进情况，将业务流程整体的绩效作为激励的依据，并把所有和该流程绩效有关的人员和作业单元作为激励的对象，再根据各个人员和作业单元在流程整体绩效中的作用确定他们各自的激励额度并进行分配。

流程整体功能绩效激励是不同于科层制组织中以岗位或者职位为激励对象的激励方法。在科层制组织中，以岗位或职位为激励对象的激励方法体系下，关注的往往是岗位本身的工作，基本的参照物就是岗位说明书和工作计划，而忽略了该工作在整体工作中的适应性作用，使得岗位人员专注于自己既定的职责，而不是随着整体变动的需要调整自己的工作，即便是调整，也是由上级领导根据需要重新设定岗位的绩效指标，使之适应整体的变化，而不是岗位人员自主地调整工作以适应整体的变化。在按照科层制的管理体系对岗位设定绩效指标时，因为没有哪个人可以统揽企业的价值链网络体系和工作绩效网络体系，因此各个岗位是彼此孤立地设定各自的绩效指标的，而无法整体协同起来，虽然 OKR 绩效管理方法的理念是要把所有岗位的绩效指标按照生成关系协同起来，但事实上却没人可以真正做到这一点。

生态式协同组织，除了全景式工作沟通交流模式之外，自主运营运转的组织要素还包括去中间层和去中心化的工作关联协同体系、全价值覆盖的激励体系、全息可视化链网绩效目标体系、自生式物联效能大数据体系等。在这样的体系当中，每个人员和作业单元的工作，都是根据整体的需要进行定位、调整和变动的，而不是像科层制组织那样需要由上级通过修改绩效指标来调整工作。

2. 适用范围

流程整体功能绩效激励适用于所有企业的各种业务流程，这种流程可以是端到端的流程，也可以是阶段性的职能流程，具体激励方式主要是看流程中绩效产生时间的长短、涉及作业单元的多少、衡量与计量的便利性等。如果由于协同时间的原因，端到端整体流程绩效产生的时间太长，那就需要采取阶段性的职能流程绩效进行激励；如果流程涉及的作业单元太多、影响的作业点太多，那也需要采取阶段性的职能流程进行激励；如果阶段性职能流程过短无法进行绩效衡量与计量，或者没有绩效结果，那就需要把流程阶段放长。

3. 技术方法

流程整体功能绩效激励的主要技术方法就是划分流程阶段、确定绩效内容、明确激励方式。流程阶段依据绩效结果来划分，所选阶段流程中作业单元的协同频次不能太少、协同关系要比较紧密，其中的作业单元对流程的阶段性结果绩效要有绝对性的影响。

流程整体功能绩效按照企业的功能定位和要求确定。

激励方式就是测算核定该流程阶段在企业整体价值中所创造的价值额度，并给予该流程阶段内所有作业单元相应的薪酬总额。当这个流程阶段通过内部努力改进了自己的工作效能并提高了自己的价值创造能力时，就重新评估其在企业整体价值中所创造的价值额度，并重新给予其相应的薪酬总额。

当然，不同的流程阶段其绩效的体现方式不同，相应的激励方法也不同，有的是计件式、有的是总额式等。

九、股权投资激励

1. 基本内涵

股权投资激励就是对于企业人员在内部开创发展的、已经具有一定市场前景或者盈利能力的业务，企业给予相应的资本投资，并让其以事业部或者独立法人公司的形式独立经营。在资本投资的过程中，给予个人一定的人力资本股权激励，让创业人员也占有一定比例的股权，为其提供持续、强大的创业动力。

2. 适用范围

股权投资激励的方法适用于所有企业中新业务有一定市场影响力，或者达到整体价值链雏形的状态。在进行股权投资之前需要对新业务未来的发展前景进行评估，只有那些具有良好发展前景的新业务才能成为股权投资激励的对象。除此之外，对于创业人员的创业能力也要进行评估，并以此来确定股权投资激励的方法和程度。一般来讲，创业人员创业能力越强，股权投资激励的额度就应该越大。

3. 技术方法

股权投资激励的核心技术方法就是对新业务未来前景的评估以及创业人员创业能力的评估。

新业务未来前景的评估包括总体市场的大小、业务成熟的时间节点、业务实现盈利需要的资金投入等事项，创业新业务实现盈利需要投入的资源越多，其估值越低，创业人员的股权投资激励额度也就越低。

创业人员的创业能力包括全面经营企业的能力、随着业务的深度发展自我成长的能力、持续艰苦奋斗的精力体力耐力等。创业人员的创业能力越低，得到的股权投资激励额度也就越低。

十、业务合伙人激励

1. 基本内涵

业务合伙人激励就是，在企业内部，将某项业务划分为一个独立的经营单元，以事业部或者分公司的方式进行经营。对于需要进行激励的人员（可以是业务负责人、业务关键人员，也可以是参与业务直接经营的全体人员），将该业务经营所得相对净利润按比例奖励给被激励的人员。在这种情况下，企业的股权不发生任何变动，激励和企业的股权额度也没有关系，只是按照该业务经营收益的比例进行奖励激励。

2. 适用范围

业务合伙人激励适用于所有企业中相对比较成熟、可以独立进行经营、经营获利情况比较容易核算的业务。当然这类业务良好的经营状况是由被激励人员努力实现的，而且企业也不愿意为其花费过多的资源和精力。

3. 技术方法

业务合伙人激励技术方法的关键是确定合伙人的激励比例以及绩效目标等。

合伙人激励的比例关键要看合伙人在该业务经营盈利中所起到的作用，具体可以按照经营盈利增值的部分确定比例。首先是依据合伙人激励的业务规模，基于已有效益确定基本年薪或者奖励比例；之后再依据合伙人激励业务的效益增值，按照一定的比例奖励给被激励对象。

绩效目标可以根据业务在企业里的战略定位来制定。对于新兴的业务，需要用 OKR（目标与关键成果）的方法确定战略绩效目标体系，以保障业务综合均衡的发展；对于处于盈利黄金期的业务，要以平衡记分卡的方式确定其整体的经营绩效目标体系；而对于收缩期的业务，可以用财务 KPI 指标的方法确定经营目标体系。

十一、内部工作成果使用与转让费激励

1. 基本内涵

企业内部工作成果使用与转让费激励，就是对于企业内部成员创造的、不具备知识产权性质的工作成果，比如一个软件程序、一个生产工装设计、

一个客户服务小工具、一个运输装卸保护装置等。那些具有独立经营性质的作业单元，如果使用了该工作成果，或者被授权独家使用该工作成果，就需要在一定时期之内，向工作成果发明人支付一定的费用。

2. 适用范围

企业内部工作成果使用与转让费激励适用于那些非普及性的、仅适用于某些作业单元并能创造较大价值的新型方法、技术和模式。而普及性的新型方法、技术和模式，应当由企业经营负责人在全企业进行普及性的推广，并由企业向发明人支付相应的专利费用。

3. 技术方法

内部工作成果使用与转让费激励的技术方法采取的是价值增值核算法，就是根据使用发明人工作成果所带来的价值增值数额，按照一定的比例、一定的期限支付相应的费用。

十二、资本运营价值增值期权激励

1. 基本内涵

资本运营价值增值期权激励就是对于那些通过资本运作使企业资本实现增值的人员，依据价值增值绩效进行激励的方法。资本运作增值的形式包括：

（1）通过卖出旧业务、买进新业务，使企业资本形态从处于生命周期末期的旧业务转换成为处于生命周期发育期或成长期的新业务，这个过程中的价值首先是卖出与买进的资本差值，其次是变成发育期或成长期新业务后战略经营时段内经营盈利的增加值。

（2）对于企业的孵化型业务，通过资本运作的方式吸引外部的风险投资，这其中带来的价值增加值主要是投资项目估值的溢价收益。

（3）对于企业的产品储备、技术储备、技术专利、品牌资产、硬件资产、独特专项能力等，通过资本运作的方式，以成立合资企业、授权使用、融资租赁等方式实现高估值的溢价增值。

2. 适用范围

该激励适用于企业所有可以进行资本运作的业务和资源，激励对象是所有可以进行这种资本运作的企业内外部人员，但以资本经营层的人员为主。

3. 技术方法

资本运营增值期权激励，具体的技术方法就是在资本运作完成后，根据一段经营时间内实现的企业价值增值的额度，按照一定的比例兑现给被激励人。当然这种激励是事先约定好的，期权行权就是在未来约定的时间点，根据企业价值增值的额度比例行使自己的获利权。

十三、产业运营价值增值期权激励

1. 基本内涵

产业运营价值增值期权激励就是工作人员通过产业经营和业务运营的方法，使企业的产业体系与业务体系的价值估值实现大幅度的提高，因此依据价值增值绩效对其进行激励的方法。

这个价值估值就是企业整体的价值估值，具体表现为业务结构的布局优化、业务发展潜力的增加、业务扩张能力的增加、整体组织效能的增加、总净资产的增加、业务利润率水平的提升等。

2. 适用范围

该激励适用于企业所有通过产业业务的运营而实现企业价值估值增值的情况，激励对象是所有可以进行这种产业业务运营的人员，但以产业经营层和业务经营层的人员为主。

3. 技术方法

这种价值估值增加值的计算，应当从期权的计时起点开始，核算出企业当时全部的价值净估值，然后核算出在期权激励行权点的价值标准净估值和价值市场净估值，最后用价值市场净估值减去价值标准净估值就是价值的净溢价增加值。其中价值标准估值就是将企业相关产业和业务板块的资产期权起始点值，按照投资市场的平均固定收益率，以复利的形式计算到期权行权点的资产总值，这个期权行权点的资产总值就是价值标准净估值。企业价值估值减去负债就是净估值，行权点市场净估值减去行权点的标准净估值就是企业净价值的溢价增加值。

根据约定的企业产业和业务板块价值溢价增加值的比例，对相关人员进行相应的期权激励。

十四、区块链价值增值激励

1. 基本内涵

在生态式协同组织中，每一个作业单元都是一个区块链价值增值单元，就是说每一个作业单元都可以通过改进自己的专业职能工作而为整个企业组织创造价值。对于每一个作业单元来讲，当存在有其他的、可以完成同类专业职能工作的作业单元时，现有的作业单元就可以被这个价值创造力更高的作业单元替换掉，因此每个作业单元都是以专业职能价值增值为目的的区块链，它们彼此之间互相连接，但又可以随时进行脱链替换。

基于这样的原理，区块链价值增值激励就是每个作业单元通过改进自身的专业职能工作而创造出的更多价值，应当以一定的比例和形式分配给该作业单元。在这样的激励体系下，每一个作业单元，如果专业职能工作做得不到位或有比较大的提升空间的话，那么原有的作业单元就会被其他有能力更好地完成该专业职能工作的作业单元取代。

2. 适用范围

区块链价值增值激励适用于生态式协同组织中的所有作业单元。当然，作业单元的区块链式替换有很多种形式，既可以是一个作业单元的替换，也可以是多个作业单元的联合替换，也可以是某个作业单元内部人员的替换。从功效上来讲，新作业单元可以把专业职能工作做得更精细、更能带动其他关联协同的职能工作、更能推动整个业务链的发展等。无论哪一种形式的区块链式替换，都比原来的方式更能创造价值。

3. 技术方法

区块链价值增值激励的主要技术方法就是核算新的作业单元相对于原来的作业单元在价值创造上的增值，然后按照一定的形式予以奖励和再分配。

奖励和分配的方式就是在原有的基本薪酬基础上，将增值部分的价值按照一定的比例以货币的形式支付给新的作业单元，只要创造的价值不变或提升，该激励就保持不变或提升，如果创造的价值降低，则该激励也随之降低。

在生态式协同组织中，区块链价值增值激励是推动其业务运营持续改善的核心激励方法，该方法的关键是确定作业单元的改善与改进是组织业务运营所需要的。这就需要绩效标准委员会在各个业务运营阶段制定相应的改善绩效标准，在具体的运营当中，根据改善与改进的层次由相应层面的负责人根据具体情况进行评判和确定。

十五、创客激励

创客是一个很广泛的概念，更多的是指创新创业方面，就是对超常规创新业务的孵化与培育，和业务孵化相比，创客孵化的业务更具有前沿性、前瞻性和创造性。创客激励也是从创新的角度来说的，包括产品的创新、技术的创新、市场的创新、业务的创新等。创新激励的具体措施主要有业务合伙人、股权期权、股权投资等。

1. 基本内涵

创客指出于兴趣与爱好，努力把各种创意转变为现实的人。在企业里，更多的是指创新创业方面，就是对企业超常规业务、产品和方法的创意、孵化、培育与变现。和一般业务孵化相比，创客孵化的业务更具有前沿性、前瞻性和创造性。成为创客需要很强的内在创新意愿、自驱动力、价值追求和执行效率。

创客激励就是针对创客的工作行为特点和价值创造模式，设计相应的激励体系，激发创客人员，以满足客户体验、提升企业价值累积为目标，不断涌现创意、不断实现创意、不断提升企业的价值。

2. 适用范围

创客的工作成果主要是从创新的角度来说的，包括产品的创新、技术的创新、服务的创新、市场的创新、业务的创新、管理的创新等。因此创客激励的适用范围很广，可以涉及企业价值创新创造的各个方面。当然对于企业来讲，出于战略与经营的需要，在不同的发展阶段需要重点培育相应的价值内涵，因此创客激励的方法也要与价值内涵的创造需要相匹配。

3. 技术方法

由于具有很强的创业、创新性质，因此创客的工作成果往往具有很大的不确定性，也需要承担较多失败的风险，因此创客人员在本质上具备了人力资本的价值属性，进而也就需要用人力资本的模式对创客人员进行激励。在实际当中，往往采取业务合伙人、股权期权、股权投资、企业内部专利红利、技术股本投资、专项毛利分享等方法对创客人员的工作成果进行激励。

企业生态式协同组织的动力体系属于组织运营规则的重要组成部分，由各个层面的经营负责人，根据上一级经营负责人对经营价值定位、功能体系定位、动力功能定位、激励功能定位的要求来确定本经营单元的组织动力体系和激励体系的功能要求，并由相应的作业单元根据该功能要求，在本作业单元责任范围内开展工作作业，去实现本作业单元需要完成的专业职能效果。

生态式协同组织是一个动态进化的协同组织，其价值内涵体系、任务目标体系、协同方式体系、作业单元结构都在不断发生变化，而组织动力体系正是推动这种变化发生的原动力。如果组织的动力体系保持不变，那么生态式协同组织的进化功能就会丧失，组织系统也就会在既有动力体系维系的价值上止步不前，逐渐出现熵增的现象，而混乱、争夺、保守、官僚就会使熵增的趋势得以强化，最后的结果就是组织秩序的破坏到了无法恢复的程度，熵增导致组织对外部进入力量进行恶性吸纳与同化，并使组织的价值创造能力消失殆尽。

生态式协同组织动力体系的变化包括企业价值结构和内容的调整、企业价值增值的内涵与核算方法的调整、企业价值增值激励额度的调整、协同改善增值小组内部分配机制的调整、股权期权激励条件与方式的调整、合伙人分红激励条件与方式的调整等。生态式协同组织动力体系的调整模式并不是一刀切或者齐步走，而是为保证生态式协同组织各个协同层面的最佳协同效果和最佳的价值创造效应，进行相应的组织动力体系的优化和调整。

不同产业、不同行业、不同业务性质企业的生态式协同组织动力体系，其具体的内容并不完全相同。那些专业技术含量高、经营变化节奏频繁、创造创新空间宽广、业务职能内容范畴多的生态式协同组织企业，组织动力体系的形式和内容也会更加的丰富多彩，奇正循环、转化相生的形式也就更多；而那些技术含量低、创新空间小、业务职能内容范畴小的生态式协同组织企业，组织动力体系的形式和内容也就会比较简约简洁，互生的空间就小。当一个企业从单一业务经营向集团化扩张、多元化经营、多业态经营发展时，其组织的动力体系就会发生进化与重塑；当企业从一种生态式协同模式进化为另一种生态式协同模式时，其组织的动力体系会发生进化与重塑；当企业从一种经营层次转化为多种经营层次时，其组织的动力体系也会发生进化与重塑。

第九章

生态式协同组织的管理体系

生态式协同组织系统的最根本特征和优势就是自主的协同与协同的进化。为了保证这种自主的协同与协同的进化，需要结合智能互联社会的特点，抑制人性中不利于组织化、协同的成分，激发出人性中利于自组织化、自协同化的成分，这就需要一定的管理方法和塑造机制。

生态式协同组织是一种高度文明的生态组织形式，其中没有那种丛林式的规则，依靠的是先进人性的驱动和发扬而不是靠粗暴的优胜劣汰，因此需要构建一个先进人性得以发挥的组织模式和发生环境。

先进人性的内容主要包括：一是依靠积极进取和努力获得自我的成长，而不是靠捡便宜、天上掉馅饼、侵占等方法；二是视野开阔、有大局观，认可整体发展与自我发展的协同共赢关系，而不是只顾一己私利，狭隘地追求自身利益；三是乐于协作，认同办作协同才能获得个人最大成长的理念和观点，而不是认为自己一个人能行，不需要靠他人；四是愿意学习和成长，为适应环境变化和自我的成长而自豪，而不是墨守成规、因循守旧，更不会把调整和变化看成是一种麻烦和损失；五是愿赌服输但永不服输，就是自身失败了就从自身找原因，发现自己的问题，并且愿意自我改进，而不是即便自己没做好也不愿将工作交给他人，而且还不改进。激发和发扬这些先进人性是构建生态式协同组织的基本前提和基础。

组织的生态式协同，需要通过怎样的管理体系来实现呢？这个管理体系需要解决的主要问题是如何清除破坏组织生态式协同发展的因素，不断强化促成组织生态式协同发展的因素，比如去除部门壁垒、去除过长的沟通链条、去除单线式的信息传递机制、去除前后台式的业务沟通机制、去除多干多错和多错多罚的动力抑制机制、去除价值随薪酬一起固定的工作心态等。

生态式协同组织的管理不靠上级的指挥，而是通过机制的设定引导组织成员的自我管理和自主管理。机制体系是根据经营的专业层次设定的，而不是根据组织的行政级别设定的。比如资本经营层的职责决定了其专业要求，那么资本经营层就要按照资本协同层面的专业要求，对所辖各种资本形态的资本增值功能提出要求，包括资本形态的结构、各资本形态的经营定位等；同样，产业经营层的职责决定了其相应的专业要求，也决定了其要按照产业协同层面的专业要求，对所辖各产业的产业经营增值功能提出要求，包括各个产业的价值组成结构、资源配置优先顺序、各个产业板块内部的运营效能等。这些要求就形成了生态式协同组织的管理定位，而随着各种变化的出现，不断提出适应变化的管理要求，也就成了各级经营层的关键职责。

第一节 管理的必要性与目标

人们通常认为，管理是相对于被管理而言的，就是管理者通过一定的管理方法和措施，使组织以及被管理者按照既定的要求运营和行动。因此一提到管理，自然而然就要有被管理的对象，这种意识基本是源于管理学中的 X 理论，后来出现的 Y 理论、Z 理论，都只是与 X 理论的基本假设不同，并未颠覆 X 理论的基础。但管理的内涵远远不止于此。任何一个组织都需要管理，因为环境会发生变化、运营策略会发生变化、机制也需要发生变化等，管理的目的就是使组织的运营能够符合价值创造的即时需要。个人的高素养和自主性并不能完全取代管理，因为人们不仅会因为惰性、能力不足、不劳而获的想法、争权夺利等而无法协作，追求目标的不同、观念意识的不同、方式方法的不同也会很容易导致人们各行其是，只有分工没有协作。不仅仅如此，管理应视具体情况而定，从阶级的角度讲，管理基本等同于统治，是一类人为自己的目的对另一类人自由的控制；但是从组织的角度讲，管理本身是一项专业职能，是对组织目标、资源、进程、结构、动力等的设计、规划与监管，就像城市规划设计、楼盘规划设计、施工组织设计等都属于不同的专业职能，但其本身也是一种管理一样。因此管理并不是控制和防止人们产生惰性、不劳而获、争权夺利等不良问题，而是一种专业职能，是对系统的规划、布局与升级。

生态式协同组织也是需要管理的。在假设人们有较高的素养和愿意创造价值的基础上，其管理需要解决两个问题：一是避免人们由于追求目标的不同、观念意识的不同、解决问题方式方法的不同而导致的分歧和不协同；二是避免人们因信息不足、分配不合理、无施展空间、个人合理利益被侵害、熵增恶性循环等而导致的工作动力被破坏、组织生态式协同状态滑坡。生态式协同组织最大的优势就是自主的协同、自主的成长、自主的进化，那么管理是不是自主的，答案是肯定的。生态式协同组织的管理作为一种专业职能，负责管理的人员作为一个作业单元，其工作的开展和生产操作、成本核算操作、发货操作一样，都是一种专业职能的操作，是自主的，只不过其专业是从组织系统整体的角度出发，判断和决定如何保证工作的开展，花费较少的资源，创造更多、更大的价值。前面的论述中，我们的着重点是如何让具体的业务工作作业单元自主开展、自主协同、自主升级，对于资本经营负责人、产业经营负责人、业务经营负责人和各级功能负责人等管理专业职能人员的自主性探讨得不多。那各级经营负责人和功能负责人是否需要监督、是否可以自主推进工作呢？这是肯定的。各级经营负责人和功能负责人同普通的业务工作作业单元一样，都是处于生态式协同组织的大环境中，这个环境本身就具备了让每个成员在工作中自主协同、自主成长、自主进化的条件。除此之外，各级经营负责人和功能负责人的自主性还来源于以下几个方面：一是个人的职业素养，二是相应的激励机制，三是个人的成就需求，四是其他专业职能单元的督促反馈，五是价值增值区块链的竞争，六是财富的相对富足，七是社会声誉与个人品牌，八是业务上一层经营单元对本层经营单元的定位和要求等。

所以，生态式协同组织中的管理不是最顶层的机制设计，而是整个系统中的一项专业职能，该专业职能的责任人也只是整个生态式协同组织作业单元体系中的组成部分。负责管理专业职能的作业单元没有绝对的权力决定组织系统的状态，而是要根据"价值创造最大"的原则去研究、规划、设计、推动生态式协同组织相应的体系和内容。管理作业单元的监督者是组织的全体成员，当机制不能维系、升级组织的生态式协同状态时，各作业单元、外部价值区块链、竞争者、上一级经营单元、同级功能负责人、资本所有者均可以反馈意见并要求调整。生态式协同组织最顶层的设计就是维系、升级其生态式协同状态的一套机制。

由于业务作业单元的专业方向、看问题的角度、思考问题的效能定位受限，生态式协同组织需要管理其他业务作业单元无法管理的内容。这些内容包括以下几个方面：

1. 功能协同关系的确定

企业各级经营负责人和功能负责人，需要确定企业各级经营功能的结构性标准（而不是技术性标准），通过功能的结构性标准，明晰企业各方面工作的目标，结构性标准包括各类功能的底线和上限、各类功能间的匹配关系、各类功能在各个作业单元间效果的匹配关系、各个功能之间的权变关系等。功能的管理使用结构性标准而不是技术标准，目的是给功能的生态式协同留出升级的空间，比如成本、服务、质量这三项功能的状况，可以决定价格、销量、利润之间的权变关系，在一定的成本、服务、质量状况下，可以通过调整价格和销量之间的关系，实现利润的最大化。

2. 价值协同目标体系结构与关系的确定

企业的各级经营负责人和功能负责人，对于企业相应层级经营单元的阶段总体价值发展目标，要按照价值链和业务链的模式形成一种生成实现的关系，把各个专业职能作业单元的长、中、短期工作要求与企业阶段总体价值发展目标间的生成实现关系予以明示。

3. 组织动力系统的维护

组织动力系统主要是指企业的各项激励机制。组织动力管理作业单元要根据环境变化、企业价值目标定位等因素，不断优化、调整各类激励机制的模式和方法，以保持企业的组织动力能够推进企业以生态式协同组织的状态完成价值创造的目标。

4. 价值区块链作业单元替换规则的管理

价值区块链作业单元的替换本身既能实现组织动力系统的维护，也能实现组织技能的升级和减熵赋能的作用。其管理工作可以放在动力管理作业单元中，管理工作的内容主要是监督替换规则的贯彻落实、评判新进作业单元的资质，并根据环境的需要优化替换的规则，包括新进单元的分配方法、新进单元的评估方法、旧单元的处置方法、作业单元替换后的内部衔接等。

如何才能保证不合格价值区块链作业单元能够得到及时更换呢？首先是建立替代机制，如果新作业单元能证明自己做得更好，并敢于做出承诺，那就可以替代现有的作业单元。其次是让外部知道企业的这项政策，通常情况下可以众包，就是每个作业单元的工作内容都是面向大众的，对外发布岗位招聘工作就变成了对外发布众包工作，每个"众包"的作业单元内容，固定效能持续达到一定的时间后，就可以向外以招聘的形式进行众包，吸引更优秀的作业成员负责这项工作。

5. 信息沟通系统的筹划

信息沟通体系是生态式协同组织最为重要的管理内容，其管理工作可以归为信息沟通体系作业单元。其管理的内容包括信息沟通体系的设计规划、协调外包单位进行信息沟通体系的平台建设、信息沟通平台的维护等。信息沟通平台主要的结构包括各级数据库体系、各级效能指标的算法体系、项目组沟通群组平台、项目类工作状况记录和归属记录平台等。企业内外部全息式信息体系如图 9.1 所示。

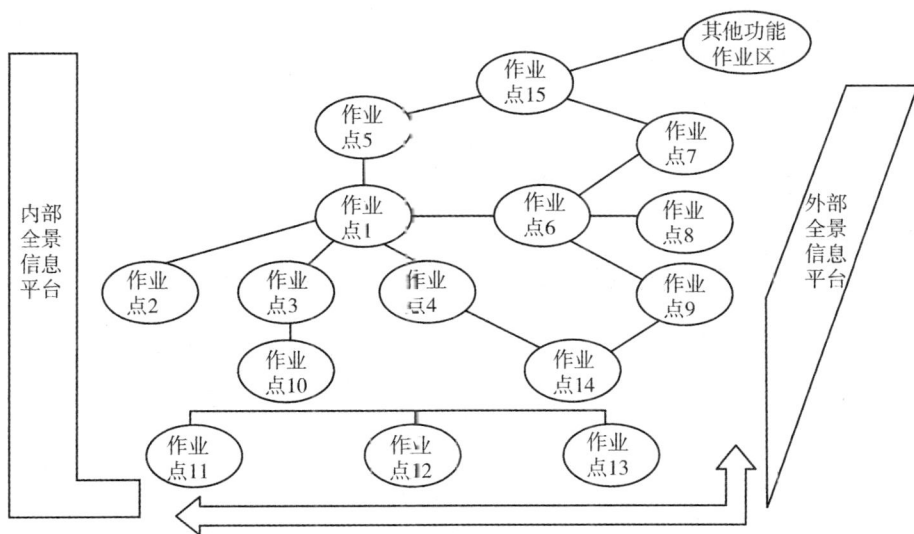

图 9.1 企业全息式信息体系示意图

6. 非法行为的监管和重大偏离状态的干涉

对于任何故意破坏生态式协同体系的行为和做法，要及时地发现和纠正。这类工作可以由经营负责人和功能负责人负责。特别是对于可能造成连锁扩散和破坏根本价值观的行为和做法，要坚决予以制止，比如剽窃他人内部知识产权的行为、不愿意与其他作业单元协同配合进行整体改进的行为等，这些都属于生态式协同组织中的非法行为。

7. 效能标准体系的管理

对于生态协同式组织，要有一定的方法去衡量其效能，也应该有一套方法去检测其存在的问题，因此需要建立一套效能衡量标准。若自主工作性、自主协同性、自主升级性、自主创新产出等方面发现问题，要及时予以纠正。效能衡量的内容包括人均产出的同比和环比、标准创新产出值的同比和环比、单位成本利润的同比和环比等。

8. 价值增值衡量方法的管理

在生态式协同组织中，组织动力体系是最为重要的内容，激励体系是组织动力体系的核心，而激励体系是以价值增值衡量方法体系为根基的。价值增值的衡量方法可以把组织中每个人的价值增值贡献进行量化核算，并将之作为组织个人享受价值增值分红的主要依据。价值增值的利润，按照企业原有平台资本、企业原有资源资本、个人人力资本、后期各方投资资本的贡献进行分配。

第二节　管理的措施与方法

在生态式协同组织中，基本上不再有行政指挥式的管理，每个人工作的积极性、自主性和进取性均靠个人自觉，企业业务的扩张、升级、拓展也靠个人的自主行为。但是由于人性中存在自我利益的维护、认识认知的差异、方式方法的不同和个人追求目标的不同，单纯靠个人自觉也无法让大家形成一个统一协同的整体。即便是一开始拼凑成一个统一协同的整体，也必然会因为各施其政、各行其是而导致协同性的破坏和生态机制的散架。因此，生态式协同组织中的管理主要是靠各种机制以及对机制执行的状况进行监督、纠正，出发点就是保证生态式协同思想和意识、建立协同式的追求目标、建立增值式的分配机制、构建相应的信息沟通体系、建立各方面工作的行为规则等，具体的方法体系包括全价值覆盖的激励体系、全息化的工作场景、全景式的作业沟通机制、组织的自主代谢更新机制、网络协同的作业组织模式、全机制引导的无指挥作业管理模式、节点导向的并行同步协作、分层管理的经营模式、小作业单元的职能分工模式、客户导向的短中长期决策机制十大板块，如下所示：

（1）全价值覆盖激励，主要包括基本薪资、奖金、内部专利奖励、股权期权激励、创客机制、小微机制、业务合伙人激励、价值区块链增值分享激励、资本价值运作激励等。

（2）全息化的工作场景，主要包括价值生成关系景象、整体工作进程景象、外部需求变动景象、作业定位协作关系景象、内部价值归属景象、效能指标实时分析景象等。

（3）全景式的作业沟通机制，主要包括群全景同步沟通、企业内外无边界全景沟通、跨专业全景同步沟通、作业运营信息的全景展示、知识信息的全景式实时查询等。

（4）企业组织的自主代谢更新机制，包括价值区块链的增值更新、职能工作的外包机制、个体成员的去摘更新、作业单元的项目化机制、内部工作单元的实时性重组等。

（5）网络协同的作业组织模式，主要包括资本、产业及业务三层面的经营管理层级分级；经营、功能、作业三个作业管理层次的分级；各作业单元无行政上级的全组织服务定位、各作业单元全组织协作机制。

（6）全机制引导的无指挥作业管理，主要包括效能定位的管控、功能定位的管控、职能作用定位的管控、激励体系的引导、全息工作场景的引导、价值理念的引导、惩处机制等。

（7）节点导向的并行同步协作，主要包括时间节点、地点节点、数值节点、质量节点、服务节点、成本节点等。

（8）分层管理的经营模式，主要包括社会价值经营与资本经营层、产业经营层、业务经营层、功能运营层、作业效率层等。

（9）小作业单元的职能分工模式，主要包括按能力承担责任、作业单元不超过 5 人、承担的责任可以变化、大工程的及时项目化、职能专业类别不超过 3 人等。

（10）客户导向的短中长期决策机制，主要包括短期决策依据客户订单、中短期决策依据市场短周期需求、中期决策依据行业与产业演变、长期决策依据社会技术革命商业模式等。

在生态式协同组织中，为了构建系统的机制管理体系，其管理机制的具体内容主要包含如下几个方面：

1. 建立生态式协同思想管理办法

（1）生态式协同价值理念、要素及管理办法。

（2）生态式协同价值理念行为要素清单管理办法。

（3）生态式协同价值理念形象展示管理办法。

（4）生态式协同价值理念传播与塑造管理办法。

（5）生态式协同价值理念异常状况清单及管理办法。

（6）生态式协同价值理念异常纠偏管理办法。

（7）生态式协同价值观建设工作开展管理办法。

2. 建立高效的业务组织运营体系

（1）资本经营组织管理办法。

（2）产业经营组织管理办法。

（3）业务经营组织管理办法。

（4）组织演化进化管理办法。

（5）组织强力干涉管理办法。

（6）组织运营效能审计管理办法。

3. 建立各级经营管理的规范

（1）资本化经营价值行为纲领。

（2）资本化经营价值行为负面清单。

（3）资本经营层工作运行规则。

（4）产业化经营价值行为纲领。

（5）产业化经营价值行为负面清单。

（6）产业经营层工作运行规则。

（7）业务化经营价值行为纲领。

（8）业务化经营价值行为负面清单。

（9）业务经营层工作运行规则。

（10）功能管理工作价值行为纲领。

（11）功能管理工作价值行为负面清单。

（12）功能管理工作运行规则。

4. 建立动态价值目标体系逻辑地图

（1）企业资本经营层五年价值体系规划及诠释管理办法。

（2）企业资本经营层五年功能体系规划及诠释管理办法。

（3）企业资本经营层五年效能体系规划及诠释管理办法。

（4）企业资本经营层五年专业职能效能定位管理办法。

（5）企业产业经营层五年价值体系规划及诠释管理办法。

（6）企业产业经营层五年功能体系规划及诠释管理办法。

（7）企业产业经营层五年效能体系规划及诠释管理办法。

（8）企业产业经营层五年专业职能效能定位管理办法。

（9）企业业务经营层五年价值体系规划及诠释管理办法。

（10）企业业务经营层五年功能体系规划及诠释管理办法。

（11）企业业务经营层五年效能体系规划及诠释管理办法。

（12）企业业务经营层五年专业职能效能定位管理办法。

5. 建立动态多元的激励制度

（1）薪酬体系规划设计管理办法。

（2）基础薪酬体系管理办法。

（3）内部创客激励管理办法。

（4）价值区块链价值增值激励管理办法。

（5）产业运营价值增值期权激励管理办法。

（6）资本运营价值增值期权激励管理办法。

（7）内部工作成果使用与转让费激励管理办法。

（8）内部业务合伙人激励管理办法。

（9）内部股权投资激励管理办法。

（10）流程整体功能绩效激励管理办法。

（11）内部知识产权激励管理办法。

（12）内部孵化器创投激励管理办法。

（13）股权期权激励管理办法。

（14）自主经营体激励管理办法。

6. 建立工作价值增值成果的奖励核算方法

（1）工作价值增值成果奖励核算方法管理办法。

（2）工作价值增值成果奖励归属管理办法。

（3）工作价值增值成果奖励核算管理办法。

（4）工作价值增值成果奖励核算方法与公式清单。

（5）工作价值增值成果奖励核算操作手册。

（6）工作价值增值成果奖励核算信息化管理办法。

（7）工作价值增值成果奖励核算结果稽核管理办法。

（8）工作价值增值成果奖励核算结果异议处置办法。

7. 建立全景式信息同步沟通系统

（1）信息数据系统规划管理办法。

（2）信息数据系统建设维护管理办法。

（3）数据信息上传、采集、生成管理办法。

（4）统计分析数据信息生成方法管理办法（包括公式、变量数据、数据形式等）。

（5）数据信息保存、使用、销毁管理办法。

（6）数据信息权限管理办法。

（7）数据信息保密管理办法。

（8）企业工作沟通交流平台规划管理办法。

（9）企业常规工作登记、记录管理办法。

（10）企业专项改进工作登记、记录、交流空间设置、注销管理办法。

（11）企业信息数据方法与技术设备管理办法。

（12）企业对外合作信息沟通管理办法。

（13）企业数据信息甄选与实务辨识管理办法。

8. 建立各类效能改进项目管理办法

（1）效能改进项目定义与类别划分管理办法。

（2）效能改进项目权限与义务管理办法。

（3）效能改进项目联合行动价值纲领。

（4）效能改进项目联合行动行为规则。

（5）效能改进项目联合行动负面行为清单。

（6）效能改进项目成果管理办法。

（7）效能改进项目监督、监察管理办法。

（8）效能改进项目外部资源使用管理办法。

9. 建立价值区块链替换的管理方法

（1）价值区块链范围与结构划分管理办法。

（2）价值区块链替换运行规则管理办法。

（3）价值区块链替换工作运行规则。

（4）待替换价值区块链公示管理办法。

（5）价值区块链替换增值资质评审管理办法。

（6）价值区块链替换工作监督、监察办法。

（7）价值区块链替换异常情况处置办法。

10. 建立业务孵化运行的管理方法

（1）业务孵化立项管理办法（进入大资源投入期）。

（2）业务孵化资源投入管理办法。

（3）业务孵化估值评价管理办法。

（4）业务孵化审计评估管理办法。

（5）业务孵化外部合作管理办法。

（6）业务孵化资本运作管理办法。

（7）业务孵化价值分配管理办法。

11. 建立业务扩张的管理方法

（1）区域化扩张管理办法。

（2）相关多元化扩张管理办法。

（3）协同多元化扩张管理办法。

（4）内部资源发育扩张管理办法。

（5）外部业务链接合作管理办法。

（6）产业业务升级、动能转换管理办法。

12. 建立各类作业准则的管理方法

（1）生产作业准则管理办法。

（2）客户服务类作业准则管理办法。

（3）财务类作业准则管理办法。

（4）物流仓储类作业准则管理办法。

（5）产业战略研究作业准则管理办法。

（6）资本运作效能作业准则管理办法。

（7）产业经营运营效能研究作业准则管理办法。

（8）其他。

13. 建立违规违纪的管理方法

（1）专业职能作业违规管理办法。

（2）效能改进工作违规管理办法。

（3）职业操守违规管理办法。

（4）其他。

第三节　生态式协同组织的自生与破坏

生态式协同组织的自生就是指，为了适应外部环境的变化和需要，生态式协同组织会打破原有的协同模式，其中的一些板块和内容会发生变化和调整，组织系统在部分板块和内容发生变化的情况下，其系统的发展演变走势是形成新的组织功能和运营模式，并自主调整优化形成新的生态式协同组织，而不是变得混乱。

生态式协同组织的破坏就是指，组织系统中存在破坏组织生态协同的因素，整个组织系统的发展演变走势是趋于混乱或者僵化的，而不是趋于协同和有序的。协同破坏是人性因素与环境因素互相作用的结果。

人们的意愿由利益、认知、技能和条件决定，人们会为了自己的利益而选择做与不做事情。认知包括信仰、价值观和分析事物和问题的方法，技能就是指人们解决问题、实现目标的能力和方法，条件是指外部的环境条件，人们更愿意依据所具有的资源和条件来选择自己的行为。

一、自生的动力源

生态式协同系统能动自生的前提是人们的意见达成一致。即他们认为协同工作是符合他们的利益、认知的，也是符合他们的能力和外部条件的。

在维护、构建组织的生态式协同状态时，需要克服使组织状态趋向混乱和僵化的因素，以保持和构建生态式协同状态。

生态式协同的组织状态对于熵的要求更高，由于组织自然状态具有熵增的属性，对于秩序标准和动力标准要求都很高的组织，自然对熵减体系的设置要有很高的要求。

熵减体系一般包括对外部开放的环境、个人动力单元的重塑、组织阻力的清理、组织动力网络结构的布局等。

二、破坏的动力源

破坏组织的生态式协同状态的因素有哪些呢？在生态式协同组织中，破坏其生态协同性的也往往是人的意识、心态和行为方式。

首先从系统上看，一个生态式协同组织在运行运转过程中，任何一个环节上的人员出现丧失积极性、能力不足、失误过错等情况，都会对其他环节产生一定的影响，这就需要该环节自身或者其他环节付出更多的努力去保持生态式协同的状态。对于整个组织来讲，一个作业单元点上出现的对局部生态式协同组织的短期破坏，可以通过其自身的努力或者相关联作业单元的努力进行弥补，但是如果该作业单元点具有对生态式协同的长期破坏作用的话，那么相关联的作业点可能无法对其进行优化和补救。这可能导致其他破坏点的出现，进而引起整个组织的紊乱，或者可能使生态式协同组织处于一种偏离的状态。关键的是当生态式协同组织在短时间内从一种协同状态向另一种协同状态进行转化时，这种短期内的变化调整可能导致整个组织系统的混乱。因为各个协同层次上协同格局的变化都会带来整个生态式协同组织的调整。

三、自生与破坏的条件

组织自生缘起于人们需要加入或形成一个组织，借助这个组织整体的力量应对环境的压力，以保障自己的生存和发展，让组织持续发展的条件就是集体决定组织发展的方向、运营的模式，这往往就是所谓民主选举制，但是由于政治派系的存在，民主选举有时候会被操纵。组织破坏缘起于人们开始在组织中攫取特权和超常利益，因为这种超常利益已经远远超过其在组织中获得的常规利益，为了获得这种特权和超常利益，成员就会破坏组织长期生存的要素如公正、公平、和谐、共同、进化，进而导致组织产生矛盾的加剧和扩散，最后造成组织的土崩瓦解。

生态式协同组织的自生与破坏的条件也是同样的原理。

人的本性导致生态式协同组织处于非常不稳定的状态，就像"三体问题"的三恒一行四颗星构成的混沌系统，很小的变动就可能让行星进入极寒或极热的"乱纪元"、摧毁三体文明。

囚徒困境是人们普遍存在的心理状态，两个合谋犯罪的人被关入监狱，且互相不能沟通。如果两个人都不揭发对方，由于证据不确定，每个人都坐牢一年；若一人揭发，而另一人沉默，则揭发者因为立功而立即获释，沉默者因不合作而入狱十年；若互相揭发，则因证据确凿，二者都判刑八年。由于囚徒无法信任对方，因此倾向于互相揭发，而不是保持沉默。这就体现了纳什均衡存在于非合作博弈模型中。囚徒困境是博弈论中非合作博弈的典型例子，反映个人最佳选择并非团体最佳选择，这也说明为什么在合作对双方都有利时，保持合作也是困难的。

而生态式协同组织的发展演化也具有混沌系统的特征，在"囚徒困境"心理的影响下，个人倾向于自私自利和违规获利，因此人们认为自己在遵守组织利益最大的前提下很容易受到伤害，这种心理一旦扩散，整个组织的生态式协同基础就会被打破，进而导致整体陷入混沌状态。

在科层制组织当中，上下级之间沟通不够、各部门之间沟通不够都容易造成互相猜疑，并导致人们在信息不完整的前提下选择保障和维护自己的利益并形成纳什平衡。因此生态式协同组织需要有更加透明的运营机制、沟通机制和信用机制，让人们明白只有在遵守生态式协同组织规则的前提下，自己才能获得最大的利益，不会受到外加的伤害。因此，当组织中的大多数人因为生态式协同组织而获益时，大家就会认同这种组织形式，如果个别人员有破坏这种组织形式的倾向时，大多数人就会去阻止这种倾向。除此之外，也需要建立一些牵制方法来避免生态式协同组织向混沌的方向演进和进化，这就是各种规则和机制。

因此，除了更加透明的运营机制、沟通机制和信用机制外，生态式协同组织最重要的自生条件是一整套动态的组织机制以及法制化外力对整个机制运行状态的监管、监察和矫正。在这两个强大力量的规制下，生态式协同组织的运营、进化、演变才能形成秩序增强、熵量自减、效能渐升的良性循环。

根据管理权集中度与群体组织意识在组织效能中的辩证关系，以及人们的意识和囚徒困境产生的根本因素，就可以得出信息透明度、效益共享度、效能增强循环是生态式协同组织得以形成和维系的根本基础。

后　记

　　全息智能社会的大幕已经徐徐拉开，很多人浑然不知自己已置身于其中。大家都说未来唯一确定的就是不确定性，很多事情都是无法预测的，翻天覆地的变化经常会突然出现。但人们还没有形成全息智能时代的思维方式和认知路径，无法用全息智能时代的思维思考这个世界、这个社会，自然也就无法想象可能会出现的新事物和新景象。对于当前全息智能社会的引领者来讲，这个社会的智能化每一步怎么走，物联化的每一脚怎么迈，都在他们的计划当中。对于普通大众来讲，最多再过上几年，就能形成全息智能的思维方式和理解路径，那种不确定感也就不存在了。

　　和每一次的技术革命一样，全息智能社会中很多传统的工作和职位会消失，但同时很多新的工作和职位也会出现。人们既不能靠智能机器人的劳动养活自己，也不必担心因大范围的智能代替而失去工作和生存的必要条件。我们都无法想象那样的社会。在智能化社会下，人们的确可以更加轻松地工作和生活。

　　我们曾思考过马克思对现代社会的贡献，他对人类社会发展路径的描述到底是一种分析、预测、设想，还是本身就是一种规划和计划，抑或更是一种更高文明智慧的预言。万物智能互联的环境下，社会将是生态型的社会，传统信息沟通不对称环境下的社会生态是以政治秩序为主导的，而万物互联环境下的社会生态是以创新力量为主导的。资本经营、政治管理、个人创业、社会管理等各个方面的需求将共同推进全息智能环境下社会生态的发展。

　　事实上，企业的经营管理基础是社会的组织模式和秩序生态。处在全息智能社会生态环境下的企业，其经营发展也必然要融入全息智能社会生态环境中去。企业构建生态式协同组织的社会基础和环境基础已经初步形成，并且会在未来较短的时间里更加成熟、更加充分。

　　世界已变，未来已来！让我们以命运共同体的理念打造人类社会更加高级的组织形式，实现生态式发展的愿景。